我国外汇储备风险管理

郭君默　著

厦门大学出版社　国家一级出版社
XIAMEN UNIVERSITY PRESS　全国百佳图书出版单位

图书在版编目（CIP）数据

我国外汇储备风险管理 / 郭君默著. -- 厦门：厦
门大学出版社，2023.7
　　ISBN 978-7-5615-9070-6

　　Ⅰ．①我… Ⅱ．①郭… Ⅲ．①外汇储备-风险管理-
研究-中国 Ⅳ．①F822.2

中国版本图书馆CIP数据核字(2023)第141893号

出 版 人　郑文礼
责任编辑　李瑞晶
美术编辑　李嘉彬
技术编辑　朱　楷

出版发行　厦门大学出版社
社　　址　厦门市软件园二期望海路 39 号
邮政编码　361008
总　　机　0592-2181111　0592-2181406(传真)
营销中心　0592-2184458　0592-2181365
网　　址　http://www.xmupress.com
邮　　箱　xmup@xmupress.com
印　　刷　厦门市青友数字印刷科技有限公司

开本　720 mm×1 000 mm　1/16
印张　17.75
插页　1
字数　330 千字
版次　2023 年 7 月第 1 版
印次　2023 年 7 月第 1 次印刷
定价　62.00 元

本书如有印装质量问题请直接寄承印厂调换

厦门大学出版社
微信二维码

厦门大学出版社
微博二维码

前　言

　　一直以来,外汇储备风险管理问题是国内外学术界关注的热点问题与研究的前沿问题。截至 2023 年 1 月末,我国外汇储备一度达到 31845 亿美元,已长期成为世界上持有外汇储备数量最多的国家之一。对于我国这样的发展中大国而言,充足的外汇储备有利于提高国际清偿能力和金融风险应对能力。但外汇储备过多,不仅要付出高昂的持有机会成本,而且会阻碍货币政策的有效实施,还会增大通货膨胀的风险,甚至会给经济带来汇率风险、利率风险、政治风险等诸多风险,而外汇储备过少,则极易引发金融危机,如亚洲金融危机、希腊债务危机、欧洲债务危机等。

　　金融安全是国家安全的重要组成部分。2017 年 7 月 14 日,习近平总书记在全国金融工作会议上指出:"要把主动防范化解系统性金融风险放在更加重要的位置,着力完善金融安全防线和风险应急处置机制。"2017 年底的中央经济工作会议将"防范化解重大风险"列为"三大攻坚战"之首,并明确指出"重点是防控金融风险"。2018 年 4 月的中央财经委员会第一次会议,明确提出"打好防范化解金融风险攻坚战",要求防范化解重大风险,重点是防控风险,特别是要守住不发生金融风险的底线。

　　通过风险管理来消除或尽量减轻超额外汇储备带来的不利影响,对改善经济实体的经营管理,乃至对整个国家宏观经济的稳定和发展都将起到有力的促进作用。在此背景下,对超额外汇储备的风险进行有效管理,由此实现外汇储备保值增值的目标,具有重大意义。

　　如何对我国外汇储备风险进行管理,以保持合适的外汇储备规模,兼顾安全性、流动性和盈利性,同时构建有效的风险预警体系,避免给国家带来巨额的资源浪费、财富损失,即平衡好外汇储备稳增长与防风险的关系,这是目前政府有关部门面临的重大难题和需要着力解决的关键性问题。

　　在上述视角下，本书着力于研究防范和化解外汇储备风险等相关问题，以期结合新时代我国经济的特点以及世界经济的变化，全面剖析我国外汇储备风险产生的原因，深入分析可能产生的危害与影响，提出有效应对外汇储备金融风险的对策建议，为我国巨额外汇储备风险管理、有效防范和化解系统性金融风险提供科学依据和决策支撑，以更好地促进金融服务我国实体经济。本书以我国外汇储备风险管理为核心，沿着"控制增量、盘活存量"的思路循序渐进展开研究，主要内容包括如下四部分。

　　第一部分为导论、主要概念与相关文献综述，包括第一章和第二章。第一章为导论，共分三节。第一节说明本书的选题背景、研究意义和研究的主要问题；第二节阐述研究思路、研究框架与研究方法；第三节论述了本书的创新点和不足之处。第二章是主要概念与文献综述，共分两节。第一节解释了书中的一些重要概念，第二节总结了国内外关于外汇储备风险管理的相关文献。

　　第二部分研究我国外汇储备的影响因素，包括第三章、第四章、第五章和第六章。第三章主要是我国外汇储备的影响因素实证研究，共分三节。第四章主要是我国外汇储备增长的影响因素实证分析，共分五节。第五章主要是我国外汇储备的规模风险管理分析，共分四节。第六章主要是我国外汇储备的结构风险管理分析，共分五节。

　　第三部分研究我国外汇储备投资风险管理体制，同时对我国外汇储备等一系列风险进行测度。该部分包括第七章、第八章、第九章、第十章、第十一章和第十二章。第七章主要是我国外汇储备投资风险管理分析，共分四节。第八章主要是外汇储备面临的风险可能存在的交叉风险的测度探究，共分七节。第九章主要是外汇储备流动性风险的测度，共分五节。第十章主要是基于Credit Metrics 模型视角下外汇储备信用风险的测度，共分五节。第十一章主要是外汇储备汇率风险的测度，共分五节。第十二章主要是我国外汇储备整体风险的度量，共分六节。

　　第四部分研究外汇储备风险管理的宏观策略，总结有关国家和地区外汇储备风险管理经验，并为我国外汇储备风险管理提出政策建议，包括第十三章、第十四章、第十五章。第十三章主要是我国外汇储备有效管理的宏观策略探析，共分四节。第十四章主要是有关国家和地区外汇储备风险管理的经验及借鉴,共分四节。第十五章主要是国家安全视角下我国外汇储备风险管理的总结与政策建议,共分两节。

　　近年来我国经济与世界经济的联动性明显增强,汇率波动、利率变化、国际资本流动等各种因素,都会给我国外汇储备带来风险。因此,本书着眼于解剖我国外汇储备风险管理问题,提出相应的政策建议,以期促使我国保持合适的外汇储备规模,兼顾安全性、流动性和盈利性,同时把外汇储备风险管理放在更加重要的科学位置,力求坚持底线思维,未雨绸缪。这不仅有助于增强我国应对国际金融风险的能力,而且有助于保持人民币汇率的稳定,调节国际收支平衡,维护我国国际声誉,等等。

目　录

第一章　导论

第一节　关于选题

一、选题背景和意义

2002 年,我国加入世界贸易组织后,外贸出口和外资流入快速增长。至 2006 年年末,我国外汇储备迅速突破 1 万亿美元,跃升全球榜首。截至 2023 年 1 月底,我国外汇储备余额大约为 3.184 万亿美元,大约占据了全球外汇储备总量的 1/3。巨额的外汇储备是一把"双刃剑",虽然为我国带来了外汇储备红利,但也进一步增加了我国管理外汇储备的难度。

对于我国这样的发展中大国而言,充足的外汇储备有利于提高国际清偿能力和应对金融风险能力。在外国央行实施量化宽松货币政策来大量"放水"的情况下,外汇储备充分发挥了"泄洪区"作用,可以使我国实体经济免受外部的冲击,有利于我国经济结构的进一步调整,促进经济转型升级。

然而,巨额外汇储备也给我国宏观经济管理带来难题。中华人民共和国国家外汇管理局(以下简称国家外汇管理局)早在 2013 年发布的《2013 年中国国际收支报告》中就指出,我国外汇储备规模稳居世界首位,在一定程度上加大了经营管理的难度,并凸显了资产负债结构不当等一系列问题,继续积累外汇储备的边际成本已经超过边际收益,对国内经济会造成一定的不良影响。

同时,我国外汇储备规模过大,使得本币供应在一定程度上增加,对国内经济形成潜在的通货膨胀压力,也阻碍了货币政策的有效实施。截至 2023 年 1 月末,我国外汇储备资产占中国人民银行资产的比重超过九成,还将面临比较大的汇率风险等。2014 年,在访问非洲期间,时任国务院总理李克强指出:"比较多的外汇储备是我国现阶段很大的负担,假如把它换成国内的人民币,会进一步影响到通货膨胀。"[①]

从 1997 年的亚洲金融危机,到 2008 年的全球金融危机,以及俄罗斯卢布持续贬值的现象,在一定程度上都可以归咎于外汇储备风险管理不当。外汇储备风险管理的问题一直以来都是国内外专家、学者的研究热点,特别是当前我国巨额外汇储备面临的风险问题,更加受到学术界和政府部门的广泛关注与高度重视。

研究外汇储备风险管理,到底要研究什么? 外汇储备风险管理的研究关键点是什么? 面对我国不断增长的外汇储备规模所带来的一系列风险问题,如何有效度量以及如何采取有效的防范措施? 研究外汇储备风险管理的一系列问题,尤其是在全球经济一体化的背景下,深刻剖析外汇储备风险管理问题,理论价值和现实意义十分重大。

二、研究的主要问题

本书主要围绕以下外汇储备风险管理的一系列问题进行研究。

(1)为什么要研究我国外汇储备风险管理?

(2)我国外汇储备面临哪些风险? 这些风险从何而来?

(3)我国外汇储备规模适度吗? 如何测度? 有哪些测度方法?

(4)形成我国超额外汇储备规模的因素有哪些? 它们之间有没有关系? 如果因素之间有关联,如何进行检验? 面对我国外汇储备规模日益增长的情况,如何进行有效风险防范?

(5)我国外汇储备特征有哪些? 什么原因使得美元资产是我国外汇储备资产中最重要的资产? 目前我国外汇储备结构有哪些问题?

(6)在管理我国外汇储备结构风险时,如何应用马科维茨资产组合理论、海勒-奈特模型以及杜利理论?

(7)在实际应用中,如何运用二次规划法来有效对冲风险?

(8)什么是组合选择理论? 如何在币种结构中求解出最优权重?

(9)能否对我国外汇储备进行动态风险管理? 要怎么做? 以及如何运用一些风险测度理论与方法来量化外汇储备?

(10)为了有效地应对及管控外汇储备风险,世界上不少国家(地区)立足于经济发展程度、宏观经济政策等实际情况,摸索出了各具特色的外汇储备管

---

① 参见 http://www.xinhuanet.com/fortune/xhcy77.htm。

理模式与丰富经验,其中哪些经验对我国加强外汇储备风险管理具有启示与借鉴意义?

第二节　研究思路、研究框架与研究方法

一、研究思路

随着我国外汇储备不断增长,随之而来的风险问题变得更加突出。本书以我国外汇储备风险管理为核心,沿着"提出问题—剖析问题—解决问题"的逻辑展开研究,研究思路如下。

第一,对外汇储备风险管理的相关文献进行梳理,主要从规模风险管理、结构风险管理和管理体制等三方面进行。

第二,阐述我国外汇储备的影响因素以及增长的因素等,主要介绍国内外测度外汇储备适度规模的理论,结合我国学术界对我国外汇储备适度性的研究,对现阶段外汇储备规模进行测度,得出相应的结论,并剖析我国外汇储备规模的成因以及我国外汇储备的规模风险和管理对策。

第三,阐明我国巨额外汇储备的结构特征,主要从币种结构和资产结构两方面展开分析;对现阶段我国外汇储备结构面临的风险进行了概述;提出提升外汇储备风险管理水平的建议。

第四,阐释我国外汇储备投资风险管理体制,包括我国外汇储备风险测度的一些方法,结合我国当前外汇储备的宏观管理来探讨。从实践角度出发,考察发达国家和发展中国家先进的外汇储备风险管理经验,并对当前我国外汇储备风险管理工作提出相应的建议。

二、研究框架

本书分为十五个章节,各章节具体内容如下。

第一章为导论,共分三节。第一节说明文章的选题背景、研究意义和研究的主要问题,第二节阐述研究思路、研究框架与研究方法,第三节是本书的创新点和不足之处。

第二章是主要概念与文献综述,共分两节。第一节解释了书中的一些重

要概念,第二节总结并阐述了国内外关于外汇储备风险管理的相关文献。

第三章是我国外汇储备的影响因素实证研究,共分三节。第一节为引言,第二节为我国外汇储备的发展概况和影响机制,第三节为实证分析。

第四章是我国外汇储备增长的影响因素实证分析,共分五节。第一节为引言,第二节为相关概念及理论,第三节为我国外汇储备发展情况,第四节为实证分析,第五节为结论与建议。

第五章分析了我国外汇储备的规模风险管理,共分四节。第一节表述了外汇储备适度规模的测度方法以及内在含义,第二节利用数据对我国外汇储备适度规模进行实证分析,第三节对我国外汇储备适度规模风险成因进行实证分析,第四节阐释了我国外汇储备的规模风险管理现状和对策。

第六章分析了我国外汇储备的结构风险管理,共分五节。第一节阐明了我国外汇储备的结构特征,主要从币种结构和资产结构两部分展开分析;第二节指出我国外汇储备结构面临的主要风险,包括汇率风险、利率风险、流动性风险、信用风险等;第三节对我国外汇储备结构风险管理理论展开了深入研究;第四节是关于外汇储备结构风险管理理论的应用;第五节是完善外汇储备结构风险管理水平的建议。

第七章为我国外汇储备投资风险管理体制分析,共分四节。第一节为我国外汇储备超额规模的测度;第二节构建了超额外汇储备规模的风险管理理论及分析框架,主要由基于场景序列分析的动态风险管理模型、基于场景表示的国家部门优化管理、动态风险管理策略的实施等构成;第三节介绍了差分进化算法的优点及核心思想等内容;第四节为实证分析。

第八章基于外汇储备面临的风险可能存在交叉的情况,进行我国外汇储备风险测度探究(基于 SEM 模型的视角),共分七节。第一节为引言,第二节介绍国内外研究现状,第三节为外汇储备风险指标的选取原则和方法,第四节为外汇储备风险测度备选指标的确定,第五节为基于主成分分析法的外汇储备风险指标筛选,第六节为外汇储备风险测度的结构方程模型构建及分析,第七节为结论与政策建议。

第九章为外汇储备流动性风险管理的测度,共分五节。第一节为前言,第二节为外汇储备的规模、结构和风险构成,第三节为基于或有权益分析法的流动性风险测度模型,第四节为外汇储备流动性风险的测度,第五节为结论与建议。

第十章为基于 Credit Metrics 模型视角下外汇储备信用风险的测度,共分五节。第一节为引言,第二节为我国外汇储备的现状及其风险类别,第三节为信用风险的定义及特征,第四节为 Credit Metrics 模型的简析,第五节为对策。

第十一章分析了外汇储备汇率风险的测度,共分五节。第一节为前言,第二节为我国外汇储备的发展概况和风险分类,第三节为 VaR 和 CVaR 模型的基本原理,第四节为基于 CVaR 模型的外汇储备汇率风险测度研究,第五节为结论与建议。

第十二章分析了我国外汇储备整体风险度量,共分六节。第一节为引言,第二节为影响我国外汇储备整体风险度量的内在因素,第三节浅谈我国外汇储备整体风险的一些构成,第四节为我国外汇储备整体风险测度模型探讨,第五节为我国外汇储备整体风险带来的影响,第六节为建议。

第十三章为外汇储备风险管理的宏观策略探析,共分四节。第一节为引言,第二节为我国外汇储备规模特征、币种结构特征以及管理机制,第三节为设计独立外汇储备风险管理体系,第四节为建议。

第十四章为有关国家和地区外汇储备风险管理的经验及借鉴,共分四节。第一节介绍了挪威、新加坡、韩国等国在多层级管理体系下的外汇储备风险管理经验,第二节分析了美国、日本、中国台湾等国家(地区)二元化管理体系下的外汇储备风险管理经验,第三节阐述了欧盟国家在单一制管理体系下的外汇储备风险管理经验,第四节概括了上述国家和地区外汇储备风险管理的经验和启示。

第十五章为我国外汇储备风险管理的总结与政策建议,共分两节。第一节为研究结论,第二节为政策建议。

本书结构框架见图 1-1。

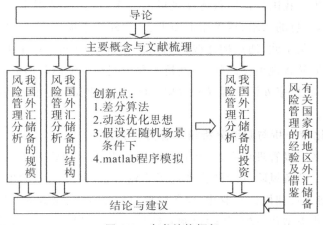

图 1-1 本书结构框架

三、研究方法

本书在国际金融学、西方经济学、投资学、计量经济学、运筹学等相关理论基础上,采用规范研究与实证研究相结合、微观分析与宏观分析相结合、定量分析与定性分析相结合、比较分析与归纳分析相结合等的方法,对我国外汇储备风险管理进行了研究探讨。

(一)规范研究与实证研究相结合的研究方法

本书在阐明外汇储备风险管理重要性的基础上,采用国家外汇管理局、中国人民银行等部门公布的数据,同时强调创新外汇储备模型和对数据进行实证分析在外汇储备研究领域的重要性,通过构建模型,并运用差分算法以及使用 matlab 程序来分析我国外汇储备面临的问题。这进一步将理论和外汇储备相关数据进行了有效结合,并为决策者提供了有效的建议。

(二)宏观分析与微观分析相结合的研究方法

从宏观与微观两个角度分析了我国外汇储备面临的种种风险。在宏观方面,根据经济学与金融学理论对我国外汇储备的规模风险和结构风险进行分析,并提出相应的管理对策。在微观方面,采用美国财政部、中华人民共和国国家统计局(以下简称国家统计局)、国家外汇管理局、中国人民银行等部门公布数据,通过构建模型(包含影响外汇储备的因素),对我国外汇储备规模的现状进行评估分析。

(三)定性分析与定量分析相结合的研究方法

本书分析了我国外汇储备适度规模的需求,包含维持正常进口的用汇需求、外债还本付息的需求、居民用汇需求、干预外汇市场的需求、外商投资企业用汇需求等。基于此,通过构建线性回归模型,使用 Eviews 统计软件测度目前我国的外汇储备规模。此外,还剖析了我国超额外汇储备形成的原因,并利用国家统计局、国家外汇管理局的数据,且通过构建我国外汇储备影响因素模型进行实证。

(四)比较分析与归纳分析相结合的研究方法

分别对多层级管理体系、二元化管理体系和单一制管理体系下不同国家和地区的外汇储备风险管理经验进行了比较分析,并总结归纳出储备管理组织系统化、储备管理机构专业化、储备管理目标复合化、储备资产构成多元化、储备管理方式类型化、储备风险控制立体化等发展趋势及特点,以供我国在加强外汇储备风险管理方面借鉴。

第三节　本书的创新与不足之处

一、创新之处

（1）本书在外汇储备风险管理领域，基于外汇储备净流入的不确定性和汇率的随机性，首次引入随机场景序列，并采用国家外汇管理局和中国人民银行公布的数据，结合风险惩罚模型和风险约束模型的优点，运用易于搜索到多个帕累托最优解的差分进化算法，建立超额外汇储备动态风险的管理模型。

（2）通过实证分析，提出动态风险管理策略能够更好地平衡期望收益和风险之间的关系，使得管理部门能够根据自身的风险承受能力，更好地实现风险最小化和收益最大化的目标，从而达到由被动管理向积极管理平稳过渡的目的，对政府决策具有重要的参考价值和现实意义。

（3）本书引进动态优化的思想，并充分运用国际金融学、西方经济学、投资学、计量经济学等理论，对我国外汇储备风险进行了全面分析。相关结果将有助于政府有关部门在保证安全性、流动性的前提下，提高超额外汇储备的收益性，从而达到整体外汇储备保值增值的目标。

（4）不同于国内已有文献多从定性分析、宏观分析角度来研究我国外汇储备风险管理的做法，本书在研究外汇储备风险管理时，采用规范研究与实证研究相结合、微观分析与宏观分析相结合、定量分析与定性分析相结合、比较分析与归纳分析相结合等的方法，一定程度上拓宽了该研究领域的研究方法。

（5）本书采集了美国财政部以及我国国家外汇管理局、国家统计局、中国人民银行公布的一些数据，并在掌握翔实数据的基础上，强调了数学模型和对数据进行实证分析在外汇储备研究领域的重要性。同时，进行了建模测度与实证分析，使外汇储备结构体系的论证和结论更具说服力。

（6）对外汇储备风险测度工作做了进一步的推动。本书将外汇储备的汇率风险、利率风险、流动性风险等纳入统一的分析框架，着重考虑通过路径分析与构建结构方程模型来探讨外汇储备的风险测度问题。

（7）采用众多模型对外汇储备风险进行有效测度，从理论上构建适合我国外汇储备性质的动态风险测度框架，在一定程度上能够为相关部门提供精准的科学依据和有效的建议。同时，将测度模型与微观数据做了对接，也为后续研究抛砖引玉。

二、不足之处

本书的不足之处主要在于两个方面：一方面，对于外汇储备结构具体构成比例以及以何种形式构成等一系列相关数据，国家外汇管理局和中国人民银行等并未对外公布，故只能通过已有的研究成果、国际机构及其他国家公布的相关数据来了解我国外汇储备的大致构成。另一方面，需要说明的是，由于存在诸多影响外汇储备风险的因素，相关数据未能一一收集，可能影响到外汇储备风险管理相关研究的准确性，这也将是笔者后续完善研究的一个方向。

第二章　主要概念与文献梳理

本书探讨的问题会涉及的主要概念有外汇储备、风险、外汇储备管理、风险管理，下面将对以上概念分别进行概念阐释及相应研究领域的文献梳理。

第一节　若干需要解释的概念

一、外汇储备

外汇储备虽然是一个耳熟能详的概念，但是目前仍然没有关于其的准确定义。一般来讲，外汇储备（foreign exchange reserve）又称为外汇存底，是指各国央行及其他政府机构集中掌握并可以自由支配、自由兑换和随时兑换外国货币的储备资产。在大多数国家，外汇储备一直都是国际储备的重要组成部分，所以学术界经常把国际储备①等同于外汇储备来研究一些问题。

学术界所使用的扩大化的外汇储备是指广义的外汇储备，并没有扩大的外汇储备是指狭义的外汇储备。随着国内外经济金融环境的变化，广义外汇储备发挥的功能和狭义外汇储备发挥的功能在一定程度上越来越接近，所以在这种趋势下，目前大多数文献中的广义外汇储备等同于狭义外汇储备，本书

---

① 国际储备也称"官方储备"或"自由储备"，是以弥补一国国际收支赤字、保持一国汇率稳定和满足其他紧急支付的需要为目的的，一国政府持有的所有流动资产，且这些流动性资产是被国际间普遍接受的。它分为狭义国际储备和广义国际储备：狭义的国际储备体现在无条件的国际清偿力；广义国际储备不仅包括无条件的国际清偿，还包括有条件的国际清偿。具体来看，狭义国际储备包括货币性黄金、外汇储备、在国际货币基金组织的储备头寸和特别提款权；广义国际储备不仅包括狭义国际储备的内容，还包括互惠信贷和支付协议、备用信贷、商业银行的对外短期可兑换货币资产。

将采用这一观点。

二、风险

风险是一个十分常见却又十分模糊的概念,它最早出现在航海贸易及保险业中,主要指自然灾害现象或航海贸易中遇到的礁石、风暴等客观危险事件。在经济学领域,最早定义风险的是美国学者海恩斯,他认为风险是损失发生的可能性(Haynes,1895)。美国学者奈特(1921)出版的经典著作《风险、不确定性和利润中》中,较为全面地分析了风险与不确定性的关系,她将风险定义为"从事后角度来看的,由于不确定性因素而造成的损失"。菲利普·乔(1989)认为风险是预期收入的不确定性[①]。许多金融经济学家,如凯恩斯、希克斯、哈利、马柯维茨、威廉·夏普、罗伯特·哈根等人都把风险看作事件期望结果的变动,并使用统计学的知识来表示和计算风险的大小。我国的多数相关书籍将风险定义为"损失的不确定性"。通过上述诸多定义的分析和比较,概括而言,将风险定义为"由于不确定而造成的损失"较为恰当。

三、外汇储备管理

为了更好地引导各国对外汇储备进行管理,国际货币基金组织在 2001 年发布《外汇储备管理指南》(Guidelines for Foreign Exchange Reserve Management),以后又多次对其进行修改。在 2014 年的修订版中,突出强调外汇储备风险管理的重要性,并界定了外汇储备风险管理的种类,构建了风险管理的整体框架。由于不同国家对外汇储备管理的政策侧重点不同,管理机构效率、管理技能、币种偏好、资产偏好等各有差异,不同国家在管理外汇储备时,所面临的风险表现也不尽相同,对储备资产造成的影响也不同。有效的风险管理,应针对本国实际,对风险进行分析、测度和控制,以便更好化解和降低风险,达到外汇储备保值增值的目的。

---

① JORION P, 1989. Asset allocation with hedged and unhedged foreign stocks and bonds [J].Journal of portfolio management,15(4):49-54.

四、风险管理

自从有了人类,便有了风险。因此,也就有人类对付风险的事实,不论这是出于主动还是出于被动。随着历史进程的推进,人类面临的风险发展着、变化着,人们对于风险的防控意识越来越高,应对风险的办法日益增多,技术越来越精良。到 20 世纪中叶,风险管理作为一门系统的管理科学被提出。

风险管理这个名词最早出现在 1950 年美国学者加拉格尔发布的调查报告"Risk Management, New Phase of Cost Control"中。美国宾夕法尼亚大学沃顿商学院施耐德教授是第一个提出"风险管理"概念的人(提出时间为 1955 年)。此后,风险管理教育便在美国风行。1960 年,美国亚普沙那大学企业管理系率先开设风险管理课程。而风险管理学系统研究的开始,则以 1963 年梅尔和郝奇斯的《企业的风险管理》(*Risk Management in the Business Enterprise*),以及 1964 年威廉姆斯和汉斯的《风险管理与保险》(*Risk Management and Insurance*)这两本书的出版为标志。到 20 世纪 70 年代中期,美国大多数大学的工商管理学院和保险系普遍讲授风险管理课程。20 世纪 80 年代,国际清算银行发布了《巴塞尔协议》,提出商业银行的经营规范。1995 年,由澳大利亚和新西兰制定的《澳大利亚—新西兰风险管理标准》(AS/NZS4360)明确了风险管理的标准程序,标志着第一个国家风险管理标准的诞生。2006 年 6 月 6 日,中华人民共和国国务院国有资产监督管理委员会颁布了我国第一个全面风险管理指导性文件《中央企业全面风险管理指南》,标志着我国走上风险管理的中心舞台,开启了中国风险管理的新篇章。

以上若干个风险管理发展史上的"第一",是风险管理发展历史上的里程碑。概而言之,从狭义上讲,风险管理是指风险度量,即对风险存在及发生的可能性、风险损失的范围与程度进行估计和衡量;从广义上讲,风险管理是指风险控制,包括监测公司部门和个人从事业务活动所引起的风险,依据风险管理的规章来监督企业部门行为是否恰当。总之,风险管理应该包括风险识别、风险度量和风险控制。因此,风险管理(risk management)是指经济单位通过对风险的识别和衡量,采用合理的经济和技术手段对风险加以处理,以最小的成本获得最大的安全保障的一种管理活动。

风险管理通过消除和尽量减轻风险的不利影响,改善经济实体的经营管理,从而对整个宏观经济的稳定和发展起到促进作用。本书按照风险管理过程来分析如何对我国外汇储备进行有效管理,即从探讨我国外汇储备巨额储备形成的机制原理来丰富目前我国外汇储备风险管理研究。

第二节　文献综述

　　20 世纪 60 年代初,美国经济学家罗伯特·特里芬(Robert Tiffin,1960)在其出版的《黄金和美元危机》(*Gold and Dollar Crisis*)一书中,首次提出用比率分析方法来判断一个国家的外汇储备规模是否合理[①]。该研究是当今国际金融领域关于外汇储备风险管理的最早研究。1997 年亚洲金融危机爆发后,各个国家开始加强对外汇储备风险的动态评估、检验、和控制,并确保其处于一个可以接受的水平。为了更好引导世界各国对外汇储备进行管理,国际货币基金组织于 2014 年颁布了《外汇储备管理指南》的修订版,突出强调外汇储备风险管理的重要性,并界定了外汇储备风险管理的种类,构建了风险管理的整体框架,以确认和评估外汇储备管理风险,并确保其处于一个可接受的水平。《外汇储备管理指南》要求各个国家外汇储备管理者必须对外汇储备风险敞口进行实时监控,必须认识并能够承受潜在的风险以及相应的后果,在风险敞口超过可接受水平时,管理者要给予干预;外汇储备管理机构应定期实施风险压力测试,以评估宏观经济和金融变量变动和冲击带来的潜在影响。该指南为各个国家外汇储备管理经济实体提供了参考和帮助。

　　在世界经济全球化、金融一体化的发展趋势下,国内外研究学者更加重视从不同的角度、深度对外汇储备风险管理问题展开研究,并积累了丰富的成果。简单归纳起来,对外汇储备风险管理的研究大概由以下四类组成。

一、外汇储备适度规模测算的相关研究

　　外汇储备规模超过合理水平,会导致外汇风险加大,因此对外汇储备适度规模的测度尤为重要。为了更好地加强外汇储备风险管理,就外汇储备的适度规模的测算研究,国内外学者展开大量的工作。

(一)国外研究理论综述

　　国外对外汇储备适度规模的研究由来已久,最早可以追溯到 1797—1821

---

① 　Triffin R,1960.Gold and Dollar Crisis[M]. New Haven：Yale University Press.

年。经过 100 多年的发展,凯恩斯(Keynes,1930)认为应把外汇储备运用于处置对外经济的波动,并由此来确定外汇储备规模,从而为外汇储备的研究开辟了新的视野。弗莱明(Fleming,1964)对外汇储备适度性作出如下定义:如果储备库存量和增长率使储备的"缓解"程度最大化,则该储备存量和增长率就是适度的。其中,储备的"缓解"程度是指一国金融当局相信可以运用储备融通国际收支逆差而无需采用支出转换政策、支出削减政策,以及向外借款融资的能力。海勒(Heller,1966)认为,能使解决国际收支逆差所采取的支出转换、支出削减和向外借款融资问题的政策成本最小的国际储备量就是适度的外汇储备水平。巴洛(Balogh,1960)认为,在现有资源存量和储备水平既定的条件下,如果储备增长能够使经济增长率最大化,则该储备就是适度的。阿格沃尔(Agarwal,1971)针对发展中国家作出适度外汇储备的定义:储备持有量应能使发展中国家在固定汇率上融通其在计划期内发生预料之外的国际收支逆差,同时使其持有储备的成本与收益相等。Ben-Bassat 和 Gottlieb(2007)提出,一国外汇储备适度规模,取决于不持有外汇储备带来的损失与持有外汇储备的机会成本之间的平衡。

在基于成本收益化的角度上,难以通过持有外汇储备的机会成本,来确定外汇储备适度规模。为了解决这一问题,许多学者通过使用效用最大化来定义外汇储备适度规模,对其他学者的研究影响最大的有 Jeanne(2007)和 Ranciere(2008)等。

近几年来,学者们努力完善测算外汇储备适度规模方法的准确性。Olivier 和 Romain(2012)设计了一个小型的开放经济模型,测算出外汇储备最佳水平的计算公式,该实证结果适用于新兴市场国家,但不能够很好地阐释我国的高储备现象。Linda 等(2013)分析了发达经济体的外汇储备适度规模的问题。Korinek 和 Serven(2016)研究了资本账户开放程度不高的经济体,他们认为,最优的外汇储备规模在储备积累的静态成本和较高的未来增长方面的动态收益达到均衡时获得。Kim(2017)针对具有有限执行力和国际资本流动停止特征的小型开放经济体建立了一般动态均衡模型,就对国际资本流动突然停止具有预防作用的最优外汇储备规模进行了定量研究。

(二)国内研究理论综述

20 世纪 90 年代以前,在我国,外汇储备规模的问题并没有引起大家的广泛关注,归根结底是因为当时外汇储备规模量相对较小,持有更多的外汇规模是整个社会的共识。但随着我国经济迅速发展,外汇储备规模量快速增加,巨额的外汇储备规模问题开始成为国内学者研究的热点。由于研究角度和方法不同,国内学者对外汇储备适度规模的衡量结果大相径庭,这也是长期以来理论界对外汇储备适度规模存在争议的主要原因。

目前,国内学者研究外汇储备规模的著作并不多。马之騆所著的《发展中国家国际储备需求研究》,采用定性分析和定量分析的方法,衡量发展中国家外汇储备适度规模问题,并详细介绍各种方法的优缺点,为我国外汇储备规模管理提供思路。奚君羊在《国际储备研究》中,也详细介绍了国外外汇储备适度规模的含义和衡量方法。

因此,目前国内学界的观点大致可以分为三类:储备规模不足论、储备规模适度论和储备规模过多论。

1.储备规模不足论

我国早期的一种观点认为,我国的外汇储备规模严重不足,且在短期内很难提高到适度的水平。刘斌(2000)利用国际收支调节的货币理论,通过影响我国外汇储备规模的因素来分析,指出我国外汇储备规模严重不足,很难在未来达到适度的水平。武剑(2000)从另一个角度出发,考虑在自由对换条件下中国经济主体对外汇储备需求的影响,认为判断外汇储备规模的适度性,应该用外汇储备与广义货币供应量的比率作为标准,得出2005年我国外汇储备规模不足,没有办法抵御金融危机的需求的结论。管于华(2001)通过建立模型来估算我国外汇储备适度规模,阐明了我国外汇储备规模不足的问题依然存在,即外汇储备不是偏多而是偏少。黄泽民(2003)研究了我国外汇储备规模,认为它是由多种影响因素决定的并且具有动态性,同时结合我国在世界中的特殊位置,得出我国外汇储备规模不足的结论。李石凯(2006)指出,一个国家的外汇储备减外债就是对外净债权,近几年我国的净债权才由负转正,远离外债风险警戒线,我国外汇储备还不可能也不应该停止增长;如果外汇储备停止增长,我国经济的高速增长就会停止,因而我国外汇储备是不足的。

2.储备规模适度论

这种观点认为我国现阶段外汇储备规模处于合理的规模,或者说处在合理的水平范围之内。王国林(2001)从定量的角度来分析我国外汇储备规模,利用国际货币基金组织提出的衡量国际储备充足性的三个指标——实际储备趋势、外汇储备与国际收支综合差额的比率及总储备与进口的比率,测算出在20世纪90年代我国外汇储备规模处于适度水平。姜旭朝(2002)通过定性和定量的角度来分析我国外汇储备适度规模,主要使用外汇储备率、偿债用汇率和利率汇出率等指标来测度,认为1999年我国外汇储备规模在适度的基础上上浮20%是合理的,符合我国国情。高丰(2003)应用阿格沃尔模型来测算我国外汇储备规模,认为我国现阶段保持较高的外汇储备水平是合理的,符合我国实际情况。刘莉亚(2004)通过构建外汇适度规模的结构化方程,使用回归分析方法和协整方法来衡量1982—2003年我国外汇储备适度规模,阐释了我国外汇储备适度规模的变动轨迹与我国外汇实际规模的变动轨迹是一致的,因而得出我国外汇储备规模是适度的这一结论。巍本华(2006)指出影响我国外汇储备规模的因素包括满足三个月进口的需求、维持我国金融体系的稳定和我国企业"走出去"所需要的外汇储备量等,以此来分析我国外汇储备规模,认为我国外汇储备规模是适度的。刘艺欣(2006)指出影响测度我国外汇储备规模的因素包括相对稳定的国际收支、借入储备的不可靠性、贸易顺差、外债余额、非国际化的人民币、外汇平准基金等,得出我国外汇储备适度规模与实际规模基本一致的结论,说明我国外汇储备规模是适度、合理的。谢太峰(2006)阐述了只要我国外汇储备是增长的,同时国内经济运行状况也是良好的,就说明我国外汇储备规模是合适的。李巍(2009)从金融稳定的视角来构建我国外汇储备规模分析框架以及进行模拟分析,得出在金融稳定的情况下,我国外汇储备规模处于适度范围之内的结论。萧雯月(2020)从外汇储备动力、压力两个角度出发,综合分析交易、预防、经济发展的动力、通货膨胀、资产贬值、本币升值的压力等影响外汇储备的因素,认为目前我国外汇储备规模不存在过量的问题。

3.储备规模过多论

该观点认为我国外汇储备规模过多,即超过合理水平。吴丽华(1997)运用阿格沃尔模型,分析我国持有外汇储备的收益和成本,对我国外汇储备的适度水平进行测算,得出我国外汇储备规模明显过剩的结论。许承明(2001)分析得出外汇储备规模的影响因素包括储备进口比率、储备与货币供应量比率、储备与短期外债比率等,并与其他国家进行比较,认为我国外汇储备规模处于过多的阶段。夏斌(2006)指出我国现阶段的外汇储备保持合理规模应考虑到三个方面:一是对长短债保持100%的偿还能力;二是外资利润汇出的错误和遗漏,大概有7000亿美元;三是应对突发性外汇需求,如突发事件提前取款、远期结汇、加速进口等。陈燕(2006)重点分析实际利用外资、经常账户变动、外债规模、汇率变动、贸易差额的波动幅度对我国外汇储备规模的影响,测算得出我国外汇储备规模超过合理水平的结论。饶华春(2007)运用动态调整模型来测度我国外汇储备适度规模并进行实证分析,认为我国外汇储备规模是超额的。但近些年来,国内学者也开始尝试从新的角度去剖析外汇储备适度性的问题。叶永刚(2008)运用或有权益分析法和VaR分析法,并从宏观金融视角考虑,认为既能满足支付需求又能满足抵御风险需求的储备规模就是适度规模,同时指出 2002 年以来我国的外汇储备规模是过多的。张斌(2010)、孔立平(2010)研究我国外汇储备规模,认为我国外汇储备规模是超额的,并且持有大量的外汇储备规模会带来负面的影响。周光友(2011)构建了外汇储备动态规模模型来测算我国外汇储备最优规模,实证结果表明,现阶段我国外汇储备规模明显过多。姜波克(2014)从内外均衡的视角来剖析外汇储备适度性,以此来重新测度我国外汇储备规模的合理性。管涛(2018)认为通过比照国际货币基金组织提出的外汇储备充足性新标准,可以发现中国外汇储备依然充裕;在不考虑资本管制因素的情况下,中国外汇储备高于适度规模上限。孙瑞(2019)对目前我国外汇储备管理现状、外汇储备构成特点进行分析,得出我国外汇储备量较大的结论。朱雨露(2020)基于外汇储备需求决定机制内生结构突变视角,论证得出结论:中国实际的外汇储备规模与适度规模长期来看基本保持一致,但短期仍存在不同程度的失调。

关于我国外汇储备的规模,有不足论、适度论、过多论等三种不同的观点。这三种观点不同的原因包括:一是研究方法的差异,二是研究时点选择的不同。近年来,部分学者从不同的角度对我国外汇储备规模进行研究,尽管学者的研究结果不尽相同,但基本上认为从 20 世纪 90 年代以来,我国外汇储备经历了不足、适度与过多三个阶段。尽管从理论上讲,一国外汇储备应该有一个最适度规模值,但是现实情况复杂多变,要确定这一最适度规模值往往存在困难。同时,外汇储备适度规模不应该是一个固定值,而应该是一个范围值,更应该是动态变化的。因此,结合我国的实际情况,全面地研究影响我国外汇储备规模需求的相关因素,有助于合理地确定我国外汇储备的理论规模。

二、外汇储备风险测度理论与方法的相关研究

关于外汇储备风险测度,国内外学者和研究机构提出了相关的理论、方法与建议。外汇储备风险测度的条件主要分为正常条件和极端条件两种。在正常条件下,外汇储备风险测度的理论与方法有修正久期法、参数法、VaR 分析法、历史模拟法、蒙特卡罗模拟技术等。而在极端条件下进行风险测度主要指压力测试,其测试范围主要包括操作风险等方面。在极端条件下进行操作风险压力测试的理论与方法有内部衡量法、损失分布法(loss distribution approach,LDA)以及极值理论的 POT 法;在极端条件下进行信用风险压力测试的理论与方法有信用监控模型(KMV 模型)、在险价值方法(Credit Metrics

模型)以及宏观模拟方法(McKinsey 模型)等。国际货币基金组织在 2001 年发布《外汇储备管理指南》,以后又多次对其进行修改。在该指南的 2014 年版中突出强调外汇储备风险管理的重要性,并界定了外汇储备风险管理种类,构建了风险管理的整体框架。

关于外汇储备的风险测度,国外学者展开了大量的研究。如 Weymark(1997)考虑了在有管理的浮动汇率安排下,设计了一个对数模型,通过压力测试来测度外汇储备的市场风险。Bert 等(2004)采用资产平衡表模型,来对外汇储备市场风险进行度量,得出央行资产面临的潜在收益和损失的结果。Lev 等(2004)采用雷曼兄弟市场风险模型,并将它运用到外汇储备的债券资产部分的市场风险管理中。Delgado 等(2004)在考察外汇储备资产流动时间因素时,通过构建外汇储备流动性的危机模型,并且采用动态的分析法,深刻剖析中央银行外汇储备流动性的危机发生可能性。Calballero(2008)设计一个基于外汇流入"骤停"的全球均衡模型,并用该模型来探讨新兴经济体在外汇流入"骤停"时的应对机制。Lukas(2012)从汇率的角度来阐释外汇储备的风险。

对于外汇储备风险测度问题的研究,国内一些学者也做了不少工作,且研究多集中于 2007 年前后。朱孟楠(2007)归纳外汇储备风险管理内容,主要包括风险的辨识、度量、控制和风险管理效果评估等。张丕强(2007)从外汇储备风险的静态和动态视角出发,分析外汇储备风险管理的演变过程,同时阐述外汇储备风险测度的技术以及方法等。孔立平(2009)在分析我国外汇储备资产时,主张从金融资产和非金融资产两方面对其进行优化配置,从而降低我国外汇储备风险。

近些年来,国内的一些研究学者还从不同视角来测度外汇储备风险。例如,姜昱(2010)运用 DCC-GARCH-CVaR 模型来测度我国外汇储备的汇率风险,得出了我国外汇储备面临着较大汇率风险的结论;芦莹(2011)采用 GARCH 模型及 VaR 方法来测度我国外汇储备风险,通过实证得出当前国际货币体系的种种缺陷使我国面临较大的汇率风险;朱孟楠(2011)通过构建主权财富基金投资风险三因素评估体系来度量我国外汇储备风险;闫素仙(2012)借助改进的资产组合 VaR 值分解法来对我国外汇储备资产的风险进行测度,发现美元资产依然是相对安全的储备资产,而欧元资产风险较大,日元和英镑资产对外汇储备的 VaR 影响较小,因此要增加美元资产的权重;马杰(2012)借助 DDC-GARCH 模型并结合 CVaR 方法来测度我国国外汇储备风险;朱孟楠(2012)主张从外汇占款的角度来探讨我国外汇储备面临的一系列风险;邱冬阳(2013)运用实证与定性研究方法来分析了我国外汇储备的形成带来一系列风险;周光友(2014)通过 GARCH 模型和 VaR 分析来测度我国外汇储备币种结构风险。段洪俊(2018)采用 VaR-Copula 方法对我国外储备的市场风险进行集成测度,并将测度结果与既有单一风险测度进行对比分析,结果表明,考虑风险因子复杂相依关系的集成风险测度明显优于依赖线性相关的单一风险测度。

总之,现有的研究成果为如何测度我国外汇储备风险提供了参考,也为进一步实施风险度量奠定了良好的研究基础。

三、外汇储备结构风险管理的相关研究

国内外学者对外汇储备结构风险管理的研究,主要从币种结构和资产结构两个方面展开。

(一)国外学术界对外汇储备结构管理的研究

国外学者关于外汇储备币种的相关研究,如马科维茨(Markowitz,1952)和托宾(Tobin,1956)提出的资产组合理论,把一个国家的外汇储备看做一种金融资产,采用均值-方差分析法(mean-variance approach),通过资产的分散来降低风险。该理论认为应利用资产选择理论来决定各种货币在外汇储备中的比例,从而达到规避风险的目的。该理论的主要缺陷在于外汇储备不能等同于一般的储备资产,因而货币结构管理受多种因素制约。Heller(1968)通过鲍莫尔的平方根公式来探讨外汇储备的成本与收益,得出最优外汇储备币种规模。Heller 等(1978)提出海勒-奈特模型,通过实证得出了一国的汇率安排和贸易收支结构是决定储备币种分配的最重要因素的结论。但海勒-奈特模型忽略了外债的因素,因此对于背负外债的国家来讲,该模型缺乏实际应用价值。Ben-Bassat(1980)运用均值-方差分析法测算出以色列的最优外汇储备币种。

近些年来,国外的一些研究学者还从不同视角、不同深度来剖析外汇储备的币种结构。学者 Frenkel 等(1981)利用微观经济学的最优化原理构建随机模型,分析最优的外汇储备币种持有问题。杜利(M.P.Dooley,1989)在《外汇储备的币种组合》一文中,提出决定储备币种分配时,交易成本所产生的影响远远大于外汇资产风险和收益率,从而开创了外汇储备币种的交易视角分析法。杜利建立了比海勒-奈特模型更为复杂和更具有现实意义的模型。Roger(1993)考察了发达国家的外汇储备货币结构,认为其变化与外汇市场公开市

场干预关系密切,而不是资产组合的结果。Eichengreen(1998)利用 1971—1995 年的数据实证分析了美国、英国、日本、德国等四个国家产出与国际贸易相对规模对全球外汇储备币种结构的影响,得出的结论是:长期内,这种影响确实存在,而相对于短期内其影响不存在。Ramaswamy(1999)把模糊决策理论引入外汇储备资产的币种管理中,克服传统的回归分析法和资产组合配置方法的缺陷,合理解释外汇储备币种分配的一些实际情况。Eichengreen 等(2000)通过剖析外汇储备货币结构的影响因素,如贸易对象、外债结构、汇率安排、资本账户开放和储备货币之间的利差等,发现各个国家的外汇储备货币结构具有历史延续性的特点,所有影响因素只能渐进地发生作用。Papaioannou(2006)研究了存在交易成本的情况,通过构建动态均值方差模型,得出外汇储备的最优货币结构。Aizeman 等(2009,2010)的研究结果表明:货币互换协议可以降低外汇储备积累的审慎动机,但在实际中对外汇储备币种结构的影响相对较小。Stiglitz 等(2010)指出当前以美元为核心的外汇储备货币结构,存在内在的不稳定性("特里芬两难")以及给储备货币发行国带来长期的风险等问题。

在探索外汇储备币种结构的同时,国外的一些研究学者还从不同视角、不同深度来阐释外汇储备的资产结构。Paul(1982)按照国际储备的功能,把外汇储备资产划分为三种类别:第一类为营运资产,用于满足日常的对外交易支付需求;第二类为储备资产,用于满足突发性对外支付需求;第三类为投资资产,用于满足资本增值与利益收益的需求。基于此分类,不同研究学者对外汇储备功能的关键点有不同的理解。如 Coche(2006)通过构建与外汇储备功能有关的动态模型,探讨了央行的公开储备管理目标和外汇储备资产配置决策的关系。Rahbari(2011)认为外汇储备的功能主要为上述的第一类与第二类,剖析了在资本流入突然停止的情况下央行所选择的外汇储备最优投资组合。Gourinchas(2011)主要强调外汇储备的第三类功能,指出了双边对外头寸权益的估值变化,对外汇储备资产投资组合的结构进行了分析。Hull 等(2013)从主权信用危机视角来阐释发达国家持有外汇储备资产结构的情况。

以上研究成果基本反映了当前国际上对外汇储备结构管理问题的研究趋势。

(二)国内学者关于外汇储备结构的相关研究

关于外汇储备货币结构问题的研究,国内一些学者也做了不少工作。例如,易江(1997)、余其昌(2001)、朱淑珍(2002)等先后利用马科维茨投资组合理论来研究我国外汇储备币种结构;李振勤(2003)采用美国财政部公布的数据测算,得出我国 2003 年的外汇储备币种结构大体为美元占 70%、欧元占 15%、日元占 10%等的结果;张文政(2005)扩展了海勒-奈特模型与杜利模型,采用美元、欧元、日元和英镑等作为外汇储备最优币种组合,得到美元占 63%、日元占 15%左右、欧元占 20%左右、其他货币占 2%左右的比例结构;滕昕(2006)在分析中将外汇储备视为一个系统,采用层次分析法,构建了货币结构选择的 AHP 模型,提出美元、日元、欧元、韩元及其他货币在我国外汇储备货币结构中应占的比率。

2007 年后,更多的学者从不同的角度来分析我国外汇储备的币种结构问题。杨胜刚等(2008)借鉴马科维茨基本均值方差模型的思想,构建了双投资基准与多风险制度的投资组合模型,得出我国外汇储备的币种组合大致为:美元占 36%~46%,日元占 16%~27%,欧元占 23%~31%,英镑等其他货币占 6%~12%。朱孟楠等(2009)指出次贷危机后我国外汇储备的币种结构应当进行适当的调整(即可以将大量持有的美元债券逐步转化为股权资产等)。王韬等(2011)应用多层次分析法来探讨我国外汇储备的最优货币结构,得到如下币种分配方案:美元占 40.27%,日元占 14.50%,欧元占 40.86%,英镑占 4.37%。石凯(2013)采用 DCC-GARCH 模型,运用动态优化的思想来测度我国外汇储备最优币种组合,得出了美元占 60%~65%、日元占 3%~5%左右、欧元占 25%~30%、英镑占 5%~7%左右的币种结构。

从上述分析可以看出,国内学者对外汇储备币种结构进行了定量分析与定性分析,对币种配置问题的讨论并不多,但关于币种权重的观点有所不同。此外,国内学者对币种动态调整模型的分析较少,静态研究多一些。

针对外汇储备资产结构,国内学术界也提出了自己的观点和研究结论。吴晓灵(2001)、王红夏(2003)等按照储备资产的变现能力和收益水平,把储备资产划分为三种不同结构:一级储备主要有现金和准备金(如活期存款、短期国库券、商业票据等);二级储备主要是指中期债券;三级储备是指各种长期投资工具。现阶段我国的外汇储备已经远远超出充足性和合理性要求的数量,因此,管理机构有必要提高外汇储备资产的收益性。何帆(2006)指出,在外汇储备资产结构方面,我国过分偏好美国国债投资,而忽略美国企业债、股权投资和黄金投资等,因而在存在着较大的效率损失。冯科(2007)借鉴了香港和其他国家的外汇储备管理经验,指出可以将我国的外汇储备资产分为两类,一类是货币资产,另一类是投资资产;货币资产管理的主要目标是充足性、流动性、安全性,而投资资产则注重外汇储备的收益性。喻海燕(2008)剖析了我国投资公司如何运用外汇储备资产来选择投资渠道、投资品种等情况。朱孟楠

(2009)探讨了次贷危机发生后,全世界主权财富基金的投资新动向。罗航(2009)参照日本外汇储备成功管理经验,指出外汇储备资产管理应当加大藏汇于民的力度。王荣(2011)运用波士顿矩阵,分别从静态和动态两个角度来剖析我国外汇储备资产结构。丁志诚(2011)分析得出美元资产在我国外汇储备中的占比出现了下降的结论,表明我国外汇储备投资结构做出了一定程度的常态化调整。[①] 易纲(2012)提出我国外汇储备资产投资方向应该转向欧元和欧洲市场的策略。张立富(2015)利用以马科维茨资产组合理论为基础的均值-方差模型,计算我国外汇储备的最优结构。程义涵(2018)指出,我国的高额外汇储备结构中,美元占据绝对地位,以及资产类型狭窄、资产配置单一等现状,还提出面临的三大风险。胡星城(2020)探讨了人民币汇率改革带来的影响,分析了外汇储备的选择要点,对我国外汇储备结构进行了分析,针对存在的问题提出了相关建议,具有一定参考价值。

从以上对文献的梳理可以看出,我国外汇储备风险管理过分注重安全性和流动性,忽视了收益性。因此,提高外汇储备资产的收益性势在必行。

四、外汇储备收益和风险的相关研究

国内外学者对外汇储备收益和风险等问题,进行了相当广泛的研究。众多学者通过建立风险模型,来实现外汇储备收益和风险最优均衡。例如 Bert 等(2004)、Eelias 等(2006)、Wu(2007)、Romanyuk(2010)、Francisco 等(2013)。其中:Bert(2004)使用资产平衡表模型来评估和测度外汇储备的收益风险和损失;Eelias 等(2006)、Wu(2007)等学者通过动态均值-方差最优化模型来确定外汇储备中币种的最优投资组合,从而降低使外汇储备风险;Romanyuk(2010)把外汇储备管理的收益性、流动性和风险性纳入同一个目标函数中,并对加拿大的外汇储备管理目标以及结构进行分析;Francisco 等(2013)通过建立模型来进行外汇储备管理,即对外汇储备资产进行的风险—收益和流动性的权衡,换句话讲是对外汇储备负债进行风险—成本的权衡。同时,也有许多国外学者采用大量实证数据来系统分析最优储备与风险问题,如 Pringle 等(2003,2005)、Rodrik(2006)、Blejer 等(2000)、Rigaudy(2000)、Stijin 等(2007)、Claudio 等(2008)、Chen(2009)、Jeanne 等(2011)、Kathryn 等(2012)、Dewei 等(2013)、Steiner(2014)等。其中:Pringle 等(2003,2005)

---

① 参见 http://money.163.com/11/1022/02/7GUGFFC600253B0H.html。

通过对 45 个国家央行的调查研究,得出一些具有高回报,和其他货币的联动性较低,以及具有较高流动性的替代货币,能够更好地分散外汇储备资产的风险;Rodrik(2006)在研究发展中国家时,发现外汇投资收益率和储备融资出现倒挂现象,因此提高外汇储备投资收益率是有必要的;Rigaudy(2000)、Stijin等(2007)都认为拥有超额外汇储备时,应该实施积极的管理策略,更好地运用各类金融衍生工具,从而获得更高的收益;Claudio等(2008)指出,外汇储备在满足流动性需求和交易性需求后,超额的外汇储备应该更好地用于投资;Chen(2009)认为在美国通货膨胀率上升时,我国的储备资产可能面临重大损失,但如果处理得当,我国可以取得可观的储备投资收益,而只需要承受中等的风险;Jeanne等(2011)指出,东亚的新兴市场国家储备的增长,已经超出了防范资本流入导致的突然大规模减少的需要;Kathryn等(2012)指出,外汇储备多的国家,更有可能需要在金融危机发生时出售储备资产,这可能会带来外汇储备的损失;Dewei等(2013)的研究结果表明,如果中央银行能够有效地干预外汇市场,减少外汇波动,那么外汇储备的安全将变得更为重要,这将降低对风险资产的需求;Steiner(2014)的实证研究表明,考虑到持有过多储备带来的系统性风险,我国应当降低对外汇储备的需求。

国内学术界对外汇储备收益和风险问题研究的学者主要有巴曙松等(2007)、李扬(2007)、樊雪志(2007)、朱孟楠(2007)、吴念鲁(2007)、张曙光(2007)、陈荣(2007)等。其中:巴曙松等(2007)的研究表明,可以借鉴挪威、新加坡外汇储备的经验,结合我国外汇储备特点和需求动机,对我国巨额外汇储备实际情况进行多层次积极管理;李扬(2007)认为外汇储备管理的核心在于"保持信心",储备规模较大的国家(地区)倾向于对外汇储备进行分档管理,将多余的外汇储备进行投资,以便提高外汇储备的整体收益水平;樊雪志(2007)指出我国应该摆脱目前大量持有低收益率的美国国债的局面;朱孟楠(2007)则认为对外汇储备风险的管理过程,就是对风险进行识别、度量、控制以及管理效果评估的过程;吴念鲁(2007)指出,在外汇储备安全的前提下,应该划出小部分的外汇储备进行投资来达到保值、增值的目的;张曙光(2007)预测,我国的外汇储备早已大比例超出规避风险意义上的外汇需求,多年贸易顺差的资源配置方式,使本国居民的福利遭受巨大的损失,还分析了外汇资产累积带来的福利损益;陈荣(2007)的研究结果表明,可以借鉴全球一些国家将部分外汇储备交给专业投资公司来经营管理的模式,来提高外汇储备收益率。

在近些年的一些文献中,很多学者从不同的角度来研究外汇储备收益和风险问题,使得对外汇储备收益和风险问题的争鸣日渐白热化。其中,孟祥昇

（2008）、梅松（2008）和宋国友（2008）等从超额外汇储备的视角来探讨外汇储备风险管理模式的创新。龚峻（2008）、杨胜刚（2008）、张斌（2012）、王永中（2011）、余湄等（2013）、宿玉海（2014）等从外汇储备投资多元化的角度，分析外汇储备的安全性、流动性和收益性等一系列问题。也有学者从其他角度来分析外汇储备收益与风险问题，例如：李相栋（2009）得到应该基于人民币国际购买力的视角来衡量外汇储备投资风险与收益的结论；王珍（2012）全面、系统地分析了我国外汇储备的各项成本和外汇储备收益；韩立岩（2012）、刘澜飚（2012）均认为我国外汇储备规模已经超出合理水平，因此有必要改变现阶段外汇储备收益的方法；周光友等（2014）对外汇储备的风险进行测度，得出在考虑收益性和流动性的因素下，可以适当调整币种结构的观点。朱孟楠等（2019）通过 GARCH-EVT-COPULA 模型和蒙特卡洛模拟方法，对中国外汇储备市场风险进行测度，基于均值 C-VaR 优化的结果表明，适当降低欧币种资产，有助于外汇储备组合提高收益并降低市场风险。

国内外已有的研究结论是非常有价值的，但关于外汇储备收益和风险理论的研究尚不够完整，需要进行更加深入的研究。

 本章小结

本章旨在展开研究论述之前，厘清外汇储备风险管理领域所涉主要概念的内涵和外延，并对外汇储备风险管理的相关文献进行梳理，在较为全面地掌握和展现国内外已有研究成果的基础上，探讨当前深入研究的重点与方向。

第一节主要阐释了书中将会涉及的一些重要概念。对于外汇储备、外汇储备管理以及风险和风险管理的概念，虽然在学术论述和实务操作中均较为常见，学术界和实务界对其也有着大体一致的认知，但其具体含义、涵盖的内容和表现形式等仍存在差异。本节进一步明晰书中运用的概念所依据的观点，有助于读者理解外汇储备风险管理的相关文献和全书整体框架。

第二节对外汇储备风险管理相关理论和方法进行了梳理、总结和归纳。此节主要从外汇储备适度规模的测算研究、外汇储备风险测度理论与方法、外汇储备结构风险管理以及外汇储备收益和风险研究等四个方面，梳理了国内外学者在外汇储备风险管理领域的研究成果，从不同角度反映了当前国内外对外汇储备风险管理问题的研究进展和发展趋势。通过归纳和比较国内外的研究成果，发现国内已有文献从定性分析、定量分析、宏观分析角度来研究我国外汇储备风险管理，是非常有价值的。

　　现有的研究成果注重外汇储备的安全性和流动性以及收益性。基于此，本书采用规范研究与实证研究相结合、微观分析与宏观分析相结合、定量分析与定性分析相结合、比较分析与归纳分析相结合等方法，对我国外汇储备风险管理展开研究，以期在遵循安全性、流动性的前提下，更好地平衡储备收益和风险之间的关系，从而达到由被动管理向积极管理平稳过渡的目的。

第三章　我国外汇储备的影响
因素实证研究

第一节　引言

一、研究背景

在当前全球经济一体化、国际金融市场迅速成长的背景下,美国片面强调"美国优先",奉行单边主义和经济霸权主义,背弃国际承诺,四面出击挑起国际贸易摩擦,损害了中国和其他国家利益。此外,美国联邦储备委员会的不断多次加息,也已经对一部分新兴市场国家的经济造成影响。

我国在这种环境下面对的问题为资本外流压力不断增加、货币汇率贬值趋势明显等。面对这两大重要难题,中央银行可以选择动用外汇储备或加息来稳定货币汇率。动用外汇储备对经济的副作用较小,而加息却会对经济产生较为不利的影响。现阶段,我国经济仍具有韧性,因此,在国内经济基本面持续向好的环境下,研究我国外汇储备的影响因素显得尤为重要。

二、研究意义

从美国经济增长情况来看,虽然美元指数呈上升趋势,但目前美元市场小幅走弱,外汇储备规模长期下行压力正在减弱。总体上来看,我国的经济转型升级和对外开放的进一步扩大,将有助于吸引更多的外国投资,也有利于国内经济,更有利于外汇储备的稳定。

在我国持有如此巨大的外汇储备量的客观条件下,对外汇储备的影响因素进行研究显得十分重要。本章拟通过对我国外汇储备影响因素的研究,探讨比较人民币汇率、资本流动、出口贸易对我国外汇储备的影响,从而对我国在管理外汇储备、保持经济增长等方面起到积极作用。我国外汇储备规模从2014年4万亿美元左右的峰值逐渐缩减到2022年的3万亿美元左右,为了避免资本的外流、热钱的失控等,有必要对外汇储备的影响因素进行深刻研究,以此来促进我国经济长期、可持续发展。

三、文献综述

国内外关于外汇储备影响因素的研究,不同时期比较有代表性的理论观点有一定的参考价值。

1. 国内文献

早期国内学者对外汇储备与资本、贸易、汇率之间的关系进行过许多深入的研究。孙建林(1986)认为我国外汇储备有非专设性的特点、非集权性、非稳定性的特点,这是与其他国家的不同之处,并认为外汇储备过多可能会导致国内经济通货膨胀。董玉华(1990)指出,国民生产总值中贸易占的比重越大、增速越快,对外汇储备的需求越大。方文(1995)认为,我国施行银行结售汇制,使得外债与外汇储备相关联。朱孟楠(1997)认为,外汇储备的增加若来自债权性方面(如出口创汇等),是对国家有利的;若来自债务性方面(如对外借款等),则实质上是加重国家的债务负担,且不利于外汇储备的投资。

近些年,关于我国外汇储备的研究不断进步。陆晓倩(2001)通过建立汇率模型和关于马歇尔-勒拿条件的计算,得出了汇率的升降会使外汇储备的需求增加的结论。姜丽(2002)运用格兰杰因果检验和通径系数分析法对外汇储备影响因素进行实证研究,发现我国外贸依存度已从改革开放初期的10%提高到40%以上,认为进出口贸易是影响外汇储备的一个重要因素。陈浪南等(2012)认为短期内汇率变动对外汇储备变动有明显负效应,对国外收入产生显著正影响。程飞阳等(2016)通过逐步回归法解决了模型的多重共线性问题,并认为我国国际经常项目差额、国际资本、GDP和汇率都影响着我国外汇储备的增长。

之后,我国的外汇储备研究不断深化。何巍(2017)通过建立VaR模型,得出外商直接投资对外汇储备增长的影响大于出口贸易对外汇储备增长的影响,以及外商直接投资与外汇储备有双向因果联系的结论。此外,从长期来看,进口倾向、汇率与外汇储备的规模变动呈现明显的正相关;外汇储备的自身波动、汇率波动及汇率制度与外汇储备变动具有明显的负相关;国内外收入与利差对外汇储备变动的影响不明显。庄建非等(2018)对中国和日本的外汇储备与外商直接投资、汇率的相关性进行研究,结果表明:外商直接投资增加,中国外汇储备下降,但日本外汇储备却增加。根据经济学原理,外商直接投资应与外汇储备正相关,因此,该研究认为,这种结果与现实中改革开放以来我国经常项目和资本项目均为双顺差有关。张道玉(2018)认为,近年来,外汇储备缩水与资本外逃的联系尤为密切,随着美国减税政策与加息政策的实施,中国大量资本外逃与人民币不断贬值,是国内投资者把资金投向国外的重要原因。因此,汇率、资本流动、出口贸易与外汇储备有显著的联系。

2.国外文献

美国耶鲁大学的 Triffin(1954)最早通过储备进口比率法测算外汇储备规模,提出外汇储备的需求由进口额决定,并且两者成一定比例,也得出结论:储备进口 40% 为一般标准,30% 以下需要调整,20% 为最低标准。Agarwal(1971)通过对海勒-奈特模型的完善提出阿格沃尔模型。阿格沃尔模型充分考虑了发展中国家外汇储备的各种因素,解决了国际收支与储备需求的问题。

Bahamin-Oskooee(1997)对通货膨胀与外汇储备之间的关系进行了分析,发现外汇储备的增长是通货膨胀的根本原因。Wijnholds 等(2001)认为:外汇储备具有短期负债、保障流通在外的货币供应量等功能;为了发挥外汇储备的功能,需要确立合理的汇率制度。Aizenman(2007)等(1999)在 Heller 关于外汇储备需求与进口边际倾向呈负相关的论证基础上,认为外汇储备量与国家的外部融资水平有关。Kasman 等(2008)利用土耳其 1982—2005 年的月度数据,运用单位根和协整检验,认为短期内减少名义汇率或实际汇率会对外汇储备有明显的影响。Aizenman(2008)研究发现,发展中国家的外汇储备在世界经济一体化中的本外币对冲功能性不断在提高。

Zhang(2010)运用含有 4 个方程的新凯恩斯模型,评估了中国货币政策结构对外汇储备的影响,结果显示,采用利率与货币数量有效结合的工具,有助于外汇储备发展。Montoro(2011)发现许多国家的中央银行运用储备需求去追逐货币与财政稳定,建议不应过度使用外汇储备去调控经济,应与其他货币政策、财政政策等工具交替使用。Gupta(2014)建立 13 个预测变量的动态模型来研究影响中国外汇储备的因素,结果显示,中、美的净出口、利率差异、石油价格和经济政策都会对中国的外汇储备造成一定的影响。Fatum 等(2018)通过事件研究的方法,讨论了亚太地区外汇储备积累与风险承担两者之间的内在联系可能性,通过研究风险承担的各个代理机构对官方储备公告的反应,发现风险承担并未对外汇储备产生重大影响。

3.国内外文献的简要评述

国外学界关于外汇储备的研究理念比较成熟,而我国外汇储备的相关研究起步较晚。国外学者对外汇储备影响因素的研究较为深入,具有坚实的理论数据支撑,而国内学者更多偏向于在外汇储备与国内经济的关系的基础上来探讨外汇储备的影响因素。同时,国外许多学者在 Heller 的研究基础上做出许多具有卓越贡献的研究。目前,越来越多的国内学者使用 VaR 模型研究外汇储备影响因素,并认为外汇储备与汇率、国内外资本密切相关。中外的政策背景、经济文化环境皆不同,国外的研究结果在国内并不具备太大的适用性。因此,本章将结合我国政策国情,在充分了解我国外汇储备发展历程与影响机制的背景下进行相关研究,从汇率、外商直接投资、外债、出口贸易与外汇储备的相关联系入手,建立 VaR 模型并得出结论,从而进一步丰富国内外汇储备的相关研究结果。

第二节 我国外汇储备的发展概况和影响机制

一、我国外汇储备的发展历程

1979 年 3 月,中华人民共和国国家外汇管理局在北京成立,拉开了我国外汇管理体制改革的序幕。伴随着我国经济的发展与腾飞,我国外汇储备不断创造辉煌。为配合外贸体制改革和鼓励企业出口创汇,我国开始实行外汇留成制度,在外汇由国家集中管理、统一平衡的基础上,按照一定比例给予出口企业购买外汇的额度,允许企业通过外汇调剂市场转让多余的外汇,由此逐步形成了官方汇率和外汇调剂市场汇率并存的双重汇率制度。

除了出口创汇,吸引外商直接投资、举借外债、在海外发行股票、在国际市场出售黄金等都是带来外汇资源的方式。得益于多方面因素的共同作用,我国很好地抓住了国际产业梯度转移等重大战略机遇,国际收支多年来一直保持着"双顺差",带来了稳定的外汇资源流入。此外,外汇管理体制处于由计划体制开始向市场调节的转变过程,计划配置外汇资源仍居于主导地位,但市场机制建立并不断完善,对于支持国内经济建设发挥了积极作用。

1994 年我国正式建立银行间外汇市场,初步形成了市场经济体制下的外汇管理机制,我国的外汇储备开始出现大量增加。2001 年,我国的外汇储备量突破了 2000 亿美元。2006 年,我国的外汇储备量超越日本,成为世界第一外汇储备国家。此后,我国外汇储备规模持续扩大,最高时期几乎快达到 4 万亿美元。2017 年初,国内市场对美元加息的预期强烈。2017 年 2 月 7 日,我国外汇储备为 29982 亿美元,首次跌破 3 万亿大关,这是由于央行向市场提供外汇资金以调节外汇供需平衡,这也是外汇储备规模下降的主要原因。我国经济韧性强、潜力大、活力足,长期向好的基本面没有改变,有利于外汇储备规模保持总体稳定。国家外汇管理局统计数据显示,截至 2021 年 12 月末,我国外汇储备规模为 3.501 万亿美元。

二、外汇储备的决定机制和影响因素

如图 3-1 所示,经常项目、资本和金融项目是决定外汇储备的重要因素;外商直接投资与热钱影响资本和金融项目顺差;廉价劳动力与低估的汇率影响经常项目顺差。

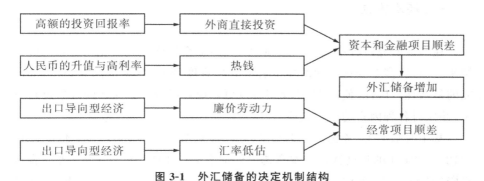

图 3-1　外汇储备的决定机制结构

2014 年,习近平总书记提出"我国经济发展进入新常态"。由此,我国经常项目外汇管理工作的立足点转到提高外汇政策供给的质量和效益上来,服务于构建开放型经济新体制,这有助于提高我国抵御跨境资本流动冲击的能力。

经常项目,主要指在国际收支中经常发生的交易项目,涵盖了贸易收支、劳务收支和单方面转移等。我国对经常项目外汇实行结汇、售汇制,具体制度包括:境内机构的经常项目外汇收入必须调回境内,并按照国务院关于结汇、售汇及付汇管理的规定卖给外汇指定银行,或者经批准在外汇指定银行开立外汇账户;境内机构持合法、有效凭证;等等。

过去我国长期处于贸易顺差的原因是多方面的,大致包括:(1)利用经济全球一体化的大环境,我国大力发展劳动密集型和资源密集型产业,逐渐成为"世界工厂";(2)我国明确了对外贸易发展的"大经贸"战略,鼓励出口创汇;(3)发达国家限制高科技产品出口的政策,进一步使得我国的贸易顺差加大。

外商直接投资是资本和金融项目重要的组成部分之一。随着我国的经济开放程度不断加深,外商投资环境不断改善,劳动力成本更低,经济长期保持较快增长,以及加入世界贸易组织,人民币汇率保持得较稳定,吸引外资流入的优惠政策等不断出台,越来越多的外商直接投资涌入我国,带来巨量的外汇,直接推动了我国国际收支顺差的扩大。

第三节　实证分析

一、基本方法

在实证研究过程中,较多的观测变量、数据会使研究具有相对比较准确的结果。但是,多个变量之间的关系会使处理难度增大,导致信息重叠,增加研究的复杂性。因此,使用 VaR 模型可以更好地对影响外汇储备的因素进行分析,并探讨各种因素的协同效应。

基于时效性的考虑,以及季节性因素对外汇储备的影响,本章选用2012—2021 年的年度数据。本章选取外债余额(OED)、汇率(ER)、外商直接投资(FDI)、出口(EX)这四个变量来研究以上因素对外汇储备的影响,并对影响外汇储备的变量之间的关系进行研究。数据来源于国家外汇管理局官网、国家统计局官网、东方财富网。

二、变量说明

本章选取外债余额(OED)、汇率(ER)、外商直接投资(FDI)、出口(EX)等四个变量进行实证研究。

(1)外债余额(OED),是指国有商业银行总行及其境内外分支机构向境外的金融机构或其他企业、机构、个人筹借并供境内使用且尚未偿还的,以外国货币承担契约性偿还义务的所有债务总额。我国作为最大的发展中国家之一,外债规模的扩大不仅满足了国内资本的巨量需求,也有助于国内基础设施的建设与发展。但是外债余额需要用于对外换取外汇,特别是外债余额的大量积累带来了一定的风险,也会对我国外汇储备的规模有一定的影响。

(2)外商直接投资(FDI),是指境外企业和经济组织或个人(包括华侨、港澳台同胞以及中国在境外注册的企业)按中国有关政策、法规,用现汇、实物、技术等在中国境内直接投资的行为。改革开放以来,外商利用我国廉价的劳动力,并通过在我国投资建厂,给自身带来经济利益,同时,也在不断地促进我国经济的发展。外商直接投资一直以来都是我国外汇储备的重要组成部分,对我国外汇储备的增加起到了举足轻重的作用。

(3)汇率(ER),是指两种货币之间兑换的比率,亦可视为一个国家的货币对另一种货币的价值。在国际市场,中国采用的是直接标价法,即 1 美元可以兑换多少人民币。汇率的变化与一国进出口贸易有着直接的关系:本币汇率降低,能起到促进出口、抑制进口的作用;本币汇率上升,则有利于进口,不利于出口。汇率的变动必定会导致外汇储备的变动,例如,2017 年,在国家外汇管理局公布央行向市场提供外汇资金以调节外汇供需平衡等多重因素的综合作用下,我国外汇储备规模出现下降。

(4)出口(EX),国家贸易出口的同时会带来外汇的兑换,也影响着外汇储备。因此,进出口应保持稳定的动态变化,这有助于减少对外汇储备的影响。

因此,本章拟通过使用 Eviews 10.0 软件建立 VaR 模型来深刻剖析外汇储备的影响因素,并寻找这些因素间的内在关系。

三、模型设计及结果分析

在运用 Eviews10.0 软件处理选取的 4 个变量的数据之前,考虑到对时间序列的数据进行自然对数变换不会改变数据的特征,还能在一定程度上消除时间序列中的异方差并使数据趋势线性化,所以,先使用 Eviews10.0 软件对外汇储备(FER)、外债余额(OED)、外商直接投资(FDI)、出口(EX)进行自然对数变换。

1.数据统计

基于 2012—2021 年度的时间序列数据,选取外汇储备(FER)、外债余额(OED)、汇率(ER)、外商直接投资(FDI)、出口(EX)等 5 个变量进行研究,对我国外汇储备的影响因素进行剖析,对选取的数据进行自然对数处理,处理结果见表 3-1。

表 3-1　自然对数处理结果

	FER	OED	ER	FDI	EX
平均数	8.3407	7.92	1.96295	6.3984	8.493133759
N	28	28	28	28	28
标准偏差	1.89575	1.0424	0.1669897	0.58754	1.257277008

2.单位根检验

为避免伪回归现象的产生,本章对变量进行 ADF(augmented Dickey-Fuller test,增广迪基-富勒检验)的单位根检验来观察数据平稳性。本章使用 Eviews10.0 软件对数据进行处理,序列平稳性检验结果见表 3-2,增广迪基-富勒检验模型中趋势项 μ 和常数项 β 的选择都是根据时序图确定的,增广迪基-富勒检验的单位根检验结果表明,所有变量的原始序列在 5% 的显著水平上均没有拒绝"存在单位根"的零假设,这说明序列是非平稳的。当所有变量进行一阶差分时,外债余额(OED)、汇率(ER)、外商直接投资(FDI)、出口(EX)均在 5% 的置信水平上拒绝"存在单位根"原假设,表明一阶差分序列是平稳的。此外,从表 3-2 中可以看出,变量 FER、FDI、ER、EX、OED 经过一阶差分后,都通过了 5% 置信水平的检验,即不存在单位根,说明变量均为一阶单整序列。

表 3-2　序列平稳性检验结果

变量	检验类型 (C,T,K)	ADF 检验值	Prob*	临界值 1%	临界值 5%	临界值 10%	结论
FER	$(C,T,1)$	−0.121978	0.9915	−4.356068	−3.595026	−3.233349	不平稳
FDI	$(C,T,3)$	−2.593449	0.2859	−4.394309	−3.612199	−3.243079	不平稳
ER	$(C,T,1)$	−2.877956	0.1851	−4.356068	−3.595026	−3.233456	不平稳
EX	$(C,T,0)$	−0.335894	0.985	−4.33933	−3.587527	−3.22923	不平稳
OED	$(C,T,0)$	−2.752283	0.2254	−4.33933	−3.587527	−3.22923	不平稳
△FER	$(C,N,1)$	−4.14763	0.0036	−3.711457	−2.981038	−2.629906	平稳
△FDI	$(C,N,3)$	−4.028561	0.0050	−3.752946	−2.998064	−2.638752	平稳
△ER	$(C,N,1)$	−4.55553	0.0013	−3.711457	−2.981038	−2.629906	平稳
△EX	$(C,N,0)$	−4.063185	0.0044	−3.711457	−2.981038	−2.629906	平稳
△OED	$(C,N,0)$	−5.798164	0.0001	−3.72407	−2.986225	−2.632604	平稳

注:△表示一阶差分。检验类型 (C,T,K) 中的 C 表示单位根检验方程中的常数项,T 为趋势项,K 为滞后阶数,N 代表 C 或 T 不存在。

3.协整检验

当长期静态模型中有两个以上变量时,协整关系就可能不止一种。Johansen 协整检验是一种在 VaR 系统下用极大似然估计来检验多变量之间的协整关系方法。因为变量 FER、FDI、ER、EX、OED 均是一阶单整序列,为了考察变量间是否存在长期均衡关系,需要进行 Johansen 协整检验。

如表 3-3 所示,变量 FER、FDI、ER、EX、OED 在 5% 的显著性水平下,显著地拒绝了"没有协整向量""至多存在一个协整向量""至多存在两个协整向量""至多存在三个协整向量"的假设,由此得出各个变量之间存在协整关系,5个变量在最优滞后期下存在长期均衡关系的结论。

表 3-3　协整检验结果

零假设:协整向量数目	特征值	迹统计量	5%显著水平临界值	相伴概率
0*	0.882561	141.9386	69.81889	0
至多 1 个*	0.807937	88.39277	47.85613	0
至多 2 个*	0.653684	47.14452	29.79707	0.0002
至多 3 个*	0.508674	20.63441	15.49471	0.0077
至多 4 个	0.108392	2.86823	3.841466	0.0903

注:* 代表在 5% 的水平下拒绝原假设。

标准化处理后的协整系数方程为:

$$FER = 0.993886FDI - 1.422568ER + 0.756142EX - 0.477732OED \quad (3.1)$$

从方程(3.1)得出:外商直接投资、出口贸易额与外汇储备额呈正相关,外债余额、汇率与外汇储备额呈负相关。每当外商直接投资增加 1%,外汇储备额增加 0.993886%;出口贸易额增加 1%,外汇储备额增加 0.756142%;汇率增加 1%,外汇储备额减少 1.422568%;外债余额增加 1%,外汇储备额减少 0.477732%。

4.VaR 模型分析

(1)选取 VaR 模型最优滞后期

由于协整关系只能说明变量之间存在长期稳定的均衡关系,所以本章采用建立 VaR 模型的方法来获取变量之间的动态变化规律。

一般的 VaR 模型的数学模型表达式:

$$y_t = A_1 y_{t-1} + \cdots + A_p y_{t-p} + Bx_t + \mu_t \quad (3.2)$$

在方程(3.2)的基础上,本章运用变量 DFER、DFDI、DER、DEX、DOED

建立无约束的 VaR 模型,通过构建 VaR 模型确定最优滞后阶数。同时,足够的最优滞后阶数 L 可以较为完整地表现出所构造模型的动态关系信息,一种是通过信息指标来确定,另一种是通过似然比检验来确定。本章使用 Eviews10.0 软件直接获得最优滞后阶数 L,如表 3-4 所示,在 5% 的显著水平下,根据 LR、FPE、AIC、SC、HQ 准则,得出最优滞后阶数为 1 阶。

表 3-4　最优滞后阶数选择

Lag	LogL	LR	FPE	AIC	SC	HQ
0	−4.255549	NA	1.40E−06	0.711965	0.953907	0.781636
1	154.9299	244.9007*	4.81E−11*	−9.609991*	−8.158341*	−9.191968*
2	179.4933	28.34244	6.34E−11	−9.57641	−6.915052	−8.810035

注:* 表示根据不同准则选取的最优滞后阶数,其中,根据 LR、FPE、AIC、SC、HQ 准则选取的最优滞后阶数为 1 阶。本章选取 1 阶。

(2)VaR 模型及稳定性

为了研究解释变量与被解释变量的关系,根据测算最优滞后阶数,对 VaR 模型进行参数估计,结果见表 3-5。

表 3-5　VaR 模型参数估计结果

	DFER	DFDI	DER	DEX	DOED
DFER(−1)	0.488275	−0.215145	−0.070315	0.262765	0.219025
	(−0.25766)	(−0.22900)	(−0.09453)	(−0.30209)	(−0.38272)
	[1.89503]	[−0.93951]	[−0.74382]	[0.86981]	[0.57229]
DFER(−2)	−0.468016	0.383975	−0.200721	−0.124271	−0.096661
	(−0.19822)	(−0.17617)	(−0.07272)	(−0.2324)	(−0.29442)
	[−2.36113]	[2.17961]	[−2.76008]	[−0.53473]	[−0.32831]
DFDI(−1)	0.273231	0.695604	0.115773	0.095059	0.226027
	(−0.18547)	(−0.16484)	(−0.06805)	(−0.21746)	(−0.27549)
	[1.47316]	[4.21986]	[1.70136]	[0.43714]	[0.82045]
DFDI(−2)	0.434557	−0.447044	0.248589	−0.006879	−0.220525
	(−0.24054)	(−0.21378)	(−0.08825)	(−0.28202)	(−0.35728)
	[1.80661]	[−2.09115]	[2.81689]	[−0.02439]	[−0.61723]
DER(−1)	−1.461528	1.343042	−0.501193	−0.079952	−0.082435
	(−0.51635)	(−0.45891)	(−0.18944)	(−0.60539)	(−0.76695)
	[−2.83053]	[2.92662]	[−2.64567]	[−0.13207]	[−0.10748]

续表

	DFER	DFDI	DER	DEX	DOED
DER(−2)	0.615741	−0.36879	0.27709	−0.174587	−0.010988
	(−0.41473)	(−0.36859)	(−0.15216)	(−0.48624)	(−0.61601)
	[1.48469]	[−1.00054]	[1.82108]	[−0.35905]	[−0.01784]
DEX(−1)	0.29305	−0.039406	−0.02946	0.05276	0.005215
	(−0.28143)	(−0.25012)	(−0.10325)	(−0.32996)	(−0.41802)
	[1.04128]	[−0.15755]	[−0.28532]	[0.15990]	[0.01247]
DEX(−2)	0.314882	0.117229	0.00082	0.064147	−0.224638
	(−0.26677)	(−0.2371)	(−0.09787)	(−0.31277)	(−0.39625)
	[1.18034]	[0.49444]	[0.00838]	[0.20509]	[−0.56691]
DOED(−1)	−0.324803	−0.028191	−0.017081	−0.052272	−0.452421
	(−0.16016)	(−0.14235)	(−0.05876)	(−0.18778)	(−0.23790)
	[−2.02794]	[−0.19804]	[−0.29068]	[−0.27836]	[−1.90173]
DOED(−2)	−0.304253	−0.163869	0.010047	−0.189605	−0.357237
	(−0.16964)	(−0.15077)	(−0.06224)	(−0.19889)	(−0.25197)
	[−1.79355]	[−1.08690]	[0.16143]	[−0.95331]	[−1.41777]
C	0.117117	0.029964	0.022707	0.113767	0.24458
	(−0.05686)	(−0.05054)	(−0.02086)	(−0.06667)	(−0.08446)
	[2.05973]	[0.59293]	[1.08846]	[1.70652]	[2.89587]

注:(−1)(−2)代表滞后阶数,(　)内代表标准差,[　]内代表 t 统计量。

通过单位根检验,得出所有根的模倒数均位于单位圆内且模型显著(见图
3-2),这说明滞后一阶的 VaR 模型稳定。

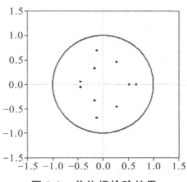

图 3-2　单位根检验结果

5.Granger 因果关系检验

变量 FER、FDI、ER、EX、OED 之间存在长期的均衡关系,但这种关系是否构成因果关系,有待进一步的验证。本章采用常用的因果关系检验——Granger 因果关系检验,检验结果见表 3-6。

表 3-6　Granger 因果关系检验结果

	原假设	自由度	P 值
DFER 方程	DFDI 不能 Granger 引起 DFER	2	0
	DER 不能 Granger 引起 DFER	2	0.01
	DEX 不能 Granger 引起 DFER	2	0.3235
	DOED 不能 Granger 引起 DFER	2	0.0634
	DFDI、DER、DEX、DOED 不能 Granger 引起 DFER	8	0
DFDI 方程	DFER 不能 Granger 引起 DFDI	2	0.0833
	DER 不能 Granger 引起 DFDI	2	0.0131
	DEX 不能 Granger 引起 DFDI	2	0.8735
	DOED 不能 Granger 引起 DFDI	2	0.5264
	DFER、DER、DEX、DOED 不能 Granger 引起 DFDI	8	0.1007
DER 方程	DFER 不能 Granger 引起 DER	2	0.0008
	DFDI 不能 Granger 引起 DER	2	0
	DEX 不能 Granger 引起 DER	2	0.9573
	DOED 不能 Granger 引起 DER	2	0.9474
	DFER、DFDI、DEX、DOED 不能 Granger 引起 DER	8	0
DEX 方程	DFER 不能 Granger 引起 DEX	2	0.6693
	DFDI 不能 Granger 引起 DEX	2	0.8091
	DER 不能 Granger 引起 DEX	2	0.917
	DOED 不能 Granger 引起 DEX	2	0.6383
	DFER、DFDI、DER、DOED 不能 Granger 引起 DEX	8	0.7902
DOED 方程	DFER 不能 Granger 引起 DOED	2	0.8504
	DFDI 不能 Granger 引起 DOED	2	0.7156
	DER 不能 Granger 引起 DOED	2	0.8649
	DEX 不能 Granger 引起 DOED	2	0.9988
	DFER、DFDI、DER、DEX 不能 Granger 引起 DOED	8	0.9944

如表 3-6 所示,在 5% 的显著性水平下可以得出以下结论:(1)通过检验证明,在外汇储备的方程中,外商直接投资与汇率是引起外汇储备变化的 Granger 原因,出口、外债余额都不是引起外汇储备变化的 Granger 原因,但在联合检验中,它们是共同引起外汇储备变化的 Granger 原因,且非常显著;(2)在外商直接投资方程中,汇率是引起变化的 Granger 原因,也表明了汇率影响着外商在中国的投资意向。因此,可以得出,外商直接投资、汇率是外汇储备较为重要的影响因素之一,虽然外汇储备的增长不能带动外商直接投资、出口、外债余额的增长,但与汇率形成了双向 Granger 关系。

6.脉冲响应分析

脉冲响应分析可以用于生成基于 VaR 模型的函数图,主要用于分析 VaR 模型的变量之间的动态影响关系。本部分主要通过 VaR 模型的脉冲响应函数来考察外商直接投资、汇率、出口、外债余额与外汇储备之间的相互冲击的动态,以此来进一步了解它们之间的关系。为了深入理解外汇储备的影响因素,对外汇储备进行脉冲响应分析,结果如图 3-3 所示。

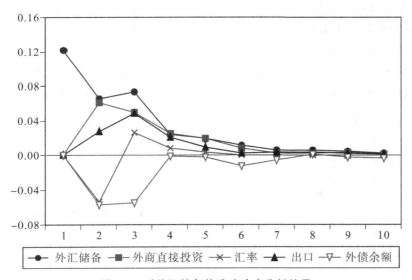

图 3-3　对外汇储备的脉冲响应分析结果

第一,从图 3-3 可以看出,外汇储备对自身的冲击立即表现出强烈的正反应,并且第 1 期冲击反应就达到最大;随着期数的增加,冲击反应逐渐减弱。

第二,外商直接投资对外汇储备的冲击最先逐渐增加,在第 2 期达到最大值(6%);随着期数增长而减弱,第 7 期之后影响几乎为 0%。

第三,出口对外汇储备的冲击与外商直接投资较像,初期影响缓慢增加,在第 3 期达到最大值(5%);随着期数的增长,影响程度下降的速度大于外商直接投资,在第 6 期达到 0%。

第四,汇率对外汇储备的冲击在初期的一段时间内呈现负反应,并且在第二期达到最小值(-5.5%),随后逐渐转正并在第 3 期达到最大值(2%)。之后,正向影响逐渐减弱,在第 6 期几乎为 0%。这说明汇率提升对外汇储备的减少是有很大的影响的,之后的变化与央行的干预措施有很大关系。

第五,外债余额对外汇储备的冲击始终呈现负反应,在第 2 期与第 3 期最为强烈,最大值为 6%,之后逐渐减弱。这个结果也说明,外债余额没有节制的增加对外汇储备的增长并没有起到促进作用。

因此,通过综合分析各个因素对外汇储备的影响,可以得出结论:外商直接投资与出口增加会使外汇储备增加,但该效果会被汇率提高、外债余额的增加等因素所削弱。

7.方差分解分析

方差分解是指分析不同时点变量的预测方差可以分解为不同冲击解释部分,可以理解为冲击对变量波动的贡献,由此得出对每个变量的相对影响程度可以通过方差分解得出。

从图 3-4 可以得出每个扰动因素对我国外汇储备的方差分解结果。外商直接投资、汇率、外债余额对外汇储备的影响从第 1 期到第 2 期不断加强,并

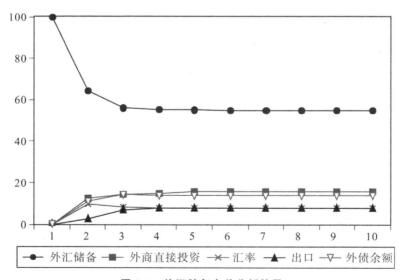

图 3-4 外汇储备方差分析结果

且之后都趋于稳定。出口对外汇储备的影响从第 1 期到第 3 期不断增强,从第 4 期开始衰弱并趋于平缓。在第 10 期,外汇储备、外商直接投资、汇率、出口、外债余额的影响程度分别为 55%、16%、10%、10%、16%,可以看出,外商直接投资与外债余额对外汇储备的影响相对于汇率与出口而言更显著。

四、结论及建议

本章得出以下结论:(1)外商直接投资与外债余额对外汇储备的影响较大,出口与汇率对外汇储备的影响较弱。(2)人民币升值与出口的增加对我国外汇储备的增长有明显的促进作用,而外商直接投资对外汇储备的增长贡献更大。(3)外汇储备和汇率之间存在着长期均衡关系:当人民币贬值时,资金将流出,导致外汇储备规模减小;外汇储备的增加会增加人民币的升值压力。

2016 年 10 月 1 日,人民币正式加入国际货币基金组织特别提款权货币篮子,这反映了国际社会对我国综合国力和改革开放成效的肯定与认可,成为人民币国际化的重要里程碑。这为人民币国际化注入了新的动力。同时,人民币国际化带来的资本金融账户项下的资金净流入正逐步减弱人民币汇率波动对外汇储备的影响,导致外汇储备对人民币的敏感程度不断下降。

近年来,我国在资本外流压力下依然保持外汇储备稳定,有两方面的原因:一是国际高度认可我国政府的能力与国家积极开放的态度,使得人民币走向国际,国际上对人民币的信任度提高,以及主权国家积极增持人民币相关资产;二是我国加大对外开放,吸引长期资本流入。基于以上结论,为了防止我国外汇储备进一步减少,以及防范金融风险发生,本书提出以下三点建议。

第一,加强汇率管理,保持汇率稳定。对外开放是我国的基本国策,中国经济深度融入世界,外汇储备规模体现了国际上与我国开展经贸合作的信心,汇率稳定事关经济金融大局稳定。人民币汇率基本稳定,在国际主要币种中相对稳健,能够为稳定我国外汇储备提供有力支撑。

第二,加强跨境资本流动管理,完备跨境资本流动的机制。评估资本外流风险,建立健全的国内换汇机制与预案措施。在分析经济周期、评估市场风险的基础上,优化外汇储备结构,有效防范外汇市场异常波动风险。同时,增强前瞻性研究,参与国际经济活动合作,促进市场公平竞争,释放合理外汇市场信号。

第三,促进出口贸易,并对我国优势产业不断给予品牌建设、科技创新的扶持政策,继续保持优势,扩大出口。一是对新兴产业也要勇于尝试,敢于突破,增加新的出口增长点。二是提高境内外汇资金管理与使用效率,促进贸易便利快捷化。三是制定合理的投资制度,完善监督与激励机制,鼓励境外投资者来我国投资。

本章小结

首先,本章旨在在展开我国外汇储备的影响因素实证研究之前,阐述研究背景、研究意义以及国内外研究情况。

其次,本章介绍我国外汇储备的发展概况,将搜集的研究资料导入外汇的决定机制,绘成关系图,进一步阐明了外汇储备的决定机制和影响因素。

最后,展开实证分析。第一,考虑到外汇储备的季节性比较强,选取年度数据可以很好地避免季节性波动带来的影响;主要选取外汇储备(FER)、外债余额(OED)、汇率(ER)、外商直接投资(FDI)、出口(EX)等 4 个变量进行研究,对我国外汇储备的影响因素进行剖析,将选取的数据进行自然对数处理;为避免伪回归现象的产生并考虑到数据平稳性,进行增广迪基-富勒检验的单位根检验以及协整检验。第二,建立 VaR 模型。为了获取变量之间的动态变化规律,采用常用的因果关系检验——Granger 因果关系检验、脉冲响应分析以及方差分解分析。第三,根据实证结论提出相应的建议。

第四章　我国外汇储备增长的
影响因素实证分析
——基于主成分分析法

第一节　引言

一、研究背景及意义

众所周知,外汇储备量是一国综合经济实力的重要体现,一国的综合经济实力越强,其外汇储备量往往越充足。此外,外汇储备量在保持国际收支平衡、稳定本国货币汇率和市场、提升国际信誉度等方面的作用也不可小觑。

就我国目前的实际情况看,我国外汇储备总量仍是以美元计价为主,而随着人民币的持续升值,我国外汇储备的实际价值存在不断贬值的风险。当前,我国外汇储备管理制度本身存在的一些弊端,例如我国外汇储备的持有成本过高,我国货币政策的有效性降低,等等,都不利于经济的稳定运行和发展。因此,本章根据我国外汇储备的实际情况,通过主成分分析法,对我国外汇储备增长的影响因素进行了合理分析,以期为我国的外汇储备管理提供具有一定意义的借鉴和参考。

我国外汇储备增长是由多方面的因素共同作用造成的,而这些因素是通过多种路径产生影响的,其影响路径颇为复杂,因素间也会相互作用。要选择一个合适的外汇储备量,需要考虑多方面因素的影响。因此,使用主成分回归模型对经济现实进行解释更为客观。本章利用主成分分析法对我国外汇增长影响因素进行分析,研究结果可以为进一步研究外汇储备规模的适度性和结构优化等问题提供有益参考。

二、文献综述

1.国外文献综述

国外学者关于外汇储备规模方面的研究。Heller(2015)对外汇储备适度规模的定义是一国为了保持国际收支顺差,通过减少支出、融资借款等措施来调节国际收支水平,若能保障这些措施的成本最小,那么该国的外汇储备就是适度的。Flanders(2017)针对发展中国家的外汇储备适度规模进行了新的构思研究,构建了一个包含 10 个变量的线性回归模型,这个模型考虑比较全面,但是在实际操作过程中难以获取所有变量的详细数值。Gupta(2018)基于外汇储备成本角度对印度外汇储备规模进行了测算,并与印度的实际外汇储备数据进行了对比分析,结果显示,印度在 2006 年的外汇储备数量处于超适量状态,其超额规模是 GDP 的 3%。Fleming(2017)认为如果一国外汇储备量和增长量能够调节该国国际收支所需的外汇储备量,不需要再借助其他手段来调节国际收支,那么该国的外汇储备量就是适度的。

国外学者关于外汇储备影响因素的理论研究。Jovanovic(2013)通过研究发现,一个国家的进口倾向、经济发展水平、持有外汇储备的机会成本以及该国的国际收支差额会对该国的外汇储备产生重要的影响。Calvo(2015)提出用一国的外汇储备与该国的广义货币供应量之比,作为本国居民对外国资产的潜在需求测量指标。该指标越高,则表明一单位的本国货币可以受到更多外国货币的支撑,从而公众对本国货币更具有信心,也就减少了资本的外逃,并降低了由此带来金融危机的可能性。Frankel(2016)认为,发展中国家和发达国家的外汇储备对平均进口倾向(进口总额/国内生产总值)、国际收支变动率和进口变量的反应程度是不一样的。

国外学者关于外汇储备影响因素的实证研究。Edwards(2014)利用1995—2012 年欠发达国家的年度数据进行实证研究,考虑到通货市场的不平衡因素,利用部分调整模型,将储备需求思想和货币思想相连接,建立储备需求动态方程。结果显示,变动的储备对现实储备水准与目标储备水准的差异以及通货市场都能够产生影响,通货市场不平衡对储备需求是呈短暂正相关的。Elbadawi(2015)通过构建误差修正模型,结合苏丹货币供给与货币需求的不均衡性、国内收入、国外汇款、储备变动率等解释变量,对影响苏丹外汇储备量需求的要素开展实证研究。论证结果显示,国外信汇对苏丹外汇储备量需求的解释程度最高,对进口的需求弹性在长期内是单位弹性。Lyoha(2016)

主要针对发展中国家外汇储备需求展开研究,认为经济开放程度、进出口变动率和外汇资产利率是影响发展中国家外汇储备需求变动的主要因素。同时,在建模分析的过程中,还对模型进行了修正,通过滞后期调整,使外汇需求从静态分析变为动态分析。

2.国内文献综述

国内学者关于外汇储备规模方面的研究。李巍等(2009)选择从外汇储备的总量、国家金融系统及市场的稳定性、资本流动性等三个方面进行研究,并构建了预测我国外汇储备适度规模的模型,然后选择 1992—2007 年间的相关数据进行研究分析,认为我国外汇储备虽然处于超额状态,但这种状态有利于防范、控制境外金融危机对我国国民经济的冲击,因此是合理的超适量规模。李磊(2015)通过研究,认为我国外汇储备适度规模应该是国民生产总值的 14% 左右。李少昆等(2015)认为,新常态下我国外汇储备总量依旧远远高于外汇储备适度规模。马丹等(2012)、肖文等(2012)都选择利用阿格沃尔模型来对我国外汇储备的适度规模进行测算,并以 1994—2010 年的相关统计数据进行实证分析,结果表明,我国外汇储备规模已超过了适度规模。

国内学者关于外汇储备影响因素的理论研究。伴随着我国外汇储备的持续增长,对于外汇储备影响因素的分析也快速展开。刘金权等(2016)研究了我国通货膨胀与外汇储备之间的关联。研究结果表明:当一国经济高速发展时,快速增长的外汇储备会造成该国通货膨胀的加剧,而当一国经济下滑时,外汇储备量的变动对该国的通货膨胀基本无影响。潘莉芳(2015)认为,外汇储备与国民生产总值、国际收支差额成正相关,而与人民币对美元汇率成反向变动关系;我国外汇储备的规模与外债余额的相关性不强。聂娴青等(2018)通过数据分析了历年我国外汇储备的规模,重点剖析了人民币汇率波动、外汇储备动机、外商直接投资等三个因素对我国外汇储备的具体影响机制,并根据各因素的影响路径,从汇率、外汇储备需求、外商直接投资以及国际经济环境四个基本视角提出我国外汇储备管理的优化对策。

国内学者关于外汇储备影响因素的实证研究。张红霞等(2012)选取 1981—2008 年的人民币实际有效汇率指数、汇率的波动率和 GDP 等指标,就汇率变动对我国外汇储备的影响进行了实证检验。结果显示,我国外汇储备规模与人民币实际有效汇率及其波动间存在长期协整关系,即人民币有效汇率是我国外汇储备的重要影响因素,而在短期内,人民币实际有效汇率对我国外汇储备的影响不明显。邹宏元等(2012)从调节速度、数量特性与动机解析方面对中国外汇数量特征影响因素进行研究,证明储备量持有行为受汇率因素影响,这体现了重商主义动机、交易性动机、攀比动机和预防性动机。其中,重商主义动机和汇率因素的作用微弱,攀比动机和交易性动机对储备持有行为的作用最大,造成中国最优储备量居高不下的原因是中国较低的储备缺口调整系数。李浩等(2017)使用因子分析法对影响外汇储备规模的因素进行了分析,还进行了回归分析,通过实证证明外贸规模和外债余额是影响我国外汇储备规模的主要因素,但并未对我国的经济政策进行分析。林津峰(2018)指出,不管中国的外汇储备是否适度,考虑到实体经济的复杂性,很难用理论来判断中国的外汇储备是否过度,因此有必要研究我国外汇储备的影响因素;还根据中国经济发展现状,采用 Eviews 统计软件,对 1996—2016 年影响中国外汇储备规模的因素进行了统计回归分析,从实证的角度出发,揭示了中国外汇储备规模的决策机制,从而为我国优化外汇储备规模提出建议。

3.评价

通过以上文献综述,我们不难看出国内外学者对外汇储备已经有了深入的研究,国外的学者在理论性研究上有一定的优势,国内的学者则更注重实证分析。然而,我国学者对外汇影响因素的研究往往局限于单个影响因素,并未将外汇储备影响因素综合起来考虑。在现实的经济活动中,各个因素对外汇储备的影响路径往往不是简单的直接影响,而是通过复杂的传递关系对外汇储备规模产生影响,这也使得在用传统回归方法进行分析时,会发现各个变量之间存在严重的相关性。同时,我国学者在进行外汇储备的研究时选择的分析变量不同、分析数据所处的时间段不同,没有较为系统的判定和定性的总结。伴随着我国经济的快速发展,外汇储备增长迅速,这些都有可能导致研究结果存在差异,这也进一步说明了外汇储备影响因素分析的复杂性。因此,本章选取的影响因素总结了前人研究的成果,并对其中不足的部分进行了修正。

第二节 相关概念及理论

一、相关概念

国际货币基金组织发布的《外汇储备管理指南》中对外汇储备的解释是"一国货币行政当局以银行存款、财政部库存、长短期政府证券等形式所保有的,在国际收支逆差时可以使用的债权"。本质上,外汇储备是一种外汇资产,其由各国的中央政府掌握,可以随时兑换外国货币,以满足国际收支的需要,同时它也是一个国家或地区的国际储备资产的重要组成部分。

在我国,学术界对外汇储备尚没有统一的定义,不同的学者有不同的理解,并将其运用到自身的研究当中。当前对外汇储备的定义主要有两种:一种是外汇储备属于流动性高的资产,另外一种是一切的具有流动性的资产都属于外汇储备。前者属于狭义概念,后者则更偏向于广义的理解。一般来讲,一部分资产要成为外汇储备,需要满足四点要求:一是要由国内中央银行或政府机构直接管理和控制;二是它具有能够自由兑换他国货币的特点;三是需要得到人们的普遍认可和需要,如美元目前仍然是全球外汇的代表货币;四是能够对国际汇率市场具有一定的影响能力。

二、外汇储备的职能

外汇储备是国民经济不可或缺的一部分,对整个货币市场乃至国民经济的稳定健康发展都有不小的作用。无论是发达国家还是发展中国家,无论其外汇是管制的还是自由的,也无论其经济发展水平怎样,都需要外汇储备的支撑。尽管其影响方式或效果会随实际情况的变化而有所不同,但外汇储备在支付保障、偿债保障、干预外汇市场、调控宏观经济等方面的突出作用是不容忽视的。此外,随着时间的推移和经济的发展,外汇储备职能越来越丰富,下面将对外汇储备的职能进行具体的解释。

首先,外汇储备的首要作用是支付保障。一个国家或地区,在其国际交往和对外贸易的过程中,不可避免地会遇到对外支付的情况,而对外支付就需要发挥外汇的作用。正常且理想的情况下,一国或地区的国际收支是平衡的。然而,实际上,绝大部分情况下国际收支会是顺差或逆差。当贸易顺差时,出口额大于进口额,外汇储备会增加;当贸易逆差时,进口额大于出口额,外汇储备会减少。外汇储备过多或过少,都会对国民经济的正常发展造成不利影响。

其次,偿债保障也是外汇储备的重要作用之一。随着经济全球化发展和对外开放程度的提升,一国或地区与他国的金融机构交流越来越多,比如需要向他国银行进行借贷以暂时弥补自身的资金短缺。而外国很多金融机构的贷款条件之一就是有充足的外汇储备,能够及时偿债,同时这也是国际信誉的衡量标准之一。因此,充足的外汇储备能够增加外国投资者的投资信心,而不足的外汇储备则不利于吸引国外的投资。

再次,干预外汇市场、保持本国货币稳定也是外汇储备的重要作用。通常情况下,一国的货币汇率过高或过低都不利于本国经济的长期发展。当本国货币汇率出现较大波动时,就需要储备的外汇进行调节,以稳定本国货币币值。对外汇市场进行干预、稳定本国货币的币值是稳定本国金融市场的重要手段,同时也是防止投机者危害本国金融安全的重要手段。

最后,外汇储备还有一个作用是对宏观经济进行调控。对于部分以外向型经济为主的国家,出口经济量占总经济量的比值偏大,而出口量的增多对其经济的总体发展至关重要。若本国货币贬值,则可以达到刺激出口、减少进口的目的;若本国货币升值,则会增加进口、减少出口。当经济低迷时,可以选择对本国货币进行贬值,用本国货币买入外汇,本国货币也会因供给增加而贬值;经济过热时,可以选择对本国货币进行升值,买入本国货币。

第三节　我国外汇储备发展情况

一、外汇储备总量

1994 年,我国外汇管理体制改革,实施了"行结售汇制""汇率并轨""建立银行间外汇交易市场"等一系列重大改革举措,外汇储备规模大量增加。随后,1996—2000 年,我国的外汇储备额都在 1000 亿美元以上。进入 21 世纪,得益于改革开放进程的加快和加入世界贸易组织,我国对外开放水平不断提升,外汇储备快速增长。2006 年,我国外汇储备更是达到了 8537 亿美元,突破历史新高,迈入外汇储备大国行列。充足的外汇储备虽然能够在支付保障、偿债保障、干预外汇市场、调控宏观经济上发挥作用,但同时我国也承担着巨大的风险,比如高昂的成本,因此需要对外汇储备进行有效的管理,从而达到利益最大化与成本最小化的目标。

表 4-1 为 2012—2021 年我国外汇储备余额统计情况。

表 4-1　2012—2021 年我国外汇储备余额统计表

年份	外汇储备余额/亿美元
2012 年	33115
2013 年	38213
2014 年	38430

续表

年份	外汇储备余额/亿美元
2015 年	33304
2016 年	30105
2017 年	31399
2018 年	30727
2019 年	31079
2020 年	32165
2021 年	32502

数据来源:《中国统计年鉴》。

2015 年起,我国外汇储备余额开始下降。截至 2021 年 12 月 31 日,以美元计价的我国外汇储备余额为 32502 亿美元。尽管十年来我国的外汇储备余额出现了小幅的下降与上升,但仍居于世界首位。

二、外汇储备管理体系

目前我国外汇储备管理体系主要是以中国人民银行为主导,国家外汇管理局及其储备管理司进行具体操作管理的;由中国人民银行进行独立的战略和操作层面的决策,中华人民共和国财政部并没有直接参与管理。国家外汇管理局负责对外汇储备的币种结构以及资产投资结构进行调节,从而保证中国外汇储备资产的流动性、安全性,并在此基础上争取最大的收益。同时,国家外汇管理局下属的储备管理司具体负责中国外汇储备管理的工作,其职责是根据国家外汇储备经营战略、原则,负责国家外汇储备的经营管理及经批准受托经营中国人民银行的外汇存款准备金。我国外汇储备管理目标是保障充足的外汇储备以满足国家外汇需要,在此基础上实现储备资产的保值增值。基于这一目标,长期以来,我国始终坚持安全性、流动性、收益性相结合的外汇储备管理原则,并偏重安全性和流动性管理。

三、外汇储备影响因素发展情况

1.国内生产总值(GDP)

根据 2012—2021 年《中国统计年鉴》的数据,本章将 2012—2021 年我国的 GDP 数据进行整理,如表 4-2 所示。

表 4-2　2012—2021 年我国 GDP 数据

年份	GDP/亿元
2012 年	519470
2013 年	592963
2014 年	643563
2015 年	688858
2016 年	746395
2017 年	932036
2018 年	919281
2019 年	986515
2020 年	1013567
2021 年	1149237

数据来源:《中国统计年鉴》。

从表 4-2 可以看出,2012—2021 年这 10 年间,我国经济发展态势良好,GDP 呈现逐年上涨的趋势,由 2012 年的 519470 亿元上涨至 2021 年的 1149237 亿元,上涨了 121.23%,速度惊人。从增长速度来看,一是 2013 年、2017 年、2021 年的 GDP 相较于上一年增长速度较快,增长幅度超过 13%;二是 2017 年的 GDP 相较于上一年增长速度最快,增长约 24%;三是只有 2018 年 GDP 出现负增长。

2.广义货币供应量(M2)

根据 2012—2021 年《中国统计年鉴》的数据,本章将 2012—2021 年我国 M2 数据进行整理,如表 4-3 所示。

表 4-3　2012—2021 年我国 M2 统计表

年份	M2/万亿元
2012 年	97.42
2013 年	110.65
2014 年	122.84
2015 年	139.20
2016 年	155.01

续表

年份	M2/万亿元
2017 年	167.68
2018 年	182.67
2019 年	198.65
2020 年	218.68
2021 年	238.29

数据来源:《中国统计年鉴》。

从表 4-3 可以看出,2012—2021 年,我国 M2 呈现逐年上升的态势,由 2012 年的 97.42 万亿元上涨至 2021 年的 238.29 万亿元,累计上涨了 144.6%,上涨速度超过 GDP 的增长速度。从历年 M2 的增速来看,其增速的变化趋势与 GDP 增速的变化趋势大体相同,呈现先快后慢的态势,如 2015 年 M2 的增长速度为 13.32%,2018 年 M2 的增长速度仅为 8.94%。

3.外商直接投资(FDI)

根据 2012—2021 年《中国统计年鉴》的数据,本章将 2012—2021 年我国 FDI 数据进行整理,如表 4-3 所示。

表 4-4　2012—2021 年我国 FDI

年份	FDI 规模/亿美元
2012 年	1133
2013 年	1176
2014 年	1196
2015 年	1263
2016 年	1260
2017 年	1310
2018 年	1350
2019 年	1381
2020 年	1443
2021 年	1735

数据来源:《中国统计年鉴》。

从表 4-4 可以看出,2012—2021 年,我国外商直接投资金额基本呈现逐年上涨的态势。其中,2016 年的外商直接投资金额比上一年度稍有下降。

2012—2021年,我国FDI金额由1133亿美元上涨至1735亿美元,累计增长了53.13％,增长速度相对较慢,不及GDP增速和M2增速。

4.国家外债余额

根据2012—2021年《中国统计年鉴》的数据,本章将2012—2021年我国国家外债余额数据进行整理,如表4-5所示。

表4-5　2012—2021年我国国家外债余额

年份	国家外债余额/亿美元
2012 年	7370
2013 年	8632
2014 年	8955
2015 年	14162
2016 年	14207
2017 年	17106
2018 年	19652
2019 年	20573
2020 年	24008
2021 年	27466

数据来源:《中国统计年鉴》。

从表4-5可以看出,2012—2021年我国国家外债余额呈现逐年增长的态势,10年间由7370亿美元上涨至27466亿美元,增长了272.67％,增长速度非常惊人,远远超过FDI、M2、GDP三个指标在同一时期的增长速度。从历年增长速度来看,2017年国家外债余额的增长速度最快,相比上一年增长了20.40％,为历年之最。

5.人民币兑美元汇率

根据2012—2021年《中国统计年鉴》的数据,本章将2012—2021年我国人民币兑美元汇率的相关数据进行整理,如表4-6所示。

表4-6　2012—2021年人民币兑美元汇率

年份	人民币兑美元汇率(年平均汇率)
2012 年	6.313
2013 年	6.193
2014 年	6.143

续表

年份	人民币兑美元汇率（年平均汇率）
2015 年	6.228
2016 年	6.642
2017 年	6.752
2018 年	6.617
2019 年	6.896
2020 年	6.898
2021 年	6.452

数据来源：《中国统计年鉴》。

从表 4-6 可以看出，2012—2021 年，人民币兑美元汇率的变化如下：2012—2014 年，人民币兑美元汇率的年平均汇率由 6.313 下跌至 6.143；2014—2017 年人民币兑美元汇率的年平均汇率由 6.143 快速上涨至 6.752；2018 年人民币兑美元汇率再次下降，该年的年平均汇率为 6.617；2019 年、2020 年人民币兑美元汇率的年平均汇率由之前几年的数据快速上涨至 6.897左右；2021 年人民币兑美元汇率的年平均汇率下降至 6.452。从波动范围来看，除了 2015—2016 年以及 2020—2021 年的人民币兑美元汇率出现 0.4 以上的波动，其余相邻年份之间的汇率波动均不超过 0.2，可以看出人民币兑美元汇率变化整体相对稳定。

6.进出口差额

根据 2012—2021 年《中国统计年鉴》的数据，本章将 2012—2021 年我国进出口差额数据进行整理，如表 4-7 所示。

表 4-7　2012—2021 年我国进出口差额

年份	进出口差额/亿元
2012 年	14558.29
2013 年	16093.98
2014 年	23525.72
2015 年	36830.73
2016 年	33452.12
2017 年	28519.60
2018 年	23247.50

续表

年份	进出口差额/亿元
2019 年	29119.90
2020 年	36342.40
2021 年	43653.10

数据来源:《中国统计年鉴》。

从表 4-7 可以看出,2012—2021 年,我国进出口差额呈现先上升后下降再上升的态势。其中:2012—2015 年我国进出口差额由 14558.29 亿元增长至 36830.73 亿元;2015—2018 年,我国进出口差额由 36830.73 亿元减少至 23247.50 亿元;2018—2021 年,我国进出口差额由 23247.50 亿元增长至 43653.10 亿元。2014—2015 年我国进出口差额的增长速度最快,约增长了 13305 亿元,增长幅度为 56.56%。

第四节　实证分析

一、指标选取及数据来源

本章选取 GDP、广义货币供应量、外商直接投资、国家外债余额、人民币兑美元汇率、进出口差额等六个指标对外汇储备金额进行解释。本章选取 2012—2021 年我国外汇储备的相关数据进行分析说明,所有的原始数据均来自历年的《中国统计年鉴》和《国民经济社会发展公报》,以及国家统计局官网等官方资料和信息渠道。

二、数据处理

将外汇储备作为被解释变量 Y,将 GDP 设为解释变量 X_1,将广义货币供应量设为解释变量 X_2,将外商直接投资设为解释变量 X_3,将国家外债余额设为解释变量 X_4,将人民币兑美元汇率设为解释变量 X_5,将进出口差额设为 X_6。根据表 4-6 中历年人民币兑美元汇率的年平均汇率,将以美元为单位的数据换算成人民币,最终得到表 4-8 所示的原始数据。

表 4-8　我国外汇储备余额及各影响指标的原始数据

年份	Y	X_1	X_2	X_3	X_4	X_5	X_6
2012 年	209055	519470	97.42	7153	46527	6.313	14558
2013 年	236653	592963	110.65	7283	53458	6.193	16094
2014 年	236075	643563	122.84	7347	55011	6.143	23526
2015 年	207417	688858	139.2	7866	88201	6.228	36831
2016 年	199957	746395	155.01	8369	94363	6.642	33452
2017 年	212006	932036	167.68	8845	115500	6.752	28520
2018 年	203320	919281	182.67	8933	130037	6.617	23248
2019 年	214320	986515	198.65	9523	141871	6.896	29120
2020 年	221874	1013567	218.68	9953	165607	6.898	36342
2021 年	209702	1149237	238.29	11194	177210	6.452	43653

（一）原始数据的统计性描述

外汇储备余额及各个指标的原始数据的统计性描述如表 4-9 所示。

表 4-9　原始数据统计性描述

	N	极小值	极大值	均值	标准差
Y	10	199957	236653	215038	190961.31
X_1	10	519470	1149237	819188.5	813747
X_2	10	97.42	238.29	163.1	44.42165
X_3	10	7153	11194	8646.7	1263.1764
X_4	10	46527	177210	106778.5	44634.716
X_5	10	6.143	6.898	6.51	0.2727365
X_6	10	14558	43653	28534.3	9376.001

（二）原始数据的标准化处理

考虑到本章选取的经济指标的计量单位不同,且变量的水平差异较大。若直接将这些不同量纲的数据代入模型,就会出现与实际不符的结果,进而影响统计分析的结论。因此,在进行统计分析之前,首先要将原始数据导入 SPSS 软件,进行标准化处理。

三、主成分分析

对标准化后的数据进行降维处理以得到主成分,并保留主成分得分情况,以便更好进行实证分析。在主成分分析中,一般要求所提取的主成分累计贡献率至少要达85%。本章的主成分提取情况(解释的总方差)如表4-10所示。

表 4-10　解释的总方差

成分	初始特征值			提取平方和载入		
	合计	方差的/%	累计/%	合计	方差的/%	累计/%
1	4.424	73.741	73.741	4.424	73.741	73.741
2	1.088	18.128	91.869	1.088	18.128	91.869
3	0.399	6.643	98.513			
4	0.074	1.228	99.741			
5	0.015	0.254	99.995			
6	0.000	0.005	100.000			

如表4-10所示,SPSS软件已经成功提取了两个主成分,记为 F_1、F_2。两个主成分能够提取原信息的91.869%,提取效果良好。主成分 F_1、F_2 的成分矩阵如表4-11所示。

表 4-11　F_1、F_2 的成分矩阵

	成分	
	F_1	F_2
ZX_1	0.981	−0.083
ZX_2	0.992	−0.054
ZX_3	0.934	0.189
ZX_4	0.981	0.139
ZX_5	−0.002	0.987
ZX_6	0.802	−0.219

通过表4-11可以看出在 F_1 中,GDP、广义货币供应量、外商直接投资、国家外债余额、进出口差额的系数较大,因此,在 F_1 中,这五个变量是最主要的影响因素。在 F_2 中,人民币兑美元汇率的系数达到0.987,远远大于其他变量,可以认定在第二主成分中最大的影响因素是人民币兑美元汇率。

主成分 F_1、F_2 的得分矩阵如表 4-12 所示。

表 4-12　F_1、F_2 得分矩阵

	成分	
	F_1	F_2
ZX_1	0.222	-0.077
ZX_2	0.224	-0.049
ZX_3	0.211	0.174
ZX_4	0.222	0.128
ZX_5	0	0.908
ZX_6	0.181	-0.202

通过表 4-12 可得 F_1、F_2 的线性组合方程分别为：

$$F_1 = 0.222ZX_1 + 0.224ZX_2 + 0.211ZX_3 + 0.222ZX_4 + 0.181ZX_6 \quad (4.1)$$

$$F_2 = -0.077ZX_1 - 0.049ZX_2 + 0.174ZX_3 + 0.128ZX_4 +$$
$$0.908ZX_5 - 0.202ZX_6 \quad (4.2)$$

$$F = \frac{73.741\% F_1 + 18.128\% F_2}{91.869\%} \quad (4.3)$$

四、回归分析

在上述提取主成分的过程中，保留了主成分得分数据，以便进行下一步的回归分析。保留的 F_1、F_2 得分情况如表 4-13 所示。

表 4-13　F_1、F_2 的得分情况

年份	F_1	F_2
2012 年	-1.43041645	1.07527696
2013 年	-0.97491649	1.10517867
2014 年	-0.74491001	0.10078203
2015 年	-0.63301034	-0.63003497
2016 年	-0.38549984	-1.0676302
2017 年	-0.08860542	-1.41825401
2018 年	0.65739381	-1.21645292

续表

年份	F_1	F_2
2019 年	0.91454276	0.38473848
2020 年	1.24917059	1.00091697
2021 年	1.43625626	0.66547898

此时,利用 SPSS 软件,以 ZY 为因变量,以 F_1、F_2 为自变量进行回归分析,回归分析的 Anova^b 结果如表 4-14 所示。

表 4-14 Anova^b 结果

模型	平方和	df	均方	F	Sig.
回归	5.654	2	2.827	5.915	0.031^a
残差	3.346	7	0.478		
总计	9.000	9			

从表 4-14 可以看出,Sig. 为 0.031,小于 0.05,这表明回归方程在 0.05 的显著性水平下具有统计学意义。

回归分析的系数结果如表 4-15 所示。

表 4-15 回归分析的系数

模型	非标准化系数		标准系数	t	Sig.
	B	标准误差	试用版		
常量	$-6.61OE-16$	0.219		0	1.000
REGR factor score 1 for analysis 2	0.301	0.230	0.301	1.306	0.233
REGR factor score 2 for analysis 2	-0.733	0.230	-0.733	-3.182	0.015

从表 4-15 可以看出回归方程为:

$$ZY=-6.61OE-16+0.301F_1-0.733F_2 \tag{4.4}$$

则由回归方程可以看出:F_1 与 ZY 存在正的相关关系,F_2 与 ZY 存在负的相关关系。F_1 每增加 1,我国外汇储备将增加 0.301;F_2 每增加 1,外汇储备将下降 0.733。

在 F_1 中,变量系数较大的是 GDP、广义货币供应量、外商直接投资、国家外债余额、进出口差额五个指标。因此,F_1 代表的是我国经济发展情况,它是导致我国外汇储备上涨的直接原因,同时也是最主要的部分。在 F_2 中,变量系数较大的是人民币兑美元汇率,因此 F_2 代表人民币兑美元汇率的趋势,它与外汇储备规模呈负相关。

第五节　结论及建议

本章研究认为,我国外汇储备的增长是多方面因素共同作用的结果。通过对 2012 年以来我国经济数据的主成分分析,我们得到了主成分回归的方程,它反映了中国的经济发展程度、人民币兑美元汇率的趋势对外汇储备的影响。可以看出,中国的经济发展越强,则外汇储备越多;人民币兑美元汇率越低,则外汇储备越多。

由此,本章对我国外汇储备发展提出如下建议。

第一,中国所实施的经济政策应能够有效带动内需,扩大进口量,在一定程度上缓解由于贸易顺差而产生的大规模外汇累积问题,并且我国应该重点关注货币供应量是否合理的问题,避免出现因通货紧缩和膨胀而造成不利影响。

第二,美元或者美元国债是我国外汇储备的主要对象,较少的其他货币储备使我国的币种结构出现失衡,一旦美元贬值,将增加我国外汇储备的成本负担。同时,我国大规模购买美国国债,一旦债券出现违约,将进一步增加流动性风险,也会制约外汇储备的可持续发展。所以,我国调节外汇储备规模的关键措施在于有效调整币种结构和汇率的稳定性。

本章不足之处:一是在研究对象上,本章只局限于影响外汇储备的经济因素,未考虑到社会、国家政策等方面的影响;二是从数据的选取上来看,影响我国外汇储备的因素是多方面的,即使是经济因素也是非常复杂的,有很多的因素是不能用指标来衡量的;三是本章只考虑到了现有的可获得的经济数据。

 本章小结

本章主要基于主成分分析法来进行我国外汇储备增长的影响因素实证分析。首先,介绍研究背景、意义以及国内外的一些研究情况。其次,厘清我国外汇储备增长的影响因素领域所涉及的主要概念的内涵和外延。再次,回顾

我国外汇储备发展情况,包括外汇储备管理体系等。最后,对我国外汇储备影响因素展开实证分析。

本章选取 GDP、广义货币供应量、外商直接投资、国家外债余额、人民币兑美元汇率、进出口差额等六个指标对外汇储备余额进行解释,对 2012—2021 年我国外汇储备及上述各个指标的情况进行分析。

具体研究过程如下:(1)将原始数据导入 SPSS 软件,进行标准化处理。(2)对标准化后的数据进行降维处理以得到主成分,并保留主成分得分情况。(3)在提取主成分的过程中,保留了主成分得分数据,再进行回归分析,得出结论并提出相应的建议。

第五章　我国外汇储备的规模
风险管理分析

　　回顾改革开放以来我国外汇储备规模的发展变化,可梳理出以下脉络:我国于1979年开始实行对外开放,在对外经济往来不断发展的同时,外汇储备规模也不断扩大,并于1996年底首次突破1000亿美元。此后四年间,受亚洲金融危机的影响,我国储备投资总体趋于保守,外汇储备上升相对平稳。自2001年起,随着我国加入世界贸易组织,在全球经济快速融合的背景下,我国外汇储备出现快速增长趋势。

　　2005年末,我国外汇储备增至8188.72亿美元,居全球第二位。2006年2月,我国外汇储备达到8537亿美元,超过日本,成为全球外汇储备最大持有国。2010年3月,我国外汇储备达到24470.84亿美元,稳居全球第一位。根据国家外汇管理局公布的数据,截至2023年1月末,我国外汇储备已增加到3.1845万亿美元,仍然是世界上持有外汇储备数量最多的国家。

　　不可忽视的是,过多的外汇储备可能带来下列风险:易影响货币政策的自主性,造成货币政策扭曲;易增加通货膨胀的压力,不利于中国人民银行对国内宏观经济进行调控;易提高外汇储蓄的机会成本,降低资本的使用效率;易加大人民币的升值压力,面临汇率波动引起的储备资产贬值风险等。但与此同时,外汇储备不足,又将导致国家干预外汇市场的能力下降、汇市动荡加剧、人民币的稳定性降低等风险。

　　由此可见,保持适度规模的外汇储备是一国进行经济调节、实现内外平衡的重要手段。有效管理好我国外汇储备规模,不仅可以促进国际收支平衡,保证对外支付,也有助于增强宏观调控的能力,稳定本国经济,而且能够保障与维护我国企业的国际信誉,有利于拓展国际贸易,对于增强我国综合国力、防范和化解国际金融风险,均具有不可替代的作用。

　　当前外部环境复杂严峻,世界经济滞胀风险上升,国际金融市场依然面临较大波动性,但中国经济继续呈现稳固回升态势,内生动力不断增强。国际收支总体平衡,外汇市场运行平稳,有利于外汇储备规模保持基本稳定。因此,研究确定我国外汇储备的适度规模,管理和利用好巨额的外汇储备,降低外汇储备持有风险,努力在科学管理和有效运用之间寻找最优均衡,实现我国外汇资产的保值增值,具有十分重要的现实意义和研究价值。

第一节　外汇储备适度规模理论

一、外汇储备适度规模测度方法

外汇储备适度规模是受多种因素影响的,并且由每一种影响因素都可以形成相应的理论。目前,研究外汇储备适度规模的理论方法与模型有很多种,主要是定性和定量分析,具体如下。

(一)比例分析法

比例分析法是由美国著名经济学家特里芬提出的一种简单测量外汇储备需求的方法,采用储备与其他一些经济变量来衡量外汇储备的适度性。具体方法主要有储备/进口比例法、储备/债务比例法、储备/国民生产总值比例法等,其中储备/进口比例法最为流行,已经被各个国家普遍接受和认可。储备/进口比例法可用如下公式表示:

$$\frac{R}{M} = W \qquad (5.1)$$

其中:R 表示外汇储备适度规模,M 为进口总额,W 为数值。

根据式(5.1),可以得到外汇储备适度规模的模型:

$$R = M \times W \qquad (5.2)$$

特里芬对 12 个主要国家的外汇储备进行实证,得出结论:一国的外汇储备对进口的比率一般以 40% 为适度,低于 30% 就需要采取调节措施,最低不能小于 20%。该方法的优点是使用简单,但选取的变量有限,不能作为唯一衡量外汇储备的标准。

(二)回归分析法

回归分析法又称储备需求函数分析法,主要指采用线性模型,对影响外汇储备需求的各种因素进行线性回归与相关分析,构成外汇储备需求函数,用它来确定外汇储备适度规模的方法。用公式表示如下：

$$R = \sum_{i=1}^{n} \beta_i D_i \tag{5.3}$$

其中：R 为外汇储备适度规模，$D_i(i=1,2,\cdots,n)$ 为影响外汇储备需求的各种因素，$\beta_i(i=1,2,\cdots,n)$ 为拟合参数。

但布雷顿森林体系瓦解后，发展中国家仍然实行盯住汇率制度，各国政府又不愿意采用汇率政策来解决国际收支平衡问题，结果使许多发展中国家的汇率受到严重的扭曲，不能准确反映本国货币真实的购买力水平。如弗兰德斯（Flanders，1971）在构造外汇储备适度规模模型时，考虑到对外汇储备需求函数影响的 10 个因素（如持有外汇储备机会成本、外汇储备收益率等），但在实证分析时，得出的结果未能够精确反映真实的外汇储备需求规模。

因此，在这里简要介绍比较有代表性的两个模型：一是弗仑克尔（Frenkel）模型；二是埃尤哈（Iyoha）模型。

弗仑克尔模型是对柯布-道格拉斯生产函数取对数得到的。柯布-道格拉斯生产函数如下所示：

$$R = A\delta^{\alpha_1} m^{\alpha_2} M^{\alpha_3} \tag{5.4}$$

对等式两边取对数，得到如下模型：

$$\ln R = \alpha_0 + \alpha_1 \ln\delta + \alpha_2 \ln m + \alpha_3 \ln M + u \tag{5.5}$$

其中：$\alpha_0 = \ln A$；R 表示外汇储备规模需求量；$\ln A$ 为定值；δ 为国际收支变动率；m 为边际进口倾向；M 为进口总额水平；α_1、α_2、α_3 分别为 R 对 m、δ、M 的弹性；u 为随机扰动项。

弗仑克尔对模型做参数估计时，通过实证发现，发达国家与发展中国家在外汇储备规模上存在着明显的差异：发达国家的外汇储备需求对国际收支的弹性要大于发展中国家，而对于进口总额水平的弹性则小于发展中国家。

埃尤哈模型分析影响发展中国家外汇储备规模的需求因素，认为发展中国家外汇储备规模的需求 R 取决于预期出口收入 X^e、进口支出的变动率 σ^2、持有外汇资产的利率 r 以及一国经济的开放程度 P。

利用两期滞后的调整，得到外汇储备规模模型如下所示：

$$R = \alpha_0 + \alpha_1 X^e + \alpha_2 \sigma^2 + \alpha_3 r + \alpha_4 P + \alpha_5 R_{-1} + \alpha_6 R_{-2} + \varepsilon \tag{5.6}$$

其中：R_{-1}、R_{-2} 分别为前一期和前二期的外汇储备持有额。该模型可以作为具有成效的发展中国家储备需求函数。

以上这些模型的优点是大量的数据使得分析结果更有说服力,缺点是依赖过去的数据做未来的预测,以及会出现多重共线性现象。

（三）"衣柜效应"法理论

"衣柜效应"是经济学家 F.马克卢普(F.Machlup,1965)提出的一种理论。该理论把一国货币当局对外汇储备的需求比喻成女人对衣柜中的衣服的需求,越多越好。他认为,一国货币当局本能地希望持有的外汇储备越多越好。因此,可以得到当期外汇储备需求是前一期外汇储备需求的函数,即:

$$R_t = R_{t-1} + \Delta R \tag{5.7}$$

马克卢普认为,一国持有外汇储备时,会受到决策思想、政治需要等主观因素的制约,因此,这些主观因素的作用导致发达国家和发展中国家的外汇储备需求存在明显差异。相较于发展中国家,影响发达国家外汇储备需求的主观因素多于客观因素,"衣柜效应"相对明显一点。

（四）成本收益方法

成本收益方法(机会成本法)是 20 世纪 60 年代一些研究学者借助微观经济学理论,假设政府和其他经济单位追求福利最大化,然后根据外汇储备的边际成本等于边际收益条件,求解出外汇储备适度规模的一种方法。该方法在运用时遇到的最大问题,是如何正确选择代表成本和收益的变量以及如何量化成本和收益。具体表示如下:

$$MC = \frac{dC}{dR} = \frac{dB}{dR} = MB \tag{5.8}$$

其中:C 是持有储备的机会成本,B 为持有储备产生的收益,R 表示持有外汇储备规模。成本收益法最具有影响的两个模型为海勒模型、阿格沃尔模型。

1.海勒模型

海勒(H.R. Heller,1966)是最早运用成本收益法来分析储备需求的经济学家,他利用边际进口倾向的倒数($1/m$)和储备消耗概率(π)的乘积来反映外汇储备的边际收益。因为 $1/m$ 实际上反映的是放弃持有储备,被迫停止进口所造成的国民收入的损失,所以也可以把它看成持有外汇储备所获取的收益。

在追求利润最大化的时候,用资本的社会收益率和储备收益率的差额来表示边际成本,得到最优的外汇储备规模模型为:

$$R = M \times \frac{\lg(rm)}{\lg \pi} \tag{5.9}$$

其中:R 为外汇储备的适度规模,M 为国际收支逆差,r 为外汇储备的边际机会成本。

海勒运用该模型得到结论:世界总的外汇储备规模是适度的,但存在不同国家和地区分配不均衡的问题。例如有些国家和地区存在着外汇储备过度的问题,而有些国家和地区存在着外汇储备不足的问题。

2.阿格沃尔模型

阿格沃尔(J.P. Agarwal,1971)在海勒模型的基础上,更多考虑到发达国家和发展中国家在制度和结构方面存在的不同,以发展中国家为样本,建立外汇储备适度规模模型。该模型的核心思想是,发展中国家应该运用外汇储备购买必要的外国投入品,这样可以运用好闲置资源,又能增加产出,同时,产出增加的程度取决于资本产出的比例。具体模型表示如下:

$$R = W \times \frac{\lg K + \lg Q_2 - \lg Q_1}{\lg P} \tag{5.10}$$

其中:R 为外汇储备的适度规模,W 为国际收支差额,K 为该国单位资本的产出效率即资本产出的倒数,Q_1 为该国追加资本中的进口比重,Q_2 为进口生产性物品与总产出的比例。

（五）定性分析法

代表性人物有 Carbaugh 等(1976)等经济学家,他们提出外汇储备需求量的定性分析法。定性分析法认为应根据一国经济实际需要来确定外汇储备适度规模。影响一国外汇储备需求的因素有储备资产总量、经济政策的合作态度、国际收支调节机制的效力、政府采取调节措施的谨慎态度、国际清偿力的来源和稳定程度、国际收支的动向等。定性分析法考虑到很多因素,但鉴于许多因素难以量化,由此得出的结论的准确性会受到一定的影响。

（六）协整分析法

协整分析法由 Elbadawi(1990)提出,目的是解决外汇储备的均衡与非均衡问题。他认为,影响苏丹外汇储备适度规模的因素有国内收入、外汇储备波动率、货币市场不均衡、平均进口倾向以及国外汇款等。同时,他建立了误差修正模型并得到结论:国外汇款对苏丹外汇储备适度规模需求影响很大;货币市场不均衡对外汇储备适度规模需求的短期效应显著,长期效应不显著。

以上 6 种方法是测度外汇储备适度规模的常用方法,这些方法各有其优点和不足。从实际情况来看,由于各个国家的经济发展水平不一样,经济环境也不同,所以对外汇储备适度规模的需求也不一样。

二、外汇储备适度规模的含义

不同国家的经济发展水平不同,会引起外汇储备规模的差异;即使是同一个国家,在不同发展阶段对外汇储备适度规模的要求也不同。关于外汇储备适度规模问题,国内外学者已有过不少的研究,但至今,学术界对外汇储备适度规模的含义并没有统一。

国内对外汇储备适度规模的研究,相对比较晚,目前有三种观点:储备规模不足论、储备规模适度论及储备规模过多论。但国内对外汇储备适度规模的含义目前还没有统一的结论,大部分学者可以接受的观点是:一国一定时期外汇储备存量及由各种因素决定的外汇储备的供给,足以满足该国一定时期对外汇储备的需求,必须与由各种因素决定外汇储备的需求水平相适应,也就是达到外汇储备供应与需求的平衡点。还有学者进一步指出:外汇储备规模是否适度,在于一国经济是否实现了内外均衡;当一国经济实现了低通货膨胀下的持续稳定增长,同时国际收支也达到了基本均衡,那么外汇储备规模就是适度规模。

综上所述,可以得到外汇储备适度规模的含义:一国货币当局在一国经济保持稳定发展的前提下,为保证其国际收支平衡与汇率稳定而持有的外汇资产的储备存量。这个储备存量是外汇资产的供给和各种因素所决定的需求所确定的,要求达到储备利润最大化及外汇储备机会成本最小化。目前没有计算外汇储备适度规模的公式,不同国家的外汇储备的适度规模要视其经济发展阶段而定。

第二节　我国外汇储备适度规模的实证分析

20 世纪 90 年代中期以前,因我国外汇储备规模比较少,我国外汇储备的主要问题在于如何增加外汇储备,此时外汇储备规模问题并未引起社会的广泛关注。进入 20 世纪 90 年代中期后,伴随着外汇储备的快速增长,外汇储备规模超额问题开始凸显。

国内学者对我国外汇储备适度规模进行测算,通常是采用国外的分析方法,或者是在国外分析方法的基础上进行改进后,再对我国外汇储备规模进行考察。然而,在理论上与实践中,外汇储备规模的测算并没有统一的标准,因此采用不同的方法测算外汇储备规模,会得出不同的结论。此外,每一种外汇储备测算方法自身也都存在一定的缺陷。例如成本—收益分析法对机会成本难以精确计量,存在具体操作的困难,而且该方法未考虑外汇储备在正常进口支付和偿债支付需求等方面的作用,因此,具有极大的局限性。因此本章测算我国外汇储备适度规模时,会考虑其需求受到正常进口支付和偿债支付需求等因素的影响。

一、我国外汇储备适度规模的需求分析

由于影响供给方面的因素是外生的,所以一个国家的外汇储备适度规模主要由需求方面决定。因此,本章从需求角度来考察影响我国外汇储备适度规模的需求因素。影响外汇储备适度规模的需求因素包括如下五个方面。

(一)维持正常进口的用汇需求因素

自从我国加入世界贸易组织后,随着关税的降低,进口额呈现逐年上升的趋势。国际通行的惯例要求外汇储备能够支持 3 个月的进口支付,按照特里芬的比率法,通常选取 25% 作为标准。一般而言,储备与进口的比率不低于20%,但不高于40%。

(二)外债还本付息的需求因素

墨西哥债务危机、俄罗斯债务危机说明,如果一个国家没有持有一定规模的外汇储备来偿还到期的债务,则容易发生金融危机,会给一个国家的经济带来非常恶劣的影响。因此,一个国家要持有一定数量的外汇储备偿还债务,以此来保证该国的信誉和防范危机发生。考虑到短期还本付息压力较大,因此一个国家应该持有足够多的外汇储备来偿还短期外债。根据国际经验,中长期外债对外汇储备的需求大概为一国中长期外债余额的15%~25%。

另外,外商投资企业获得高额利润回流,导致我国付汇需求的压力越来越大。根据世界银行的初步测算,20 世纪 90 年代流入发展中国家的外商直接投资平均年利润率大约为 16%~18%。我国学者普遍认为,外商直接投资企业汇出平均年利润率为 10%~15%。

(三)居民用汇需求因素

受到我国居民出境旅游、出国留学、探亲、考察、投资等因素影响,购汇的人数变得越来越多。随着人民币升值加快,居民用汇需求增长迅猛,因此我国要持有一定数量的外汇储备来满足我国居民购汇需求。根据历年国际收

支平衡表和统计年鉴的数据进行初步测算,得出我国出国旅游用汇需求占我国国民总收入的 1.3％,加上受到出国留学、探亲、考察、投资、人民币升值等众多因素的影响,所有购汇需求量与我国国民收入的比率为 1％～2％ 比较合适。

（四）干预外汇市场的需求因素

为了维护人民币汇率的稳定,我国政府会持有一定数量的外汇储备来对市场进行干预。通常在一个国家经常项目和资本项目完全开放时,政府持有 1 个月进口额的外汇足以干预外汇市场,抵御市场风险。考虑到我国尚未完全开放资本项目,因此设定上限为 1 个月、下限为半个月的进口额比较合理。

（五）外商投资企业用汇需求因素

根据联合国贸易和发展会议发布的《全球投资趋势检测报告（2014）》,2013 年我国实际吸收外资规模首次超过美国,成为全球外资流入量最大的国家。同时,随着我国劳动力成本上升和经济增速放缓,许多跨国公司（主要指制造业）向东南亚等地区的市场转移。因此,短期内,企业撤离时的用汇需求量与外商直接投资的比率在 10％～20％ 比较合适。

二、模型结构

根据上述分析,可以通过构造以下模型来测算我国外汇储备适度规模:

$$R = \alpha_1 + IM + \alpha_2 SDEB + \alpha_3 LDEB + \alpha_4 FDI + \alpha_5 GDP + \alpha_6 IM +$$
$$\alpha_7 FDI \tag{5.11}$$

其中:R 为外汇储备适度规模,α_1 为进口比率（$0.2 \leqslant \alpha_1 \leqslant 0.4$）,IM 为进口额,$\alpha_2$ 为短期外债用汇比率（$\alpha_2 = 1$）,SDEB 为短期外债余额,α_3 是中长期外债用汇比率（$0.15 \leqslant \alpha_3 \leqslant 0.25$）,LDEB 为长期外债余额,$\alpha_4$ 为外商投资企业利润汇出比率（$0.1 \leqslant \alpha_4 \leqslant 0.15$）,FDI 为外商直接投资金额,$\alpha_5$ 为居民用汇比率（$0.01 \leqslant \alpha_5 \leqslant 0.02$）,GDP 为国内生产总值,$\alpha_6$ 为干预用汇比率$\left(\dfrac{1}{24} \leqslant \alpha_6 \leqslant \dfrac{1}{12} \right)$,$\alpha_7$ 是外商投资企业撤资比率（$0.1 \leqslant \alpha_7 \leqslant 0.2$）。1994—2021 年我国外汇储备影响因素（进口额、短期外债余额、中长期外债、外商直接投资金额、GDP）的数据如表 5-1 所示。

表 5-1　1994—2021 年我国外汇储备影响因素数据

单位:亿美元

年份	进口额	短期外债余额	中长期外债	外商直接投资金额	GDP
1994 年	1156.1	104.2	823.9	432.1	5592.2
1995 年	1320.8	119.1	946.8	481.3	7279.8
1996 年	1388.3	141.1	1021.7	548.1	8560.9
1997 年	1423.7	181.4	1128.2	644.1	9526.5
1998 年	1402.4	173.4	1287	585.6	10194.6
1999 年	1657	151.8	1366.5	526.6	10832.8
2000 年	2250.9	130.8	1326.5	593.6	11984.8
2001 年	2435.5	837.7	1195.3	496.7	13248.2
2002 年	2951.7	870.8	1155.5	550.1	14538.2
2003 年	4127.6	1027.7	1165.9	561.4	16409.7
2004 年	5612.3	1387.1	1242.9	640.7	19316.4
2005 年	6599.5	1716.4	1249	638.1	22576.2
2006 年	7914.6	1992.3	1393.6	670.8	27134.9
2007 年	9561.2	2356.8	1535.3	783.3	34956.6
2008 年	11325.7	2262.8	1638.8	952.5	45218.3
2009 年	10059.2	2592.6	1693.9	918	49905.3
2010 年	13962.4	3757	1732.4	1088.2	58790.6
2011 年	17434.6	5009	1941	1177	74970.4
2012 年	18178.3	5409.3	1960.6	1132.9	82622.2
2013 年	19500	6766.3	1865.4	1187.2	93973
2014 年	19592.35	12982	4817	1197.05	104757
2015 年	16795.64	8874.1	4955.7	1262.67	110615.5
2016 年	15879.26	8660.4	5497.6	1260.01	112332.8
2017 年	18437.9	11452.4	6127.2	1310.35	123104.1
2018 年	21357.5	12891.5	6936	1349.66	138948.2
2019 年	20784.1	12188.4	8519.7	1381.35	142799.4
2020 年	20659.60	13163.7	10844.4	1443.69	146876.7
2021 年	26871.43	14462.3	13003.3	1734.83	177340.6

数据来源:根据中国人民银行、国家外汇管理局、国家统计局公布的数据整理而得。

由以上分析可进一步得到我国外汇储备适度规模的上下限可分别表示为：

$$R_{上限} = 0.4IM + SDEB + 0.25LDEB + 0.15FDI + 0.02GDP +$$
$$\frac{1}{12}IM + 0.2FDI \tag{5.12}$$

$$R_{下限} = 0.2IM + SDEB + 0.15LDEB + 0.1FDI + 0.01GDP +$$
$$\frac{1}{24}IM + 0.1FDI \tag{5.13}$$

因此，考虑到数据平滑化以及数据稳定性等，可以得到我国外汇储备适度规模测算结果与实际外汇储备规模的比较结果（见表5-2）。

表 5-2　我国外汇储备适度规模测算结果与实际外汇储备规模的比较

单位:亿美元

年份	外汇储备适度规模上限	外汇储备适度规模下限	实际外汇储备规模	结论
1994 年	1132.036	649.5178	516.2	严重不足
1995 年	1308.238	749.3713	735.97	略有不足
1996 年	1430.59	825.0898	1050.49	适度
1997 年	1567.537	918.7758	1398.9	适度
1998 年	1581.829	924.4293	1449.59	适度
1999 年	1695.274	970.8647	1546.75	适度
2000 年	1997.816	1112.311	1655.74	适度
2001 年	2752.492	1837.396	2121.65	适度
2002 年	3069.629	2012.855	2864.07	适度
2003 年	3838.866	2476.465	4032.51	偏多
2004 年	5021.01	3251.145	6099.32	偏多
2005 年	5893.267	3852.011	8188.72	过多
2006 年	6943.568	4519.544	10663.44	过多
2007 年	8335.159	5403.944	15282.49	过多
2008 年	9384.329	5888.347	19460.3	过多
2009 年	9197.428	5960.311	23991.52	过多
2010 年	12495.28	8196.653	28473.38	过多

续表

年份	外汇储备适度规模上限	外汇储备适度规模下限	实际外汇储备规模	结论
2011 年	15832.33	10498.62	31811.48	过多
2012 年	16734.59	11149.28	33115.89	过多
2013 年	18952.63	12935.78	38213.15	过多
2014 年	20169.99	13726.35	38430.18	过多
2015 年	14885.16	9035.09	33303.62	过多
2016 年	14397.44	8697.86	30105.17	过多
2017 年	18816.56	12320.42	31399.49	过多
2018 年	22199.64	14752.71	30727.12	过多
2019 年	21703.43	14193.44	31079.24	过多
2020 年	23303.1	15540.6	32165.22	过多
2021 年	28854.99	19027.1	32501.66	过多

三、结论

测算结果表明：在 1996 年以前，我国外汇储备规模处于不足阶段；1996—2002 年，我国外汇储备规模处于适度水平；2003—2004 年，我国外汇储备规模处于偏多阶段；2005—2021 年，我国的外汇储备处于过多阶段，并且实际规模与适度规模上限差距较大，说明我国外汇储备过多的趋势比较明显。

需要说明的一点是，本章并未将其他国际储备资产列入外汇储备适度规模影响因素中，这会影响到对外汇储备规模的需求及外汇储备适度规模的准确性，这也是笔者后续研究的一个方向。

第三节　我国外汇储备规模风险成因实证分析[①]

我国超额外汇储备形成的原因有很多，既有主观原因，又有客观原因。为

---

① 本节主要引用本书著者已公开发表的论文：郭君默.我国外汇储备规模成因实证分析[J].莆田学院学报,2016(3):62-65.

了更好防范风险和提高我国外汇储备的收益水平,有必要对形成超额外汇储备的原因进行分析。

一、超额外汇储备形成的原因

充足的外汇储备可以履行国际收支职能,弥补国际收支逆差,干预外汇市场,维护人民币汇率市场的稳定性,提高我国对外融资能力,等等。然而,外汇储备是一把双刃剑,超额的外汇储备会加剧国际之间的摩擦,迫使央行增加基础货币,形成大量的外汇占款,造成流动性过剩,进一步加剧通货膨胀的压力,降低货币政策的自主性。因此分析我国超额外汇储备形成的原因,有助于对外汇储备规模风险管理等问题进行更深入的研究,具有一定的理论价值和现实意义。

一般而言,一个国家经济发展速度越快,规模越大,对外汇储备的需求越多。自从我国加入世界贸易组织后,经济发展的速度变得更快了,经济规模变得更大,这也使得我国需要更多的外汇储备。确切地讲,我国整体经济运行良好是我国超额外汇储备形成的重要原因之一。具体而言,我国超额外汇储备的形成原因有很多,主要包括如下三个方面。

(一)国际收支双顺差

所谓国际收支的双顺差现象,通常指国际收支的经常项目、资本和金融项目同时出现顺差。1994—2013 年我国国际收支状况见表 5-3。

表 5-3　1994—2013 年我国国际收支状况

单位:亿美元

年份	经常项目差额(CA)	资本和金融项目差额(FA)	双顺差(CA＋FA)
1994 年	76.58	326.44	403.02
1995 年	16.18	386.75	402.93
1996 年	72.42	399.67	472.09
1997 年	369.63	210.15	579.78
1998 年	314.71	−63.21	251.5
1999 年	211.14	51.8	262.94
2000 年	205.19	19.22	224.41

续表

年份	经常项目差额（CA）	资本和金融项目差额（FA）	双顺差（CA＋FA）
2001 年	174.05	347.75	521.8
2002 年	354.22	322.91	677.13
2003 年	430.52	548.73	979.25
2004 年	689.41	1181.52	1870.93
2005 年	1323.78	953.49	2277.27
2006 年	2318.43	493.05	2811.48
2007 年	3531.83	942.31	4474.14
2008 年	4205.69	401.26	4606.95
2009 年	2432.57	1984.70	4417.27
2010 年	2378.10	2869.64	5247.74
2011 年	1360.97	2654.70	4015.67
2012 年	2153.92	－317.66	1836.26
2013 年	1828.07	3262.03	5090.1

数据来源：根据国家外汇管理局、国家统计局以及《中国统计年鉴》的数据整理而得。

一方面，对我国的国际收支经常项目来讲，顺差主要来源于我国贸易的大幅度增长。改革开放以来，我国一直采取鼓励出口创汇、鼓励出口的政策和进口管制的对外贸易制度，片面追求贸易顺差。这在很大程度上，刺激了我国外汇储备的增加，一改我国过去的贸易逆差状态，形成贸易顺差。特别是在我国加入世界贸易组织以后，开始享受相应的关税优惠，对外贸易进一步得到快速发展，形成了长期的进出口贸易巨额顺差，使得经常项目持续性保持顺差。

另一方面，我国一直鼓励外商来华直接投资，吸引大量的外资企业进入我国，同时也吸引大量的国外资金流入我国。改革开放以来，我国利用各种优惠政策吸引外资，导致外商直接投资数额越来越多，对我国外汇储备规模增量的影响日益增大。我国加入世界贸易组织，给予外资金融机构超国民待遇，例如外商可以在税收、土地、对外贸易等方面享有优惠政策，使得外商在市场上处于强势地位，获得巨额利润，因而吸引大量的外资流入国内。同时，我国经济持续稳定增长,提供了较为稳定、透明、有效的市场环境,增加了投资者的信心,使得外商直接投资大幅度增加,因此外商直接投资是资本和金融项目的主要原因。

(二)人民币汇率制度

人民币汇率与外汇储备之间的关系,主要体现在与人民币汇率的形成机制相关的一系列外汇管理制度上。人民币汇率制度是导致我国外汇储备过多的重要因素。如果央行实行宽松的汇率政策,尽量减少对外汇市场的干预,那么其对外汇市场的需求就会减少;反之,如果央行对外汇市场进行强制性干预,以此来维护本国货币汇率和稳定外汇市场的信心,那么对外汇需求量就会增加。2005年以前,我国名义上是盯住美元的管理浮动汇率制,但实质上却是实行固定汇率制。我国外汇市场长期实行外汇结售制度,企业的外汇收入都通过出售给银行变成外汇供给,但企业的外汇需求却需要层层审批,受到较大程度的压制,这种情况导致我国外汇供求的失衡。因此,央行在外汇市场上进行干预以维持汇率的稳定,其通过投放基础货币买进外汇,从而导致我国的外汇储备规模增大。

(三)人民币升值预期导致大量热钱流入

20世纪末,美元大幅度贬值使人民币升值压力骤然变大,加之我国对外贸易的迅速发展,导致我国外汇储备规模快速增加。尤其是在2002年后,美元相对其他货币而言汇率走低,其他国家纷纷要求人民币升值,在外汇市场上形成了人民币升值的预期。在人民币升值预期的刺激下,热钱(游资)大量向我国流动,具有很强的投机性,主要目的是获得短期投机盈利,不是增加就业、制造商品或服务。因此,热钱的流入是我国外汇储备剧增的重要原因。

二、构建我国外汇储备影响因素模型和实证分析

根据国内外学者提出的对外汇储备影响因素的种种分析模型,以及对我国形成超额外汇储备的各种原因进行了概括,本章结合目前国内的实际情况,重点考虑影响外汇储备增长的因素与外汇储备增量之间的关系。选取的指标有外汇储备余额、GDP、外债余额、外商直接投资累计额、进口额等,同时选取1994—2013年这段时间作为研究区间。模型中涉及的我国外汇储备规模影响因素的数据见表5-4。

表 5-4　1994—2013 年我国外汇储备规模影响因素的数据

单位:亿美元

年份	外汇储备余额	GDP	外债余额	外商直接投资累计额	进口额
1994 年	516.2	5592.2	928.1	432.1	1156.1
1995 年	735.97	7279.8	1065.9	481.3	1320.8
1996 年	1050.49	8560.9	1162.8	548.1	1388.3
1997 年	1398.9	9526.5	1309.6	644.1	1423.7
1998 年	1449.59	10194.6	1460.4	585.6	1402.4
1999 年	1546.75	10832.8	1518.3	526.6	1657
2000 年	1655.74	11984.8	1457.3	593.6	2250.9
2001 年	2121.65	13248.2	2033	496.7	2435.5
2002 年	2864.07	14538.2	2026.3	550.1	2951.7
2003 年	4032.51	16409.7	2193.6	561.4	4127.6
2004 年	6099.32	19316.4	2629.9	640.7	5612.3
2005 年	8188.72	22576.2	2965.4	638.1	6599.5
2006 年	10663.44	27134.9	3385.9	670.8	7914.6
2007 年	15282.49	34956.6	3892.2	783.3	9561.2
2008 年	19460.3	45218.3	3901.6	952.5	11325.7
2009 年	23991.52	49905.3	4286.5	918	10059.6
2010 年	28473.38	58790.6	5489.4	1088.2	13962.4
2011 年	31811.48	74970.4	6950	1177	17434.6
2012 年	33115.89	82622.2	7369.9	1132.9	18178.3
2013 年	38213.15	93973	8631.7	1187.2	19500

数据来源:根据中国人民银行、国家外汇管理局以及国家统计局公布的数据整理而得。

假设 Y 为外汇储备,x_1 为 GDP,x_2 为外债余额,x_3 为外商直接投资累计额,x_4 为进口额,ε 为扰动项,α_0 为某一固定值,$\alpha_i(i=1,2,\cdots,n)$。本章根据目前我国的实际经济形势,建立如下包含多个变量的外汇储备影响因素模型:

$$Y=\alpha_0+\alpha_1 x_1+\alpha_2 x_2+\alpha_3 x_3+\alpha_4 x_4+\varepsilon \tag{5.14}$$

同时,采用 1994—2013 年的数据,应用 Eviews 7.0 统计软件来测算,得到外汇储备影响因素模型为:

$$Y=-4944.017+0.386325x_1-2.175224x_2+8.059532x_3+$$
$$0.825986x_4 \tag{5.15}$$

模型(5.15)的拟合度为 0.990481,说明该模型能够很好地拟合外汇储备变动情况;F 值为 390.2050,说明各个解释变量具有明显的显著性;D-W 值为 1.872125,说明该值处在合理范围之内。在 5% 的显著性水平下,以上模型处于平稳状态,并且不存在自相关现象,但 x_2 的回归系数为负,表明模型可能存在严重的多重共线性问题。因此,接下来选择 x_1、x_2、x_3、x_4 的数据,求出它们之间的相关系数、自方差和协方差。相关结果见表 5-5。

表 5-5　影响因素的相关系数、自方差与协方差

变量	x_1	x_2	x_3	x_4
x_1	1	0.9921	0.9703	0.9866
x_2	0.9921	1	0.9521	0.9887
x_3	0.9703	0.9521	1	0.9677
x_4	0.9866	0.9887	0.9677	1

从表 5-5 的数据可以发现解释变量之间存在高度相关性,说明上述模型存在多重共线性现象。因此,采用逐步回归的方法,以此来解决模型中出现的多重共线性问题。本章通过 Y 对变量 x_1、x_2、x_3、x_4 进行一元回归,结果如表 5-6 所示。

表 5-6　Y 对 x_1、x_2、x_3、x_4 的一元回归

变量	x_1	x_2	x_3	x_4
参数估计值	0.4629	5.5040	50.0539	2.0350
t 统计量	32.1202	20.7742	20.6118	25.6601
R^2	0.9819	0.9599	0.9593	0.9734

从表 5-6 中可知,Y 对变量 x_1 回归时得到的拟合度最大,达到 0.9819,所以选择变量 x_1 作为初始变量。

接着,逐个将其他解释变量加到该模型中,然后再做回归,与之前的做法一样,经过整理得到如下的最优模型:

$$Y=-565.1299+0.485x_1-3.2388x_2+1.0966x_4 \tag{5.16}$$

由此可以得到最优模型拟合度为 0.9896,说明调整后的回归模型整体拟

合很好。F 值为 505.5025,明显大于临界值,说明模型具有显著的线性关系。同时,各个解释变量的参数均通过 t 检验且拟合优度也很高。因此,可知 Y 能够很好地被解释变量 x_1、x_2、x_4 所解释。

总之,上述模型能够很好解释 GDP、外债余额、进口额等指标是影响我国外汇储备规模增长的重要因素。

第四节 我国外汇储备的规模风险和管理对策

一、当前我国巨额外汇储备面临的风险

充足的外汇储备,不仅能够保证对外贸易的顺利进行,增强我国对外支付能力,也有助于改善我国对外投资环境,吸引更多的外资。此外,有利于增强我国的信誉,显示我国较强的对外清偿能力,而且能够维护人民币汇率的稳定,在提高和巩固人民币在国际上的地位等方面,起到积极的作用。然而,外汇储备并不是多多益善。我国超额外汇储备规模给经济带来很多负面影响,使我国面临很多风险。主要表现在以下四个方面。

(一)经济风险

在人民币升值预期的刺激下,国外大量游资流入国内。这部分游资都是短期资金,具有很大的流动性和投机性。只要人民币升值预期消失,大量热钱就会流向国外。这将导致央行为了稳定汇率,在买入本币的同时卖出外币,使得我国外汇储备减少,进而影响到楼市、股市价格和银行资产质量,最终产生经济风险。

(二)通货膨胀风险

一方面,外汇储备的快速增加,很大一部分原因是国际热钱将人民币升值视为绝佳的投机机会。国际热钱对人民升值产生预期,加速热钱通过各种渠道进入我国。进入的热钱多,都要换成人民币,这就使得人民币流通量大幅上升。热钱进来后,不可能仅仅存银行收息,肯定会进入市场找商机。在我国最容易进入的市场,一是房地产市场,二是股市。央行为了保障币值稳定,就会在收到外币后,相应地发行人民币,外币作为储备留起来了,而增发的人民币增加了市场流通量。货币的市场流通量越大,物价就会越高,进而为国内带来通货膨胀。另一方面,随着美元疲软,为了维护人民币对汇率的稳定,央行不

得不对其进行干预,增加人民币的投放量,从而进一步增加外汇存款。在增加基础货币投放量的同时,更进一步增加了广义货币的供应量,使我国面临的通货膨胀风险加剧。

（三）汇率风险

我国外汇储备中,美元资产占主要部分。尽管这几年有所减持,但我国外汇储备以大量美元为主要储备货币却是一个不争的事实。因此,美元汇率的波动,会使外汇储备价值整体产生波动。2013 年末,国家统计局公布了《2012年国民经济和社会发展统计公报》,公报显示,2012 年,我国有 3.31 万亿美元外汇储备,贬值 972.69 亿美元。[①] 这 3.31 万亿美元的外汇储备大部分用于购买美国国债,即便扣掉购买美国国债所获得的利息,我国外汇储备账面仍损失巨大。因此,美元贬值会让我国外汇储备面临汇率风险。

（四）财政风险与政治风险

目前我国并没有完全放开资本与金融项目,依然实施藏汇于国、宽进严出的政策。然而,中国人民银行在买入大量外汇的同时,增加基础货币的投放量,而为了抑制发行货币引发的通货膨胀,中国人民银行又发行票据、国债等来对冲压力。随着票据、国债到期,巨额的本息给我国的财政造成巨大的负担,由此产生财政风险。1985 年,日本迫于美国的压力,与其达成"广场协议",使得资本与金融项目完全开放,加之实施日元的可自由兑换政策,导致日元大幅度升值,使日本一些产业在国际中失去竞争地位,由此产生"泡沫经济",严重地打击了日本的经济。因此,我国也要做好此类风险的防范,保证经济的平稳、健康发展。

二、对策

（一）控制我国外汇储备规模增长速度

控制我国外汇储备规模增长速度最有效的办法之一是扩大进口、减少出口。通过减少国际收支"双顺差",努力实现国际收支平衡。减少国际收支"双顺差"的方法主要是扩大进口、减少出口。扩大进口,如引进行业和企业所需要的核心技术、关键设备等,促进行业和企业更新换代,同时注重引进国外优秀人才,加快产业升级。减少出口,主要指减少高污染、高耗能等行业出口,国家可以采取提高出口关税税率、取消出口退税、提高行业准入门槛等一系列措

---

① 数据来源:中国人民银行官方网站。

施,减少低附加值产品的出口。

控制我国外汇储备规模增长速度最有效的办法之二是降低国民储蓄、扩大消费。我国的外汇储备中很大一部分(指经常项目和资本与金融账户)来自"双顺差"。"双顺差"反映了我国内需不足的问题,内部不均衡进而导致外部的失衡。因此,从根本上解决外汇储备规模增长过快的方法包括降低国民的储蓄率、提高国民的消费水平、完善社会保障体系、提高国内居民的收入等。

控制我国外汇储备规模增长速度最有效的办法之三是严格管控外汇投机行为。目前我国外汇储备增长的一部分原因是热钱流入,相关的管理机构应采取各种有效措施,严控外币热钱流入。

(二)拓宽我国外汇储备用途

现阶段,我国外汇资本市场还没有完全开放,大量美元外汇储备只能购买美国国债、政府债券等资产,一定程度上限制了对我国外汇储备的积极利用,并导致我国长期处于易受美国政府牵制的被动地位。因此,我国应广泛拓展外汇储备的用途,如可动用大量的外汇储备购买石油等国家战略资源、外国有价证券、金融衍生产品,以及增加海外股权投资等。同时,我国也可以减少单一外汇储备规模,增加其他储备,从而更加全面地保障外汇储备资产的安全性,减轻人民币的升值压力。

(三)加强东亚区域外汇储备规模

为了避免1997年亚洲金融危机重演,加强东亚区域的外汇储备规模建设具有非常重要的意义。这不仅为我国巨额的外汇储备提供出路,而且有助于增强东亚区域各个国家抵抗风险的能力,提高东亚区域各国的金融安全性。在此前提下,我国应努力推动东亚区域外汇储备规模建设,争取主导权,为东亚区域外汇储备规模建设合作作出积极贡献。

(四)逐步放宽强制性的结售汇制度

从长远来看,我国需要逐步放宽结售汇制度,推动外汇市场建设。具体措施包括:扩大交易主体、允许微观主体自主结售汇,使商业银行、企业和个人三者持有合理的外汇;完善市场制度,加强对外汇市场的风险防范,丰富外汇投资领域和投资工具;为微观主体提供有效投资渠道,通过市场化方式来消化过多的外汇储备,从而降低外汇储备风险。

(五)积极推进人民币国际化

众所周知,庞大的外汇储备是推进人民币国际化的重要保障,而推进人民币国际化是化解我国庞大外汇储备风险的有效途径。我国加入世界贸易组织,采取货币互换、跨境结算等多种形式向外输出人民币,从而实现资本项目兑换,这有利于提高我国的国际地位,逐步实现人民币国际化。当人民币成为国际货币时,我国就可以对外直接投资、消费和对外清偿等,吸收消化贸易顺差带来的外汇,减少对外汇储备的需要,从而降低外汇储备风险。

本章小结

本章首先梳理了改革开放后我国外汇储备规模的发展脉络,继而探讨过多的外汇储备会带来哪些风险,并指出外汇储备不足又会带来哪些风险,揭示了适度规模的外汇储备的积极作用体现在:促进国际收支的平衡,保证对外支付;干预外汇市场,稳定本币汇率;维护国际信誉,提高融资能力;增强综合国力,抵抗金融风险。

其次,阐述了外汇储备适度规模理论,分析了外汇储备适度规模的含义,并探讨了国内外对外汇储备适度规模理论的研究成果。国外研究外汇储备适度规模的理论方法与模型有很多种,主要有比例分析法、回归分析法、"衣柜效应"分析法、成本收益分析法(包括海勒模型、阿格沃尔模型等)、定性分析法、协整分析法等。国内研究外汇储备适度规模的理论大致可分为三类:储备规模不足论、储备规模适度论和储备规模过多论,本章对国内学者对我国外汇储备规模的三种不同观点进行总结。

再次,对我国外汇储备适度规模进行了实证分析,主要从影响我国外汇储备的需求因素(如交易性储备、调节性储备、偿债性储备和预防性储备等)入手,合理构建我国外汇储备适度规模的模型。因此,采用中国人民银行官网、国家外汇管理局官网、国家统计局官网公布的数据来构建模型,得到我国外汇储备适度规模的上下限。测算结果表明:1996年以前,我国处于外汇储备规模不足阶段,1996—2002年,我国外汇储备处于适度水平;2003—2004年,我国处于外汇储备规模偏多阶段;2005年至今,我国处于外汇储备规模过多阶段,并且实际规模与适度规模上限的差距比较大,这说明我国外汇储备严重过量的趋势相对比较明显。

复次,剖析了我国外汇储备规模风险的成因,并进行了实证分析。此外,阐释了我国超额外汇储备形成的原因主要包括国际收支"双顺差"、人民币汇率制度、人民币升值预期导致的大量热钱流入等。基于上述分析,在当前我国的实际经济形势下,建立包含多个变量的外汇储备影响因素模型,采用国家外汇管理局、国家统计局及《中国统计年鉴》的相关数据进行测算,并得出GDP、外债余额、外商直接投资累计额、进口额等指标是影响外汇储备规模增长的重要因素的结论。

　　最后,分析了我国外汇储备的规模风险和管理对策。指出了当前我国巨额外汇储备面临的风险主要有经济风险、通货膨胀风险、汇率风险、财政风险与政治风险等。针对我国的实际情况,提出了控制我国外汇储备规模增长速度、拓宽我国外汇储备用途、加强东亚区域的外汇储备规模、逐步放宽强制性结售汇制度、积极推进人民币国际化等对策建议。

第六章 我国外汇储备的结构风险管理分析

第一节 我国外汇储备结构特征

外汇储备结构主要由外汇储备的货币结构和资产结构两部分构成。其中:货币结构是指外汇储备以何种外汇储备货币持有,以及不同储备货币之间的比例;资产结构是指外汇储备以何种资产的形式存在。但对于外汇储备结构具体构成比例以及以何种形式构成等一系列相关内容和数据,国家外汇管理局和中国人民银行等对此不予公布,我们只能通过已有的研究成果、国际机构及其他国家公布的相关数据来了解我国外汇储备的大致构成。

一、外汇储备的币种结构

在布雷顿森林体系期间,美国一直是世界上最大的债权国和黄金储备国,美元作为"关键货币"几乎占据了当时世界外汇储备的全部份额。但随着布雷顿森林体系崩溃,世界外汇储备出现了多元化的趋势。以前美元一枝独秀的局面被以美元为首的多种储备货币(英镑、马克、日元、法国法郎、瑞士法郎、欧元等)所替代。

国内学者对我国外汇储备币种结构的测算结果,可以作为估计我国外汇储备币种结构的重要参考资料,虽然不能够准确说明外汇储备结构币种的构成,但是对于我国外汇储备币种结构估计却是具有十分重要的参考价值。

李振勤(2003)通过美国财政部网站公布的数据来测算我国外汇储备币种结构,得出:美元约占 70%,欧元约占 15%,日元约占 10%,英镑约占 5%。张文政(2005)选择传统的外汇储备币种结构理论模型——海勒-奈特模型与杜利模型来测度我国外汇储备合理的币种权重,考虑到贸易结构、外债结构、汇率制度以及各个国家货币的地位等因素影响,得出目前我国外汇储备合理的币种结构为美元约占 63%、欧元约占 20%、日元约占 15%、英镑等其他币种约占 5% 的结论。刘志雄(2006)利用马科维茨的资产组合理论,并结合影响我国外汇储备变动的因素来测度我国外汇储备币种结构,通过实证得到:我国外汇储备中各个币种所占的比例不是一个固定值,而是一个区间;美元所占比例为 46.7%～52.15%,日元所占比例为 23.75%～28.55%,欧元所占比例为 15.25%～19.95%,其他主要货币所占比例为 7.8%～11.8%。任璐(2008)运用海勒-奈特模型和杜利模型,结合国际金融市场局势和中国外汇储备现状,探究我国目前外汇币种构建情况,实证结果表明:现阶段我国币种结构中,美元所占比例为 46.65%～52.35%,日元所占比例为 18.75%～24.5%,欧元所占比例为 17.4%～21.75%,其他主要货币的比例为 7.7%～12.1%。

石凯(2012)使用 DCC-GARCH 对方差-协方差矩阵进行估计,并构建币种结构调整的最优动态路径,从而得出我国外汇储备最小风险币种构成,通过实证得到:将外汇储备中的部分美元资产转换为日元资产,能够有效降低风险;应用美国财政部 TIC 数据库和国际货币基金组织官方外汇储备货币构成数据,在次贷危机后危机时期,我国最小的外汇储备风险对应的外汇储备结构中各币种的比例:美元所占比例为 60%～65%,日元所占比例为 3%～5%,欧元所占比例为 25%～30%,英镑所占比例为 5%～7%。成为(2013)采用了风险—收益模型,并且考虑到影响外汇币种结构的四个重要因素(如国际贸易、参照货币、风险承担能力、国际货币体系格局等),模拟出在不同情形下的我国最优币种结构。周光友(2014)通过 GARCH 模型和 VaR 分析来测度我国外汇储备币种结构风险,估计了在不同预期收益率下我国外汇储备的最优币种结构,得出:从收益和波动性角度考虑,应当适当减持美元资产或调整美元资产结构,并且适量增持欧元和日元资产。

由此可知,美元在我国外汇储备货币体系中所占的份额不断下降,但美元仍占有最大的份额。这也是由美国的经济实力决定的,因此美元依然是当前国际的准本位货币。随着世界经济一体化的发展,应当适时对我国的外汇储备进行动态管理,相关管理机构应该时刻关注美元的动态,以便及时调整外汇储备币种结构,从而降低风险。

二、外汇储备的资产结构

一个国家的外汇储备资产可以分为货币资产和非货币资产:以货币形式

持有的资产为货币资产,以货币计量金融与实物资产形式持有的为非货币资产。全世界的外汇储备资产大多以金融资产持有。我国也不例外,特别是长期以来我国实施外汇管制,对外汇储备经营管理特别强调安全性、收益性和流动性,美元形式的资产占我国外汇储备的比例超过了一半(2012年、2013年除外)。因此,通过分析我国持有的美元资产来分析我国外汇储备规模,是有一定道理的。虽然我国外汇管理局和央行会定期披露外汇储备余额,但关于外汇储备资产的用途从来都是秘而不宣,所以在此只能借用国内外较为权威的机构定期发布的公开数据来分析我国外汇储备的资产结构。

根据美国财政部2014年4月发布的《外国投资者持有美国有价证券报告》,可整理得出我国持有美国证券资产的结构。从表6-1可以得知,2002年6月—2009年6月,我国投资美国证券的资产占外汇储备总额的比重为60%左右。在次贷危机发生后,我国投资美国证券的资产占外汇储备总额的比重为50%左右。截至2013年6月,我国花费17350亿美元投资美国有价证券,其中:股权占外汇储备总额的比重从不足1%上升到15%,长期债券占外汇储备总额的比重从超过95%下降到85%,短期债券投资占外汇储备总额的比重仅为0.3%。主要原因是,发生金融危机后,美国联邦储备系统大幅度降低市场利率,6个月期国债收益率几乎接近0。

表6-1　我国持有美国证券资产的结构

金额单位:亿美元

截止时间	投资美国证券的资产	股权	长期债券	短期债券	外汇储备总额	投资美国证券的资产占外汇储备总额的比重/%
2002年6月	181	4	165	13	286	63
2003年6月	2550	20	2500	40	4030	63
2004年6月	3410	30	3200	180	6100	56
2005年6月	5270	30	4850	400	8190	64
2006年6月	6990	40	6780	170	10660	66
2007年6月	9220	290	8700	230	15280	60
2008年6月	12050	1000	10750	300	19460	53
2009年6月	14640	780	12260	1600	23990	61
2010年6月	16110	1270	14790	50	28470	56

续表

截止 时间	投资美国 证券的资产	股权	长期债券	短期债券	外汇储备 总额	投资美国证 券的资产占 外汇储备总 额的比重/%
2011 年 6 月	17270	1590	15630	50	31810	54
2012 年 6 月	15920	2210	13630	90	33110	48
2013 年 6 月	17350	2610	14690	50	38210	45

数据来源:根据 2002 年—2013 年美国财政部"Report on Foreign Portfolio Holdings of U.S.Securities"以及国家外汇管理局公布的数据整理而得。

从表 6-2 可知,截至 2013 年 6 月,长期债券占总投资的比重大于 83%。这也恰恰说明我国目前的外汇资产结构相对比较单一,在今后相当长时间还是以持有美国长期国债和股权为主,并且整体持有美国长期国债和股权的数量还会增加。

表 6-2　我国持有美国长期证券资产的结构

金额单位:亿美元

截止时间	总投资	长期 债券	长期债券 占总投资 的比重/%	外汇储备 总额	投资美国证 券的资产占 外汇储备总 额的比重/%
2002 年 6 月	1810	1650	91.16	2860	63
2003 年 6 月	2550	2500	98.04	4030	63
2004 年 6 月	3410	3200	93.84	6100	56
2005 年 6 月	5270	4850	92.03	8190	64
2006 年 6 月	6990	6780	97	10660	66
2007 年 6 月	9220	8700	94.36	15280	60
2008 年 6 月	12050	10750	89.21	19460	53
2009 年 6 月	14640	12260	83.74	23990	61
2010 年 6 月	16110	14790	91.80	28470	56
2011 年 6 月	17270	15630	90.50	31810	54
2012 年 6 月	15920	13630	85.61	33110	48
2013 年 6 月	17350	14690	84.67	38210	45

数据来源:根据美国财政部官网的 TIC 数据库以及国家外汇管理局公布的数据整理而得。

第二节　我国外汇储备结构面临的主要风险[①]

　　由上节的分析结果可知,截至 2013 年 6 月,我国投资美国证券的资产相对于前一年增加了 1430 亿美元。在后危机时代,以及在全球经济增长前景不明朗和金融市场复杂的条件下,持有美国的长期国债,并不是安全的投资策略。特别是我国成为美国第一债权国,这使我国面临着很多风险。

　　国际货币基金组织在 2014 年发布了补充版的《外汇储备管理指南》[②]。根据此指南,且结合现阶段经济主体面临的外部风险主要是金融变量的不确定性[③],本节依据金融变量来归纳目前我国外汇储备结构面临的主要风险,其主要分为期限错配带来的流动性风险、中美利差倒挂带来的利率风险、美元贬值带来的汇率风险、美国隐形主权信用风险、投资收益损失风险等。

一、期限错配带来的流动性风险

　　流动性风险是与流动性紧密相连的,其是指由流动性的不确定性造成的损失的可能性。流动性风险有两种类型:一是筹资流动性风险,二是市场流动性风险。其中:筹资流动性风险是指金融机构缺乏足够现金流并且没有能力偿还到期债务而发生损失的可能性;市场流动性风险又称变现能力风险,指的

[①]　本节主要引用本书著者已公开发表的论文:郭君默.浅谈我国外汇储备结构面临的主要风险以及对策[J].武夷学院学报,2016,35(7):35-40.

[②]　2014 年国际货币基金组织发布补充版的《外汇储备管理指南》,从以下几个方面强调风险的防范与管理:第一,强调外汇储备风险管理的内涵,对外汇储备管理运营风险的评估,以及要把风险控制在可以接受与安全的范围和水平之内;第二,强调对外部与内部的风险资金的管理要采用同样的准则与尺度;第三,强调风险敞口要被随时监测,以便确定风险敞口是否已经超过可接受的水平;第四,强调外汇储备的风险不只是与外汇储备存量相关的,更是与金融衍生工具以及其他的外汇业务联系在一起的;第五,要定期进行压力测试,以监测宏观经济和金融变量带来的潜在影响与冲击。

[③]　本章定义的外汇储备的外部金融风险,是指在经济运行中出现的随机性、偶然性的变化或不可预测的趋势的改变对金融变量产生的影响,进而给外汇储备资产成本与收益带来的不确定性,如全球金融市场或者全球经济走势的突变,对金融变量(利率、汇率)产生具有不确定性的影响,最后导致外汇储备资产价值的不确定性。

是金融资产在不发生损失的情况下能迅速变现的能力,它要求的是经济主体在任何情况下所具有的资产随时变现或是从外部获得可用资金的能力。

长期以来,我国外汇储备结构存在期限错配问题。朱孟楠(2007)指出,我国外汇储备资产主要投资于外国政府债券,投资渠道的单一性隐含了流动性风险。美国财政部 2014 年公布的数据显示,我国的长期债券投资占证券投资总额的 83% 以上,而短期债券投资占证券投资总额的比重不足 1%,这说明我国外汇储备期限以中长期为主。人民币预期升值导致大量的国际资本涌向我国,这些资本主要投资于流动性较强的债券、股票等。期限结构问题使我国长期置身于巨大的流动性风险中,一旦发生资本外逃,东南亚危机可能会再一次上演。

二、中美利差倒挂带来的利率风险

利率风险是指利率变动对资产持有主体的收入或净资产价值的不确定性。造成利率不确定性的风险因素主要有通货膨胀率风险、违约风险、流动性风险、期限风险、消费的时间偏好和所得税等。因此,外汇储备的利率风险主要是指,由于市场利率水平的变化,外汇储备管理当局持有外汇资产的市场价值存在巨大的不确定性。

在美联储量化宽松货币政策的作用下,2009 年以来,大量的短期国际资本流入我国,并呈现出加速的趋势。同时,美国联邦基金利率几乎接近于 0,而我国一年期存款利率远远高于美国基准利率水平,短期内美国联邦储备系统加息可能性不大,中美利差倒挂的局面将在今后很长一段时间内存在。一旦美国经济复苏,国债利率上扬,大量的游资撤离中国,我国面临的风险将会进一步加大。

三、美元贬值带来的汇率风险

汇率风险又称外汇风险,是指一定时期内的国际经济交易活动中,汇率的波动所引起的经济体持有资产价值涨跌的可能性。具体不确定性的来源主要有:(1)交易风险,它指一个经济主体运用外币进行计价的交易中,因受汇率波动的影响而导致损失的可能性;(2)折算风险,是指涉外企业会计科目中,以外币计价的各项科目由汇率变动引起的企业账面价值的不确定性;(3)经济风险,是指汇率的变动影响经济环境和企业经营活动,导致企业未来一定时期收益或现金流量减少的一种潜在损失。

从长期来看,汇率风险凸显,美国居民过度消费和美国政府财政赤字导致经常项目赤字。而依靠抑制居民消费和减少政府支出的这种经济结构调整是困难的和长期的,只能通过美元大幅度贬值来平衡开支。我国的外汇储备结构以美元和美国国债为主,这一结构的问题是,储备资产的价值受美元波动影响较大,存在一定的汇率风险。自美国次贷危机发生以来,截至 2008 年 12 月,美元兑人民币贬值高达 9.6%,如果以 1.9 万亿美元的外汇储备计算,仅汇率风险这一项的损失就高达 1800 亿美元。[①]

四、美国隐形主权信用风险

信用风险又称违约风险,是指交易对手不能履行义务的可能性,包括贷款、期权交易和一些金融衍生品在结算过程中因交易对手不能或不愿履行合约承诺而使债权人遭受的潜在风险。信用风险是金融风险、市场风险、政治风险、操作性风险等各种风险的综合体现。换句话讲,它是指各种金融风险最终以经济交易活动的违约行为来呈现。因为造成信用风险的因素有可能是主观的,比如债务人偿债意愿或债务人的道德水平出现问题;也有可能是客观的,如财务状况恶化、经营不善等导致债务人失去偿债能力。

外汇储备的信用风险体现在外汇储备投资运营中(比如购买其他国家的国债、机构债等),交易对手不能履行合约而造成储备资产的损失。在外汇交易市场中,外汇储备资产的交易对手主要是国家和大型金融机构,因此外汇储备的信用风险可以分为国家主权信用风险和机构信用风险。在后危机时代,我国外汇储备结构目前主要的信用风险是美国隐形主权信用风险。长期以来,美国储蓄率比较低,财政支出有相当一部分依靠海外资金。如果其债务负担继续扩大,并不排除未来会出现债务违约风险的可能。

五、投资收益损失风险

国际货币基金组织曾指出我国外汇储备成本太高。李扬(2007)曾测算过,美国国债的总体收益率大约 3%,致使我国外汇储备机会成本走高。朱孟楠(2007)指出,我国外汇储备投资渠道的单一性导致投资的机会成本增大。

自从次贷危机发生后,美国央行连续调低联邦基准利率,国债收益率也随

---

① 数据来源:中国人民银行官网。

之下降,作为美国国债的最大持有者,我国将面临外汇储备严重缩水的冲击。如何通过调整外汇储备资产结构来缓解美元贬值带来的风险,是我国政府面临的迫切问题,也是我国外汇储备风险管理亟待解决的问题。本章下一节尝试从风险规避角度来阐释外汇储备结构风险管理理论。

第三节 外汇储备结构风险管理理论

自从布雷顿森林体系瓦解后,各个国家的外汇储备资产从单一的美元结构转变为以美元为主、其他强势货币并存的多元化结构。国内外理论界对外汇储备结构管理的研究,包括外汇储备资产结构和币种结构等方面,主要集中在币种结构方面。而关于外汇储备币种结构的研究主要包括储备币种选择、各储备币种所占比重等方面。合理的币种结构和资产结构对我国外汇储备资产保值、增值以及规避风险具有重要的意义。研究通过调整外汇储备币种结构来对冲风险的理论主要有马科维茨的资产组合理论、海勒-奈特模型、杜利模型以及组合选择理论等。

一、马科维茨的资产组合理论

有句著名的谚语是"不要把所有的鸡蛋放进同一个篮子里"。这一谚语直观地描述了投资分散化对于分散风险的重要作用,因为不将鸡蛋放进同一个篮子,就可以避免当篮子颠覆时,所有鸡蛋都被摔烂的后果。1952 年,马科维茨的资产组合理论提出根据不同资产的收益水平和风险情况求出最优资产组合。换句话来说,就是通过资产的分散组合来降低风险获取收益,即在既定风险条件下收益最大化或者在既定的收益目标下风险最小化。资产组合理论运用的基本分析方法是均值-方差分析法,用来建立储备货币比重分配的资产选择模型。在这一分析框架内,外汇储备被视为财富存量,央行被看作在给定风险水平下追求最大收益的投资者,其核心任务是根据自身的风险收益偏好,找到一系列给定风险水平下能提供最高收益率的资产组合。

马科维茨的资产组合理论的基本假设条件包括如下六个方面。

(1)证券市场是完备有效的。资产价格反映了其内在价值;每一个投资者对于证券市场上每一种证券风险和收益的变动及其产生的因素等信息都是知道的,或者是可以得知的。

(2)投资者是风险的规避者。也就是讲,他们厌恶风险。如果他们承受较大的风险,必须得到较高的预期收益作为补偿;在两个其他条件完全相同的证券组合中,他们将选择风险较小的那一个。风险是通过测量收益率的波动程度(用统计上的标准差来表示)来度量的。

(3)不存在交易费用和税收。

(4)每种证券之间的收益都是有关联的。换句话讲,通过计算可以得知任意两种证券之间的相关系数,这样才能找到风险最小的证券组合。同时,证券是无限可分的。也就是说,一个具有风险的证券可以利用不同证券收益的相关性构造证券组合来分散风险。

(5)投资收益越高,投资风险越大;投资收益越低,投资风险越小。在每一种证券组合中,投资者总是企图使证券组合收益最大,同时组合风险最小。因此,在给定风险水平下,投资者想得到最大收益;在给定收益水平下,投资者想使投资风险最小。

(6)所有的投资决策都是依据投资的预期收益率和预期收益的标准差而做出的,这便要求投资收益率及其标准差可以通过计算得知。投资者的任务是决定满足上述条件的证券组合的有效集合(又称有效边界)。有效集合中的每一元素都是在某一风险水平下收益最大的证券组合。

所有资产组合的收益均值可以表述为:

$$R = \sum_{i=1}^{n} x_i \bar{r}_t \tag{6.1}$$

其中:x_i 表示投资者的财富配置在组合中第 i 种资产($i=1,2,\cdots,n$)上的那部分权重,$\bar{r}_i$ 表示资产 i 的贴现收益。

由于 $\bar{r}_i = \sum_{t=1}^{\infty} \beta_{it} r_{it}$(其中:$\beta_{it}$ 为第 i 种资产在第 t 期的贴现比率,r_{it} 为第 i 种资产在第 t 期的预期收益),可以得到所有资产的投资收益 R,可用公式表示为:

$$R = \sum_{i=1}^{n} x_i \bar{r}_i = \sum_{i=1}^{n} x_i \left(\sum_{t=1}^{\infty} \beta_{it} r_{it} \right) = \sum_{t=1}^{\infty} \sum_{i=1}^{n} x_i \beta_{it} r_{it} \tag{6.2}$$

假设资产组合的方差为 $\sigma^2 = \sum_{i=1}^{n} \sum_{j=1}^{n} x_i x_j \sigma_{ij}$,可知马科维茨的资产组合理论的主要思想可以表述为:

$$\min\sigma^2 = \sum_{i=1}^{n}\sum_{j=1}^{n}x_i x_j \sigma_{ij} \qquad \text{s.t.} \begin{cases} R = \sum_{t=1}^{\infty}\sum_{i=1}^{n}x_i \beta_{it} r_{it} \geqslant R_0 \\ \sum_{i=1}^{n} x_i = 1 \end{cases} \qquad (6.3)$$

或者是：

$$\min R = \sum_{t=1}^{\infty}\sum_{i=1}^{n}x_i \beta_{it} r_{it} \qquad \text{s.t.} \begin{cases} \sigma^2 = \sum_{i=1}^{n}\sum_{j=1}^{n}x_i x_j \sigma_{ij} \geqslant a_0 \\ \sum_{i=1}^{n} x_i = 1 \end{cases} \qquad (6.4)$$

其中：R_0 是投资者所能接受的最低组合收益率，a_0 是投资者所能接受的投资组合最大风险。

通过构建拉格朗日函数，求解出存在一个 n 维向量 x_i，即在收益值给定时，可以算出不同资产的权重，从而得到风险最小的资产组合。根据不同的 R_0 确定的资产组合形式组成的子集就是有效市场边界。

在实际外汇储备管理的情况中，管理者希望选择一个投资组合，使得收益能够达到最大化，同时希望能够风险最小化，用公式可表达为：

$$\min\sigma^2 = \sum_{i=1}^{n}\sum_{j=1}^{n}x_i x_j \sigma_{ij} \qquad \text{s.t.} \begin{cases} \max R = \sum_{t=1}^{\infty}\sum_{i=1}^{n}x_i \beta_{it} r_{it} \\ \sum_{i=1}^{n} x_i = 1 \end{cases} \qquad (6.5)$$

具体求解步骤：

第一，根据选择的币种结构组合，分别计算出各个币种收益率之间的方差和协方差。

第二，算出其方差和协方差的值，并确定出资产组合有效前沿边界，然后利用无差异曲线和资产组合有效前沿边界找到最优权重 x_i。如果没有办法求出精确解，可以用数值逼近的方法来求解。

第三，求出了 x_i，就可以得到最优储备货币的构成，即相当于完成资产组合配置。因此，通过储备货币多样化，可以达到分散风险的目的。

二、海勒-奈特模型

早期关于外汇储备币种结构的研究，主要是应用传统的马科维茨资产组合模型,将外汇储备资产看作财富的贮藏手段,中央银行作为投资者,通过资产组合分散化,尽可能在降低风险的同时实现组合资产价值最大化,但并没有从外汇储备资产需求动机和职能角度,来研究储备币种的选择和配置问题。

海勒和奈特(1978)较早开始从储备资产履行职能的角度系统地研究外汇储备币种结构。同时,他们考虑到影响一国持有储备货币比例的经济因素主要有安全性、收益性、流动性和风险规避偏好等,并利用国际货币基金组织的相关数据,通过建模来进行回归分析,得出一国的贸易结构和汇率安排是决定一国外汇储备的重要因素的结论。

(一)根据国际贸易格局安排币种结构

一个国家净出口的增加,导致居民外汇储备增加,进而央行手中持有的外汇储备增加。因此,外汇储备的币种与贸易收支来源有着密切的关系。反之,如果一国的净进口需求量增加,该国外汇储备将会有下降的可能性。如果一个国家的贸易集中于某一币种国,则该国央行应该持有更多的该国储备货币。同时,当一国对外贸易集中使用某一种货币进行计价结算时,那么该国央行将持有更多的该种储备货币。海勒-奈特模型的结论是,一国持有某种储备货币的权重与该国同储备货币国之间的贸易量成正相关。

(二)不同汇率制度下的储备币种配置

海勒-奈特模型指出,在大部分储备国都实行有管理的浮动汇率制度下,没有一种外汇储备资产能够保证本金的安全,这使得以外币持有的储备资产都面临汇率波动的风险。央行在决定储备币种分配时,应主要考虑如何配置能实现外汇储备汇率风险最小。与资产组合理论主张通过分散资产来实现目标不同,海勒-奈特模型主要强调央行的干预汇率动机在决定储备币种配置时的重要意义。同时,海勒-奈特模型指出,汇率制度是影响一个国家储备币种结构的另一个重要因素。

首先,对于实行固定汇率制度的国家,中央银行可以通过持有相当比重的盯住对象的货币来进行配置,从而消除汇率波动的风险。这种配置方法同时保证了央行有足够的资金进行汇率干预,维持汇率稳定。

其次,对于实行盯住一篮子货币汇率制度的国家,可以按照一篮子货币的权重分配其储备所持有比例。这种方法同固定汇率制度的货币选择方法类似,使国家在保证名义储备资产价值的同时,能够有足够的干预外汇市场能力。

最后,央行在决定储备币种的配置时,要面临交易成本和风险。对于实行浮动汇率制度的国家,最主要的是汇率风险。要降低汇率风险,维持汇率稳定,则需要按照某种有效性汇率指数,对其外汇储备币种进行组合,来达到外汇储备资产的保值增值。因此,有效地履行外汇储备的职能,才能保持外汇储备的保值增值。

因此,海勒-奈特模型从储备资产需求动机和职能角度来研究储备币种的选择和配置问题,比纯粹运用资产组合理论来确定需求风险最小和收益最大的结果更具有现实意义。但是,海勒-奈特模型也存在着一些较为明显的缺陷。

第一,该模型没有考虑到外债这一因素。对广大发展中国家而言,保证外债支付是外汇储备的重要职能之一。因此,外债结构是影响发展中国家储备币种分配的主要因素之一。作为发展中国家,应把储备币种结构与外债结构有机结合起来,进而达到规避风险的目的。

第二,该模型是一种回归模型,通过使用以往的统计数据来确定模型的各项参数,以此估计将来的惯性发展状况,但是没有办法解决外汇储备的币种分配这一问题。因此,海勒-奈特模型的优点是在阐明汇率安排与一国的贸易收支结构决定储备币种分配的作用上,而非具体比例的选择上。

第三,该模型并没有考虑各种储备货币之间的收益率与风险(这正是资产组合理论所考虑的重点)。该模型仅仅从中央银行执行储备职能的偏好上进行分析,但实际上,中央银行在持有外汇储备时,或多或少要考虑到优化投资组合,以合理规避风险。

三、杜利(Dooley)模型

迈克尔·杜利(M. P. Dooley)在《外汇储备的币种组合》("The Currency Composition of Foreign Exchange Reserves")一文中,认为在决定储备币种分配时,对于交易成本的考虑要远远大于对外汇资产风险和收益率的考虑。所以同海勒与奈特一样,杜利放弃了马科维茨的资产组合理论,但建立了比海勒-奈特模型更为复杂和更具有现实意义的模型。他考察了 58 个国家(其中包括 19 个发达国家和 39 个发展中国家),采用了 10 年(1976—1985 年)的数据建立了杜利模型。该模型的优点是其选取的数据是关于国家的,而不是全球和区域的。杜利采用回归分析法建立了如下模型:

$$\frac{A_{i,k,t}}{A_{i,t}} = \beta_0 + \sum_{\substack{v=1 \\ v \neq 1}}^{5} \beta_{1,v}\left(\frac{\mathrm{TR}_{i,v,t}}{\mathrm{TT}_{i,t}}\right) + \sum_{\substack{v=1 \\ v \neq 1}}^{5} \beta_{2,v}\left(\frac{D_{i,v,t}}{\mathrm{TT}_{i,t}}\right) +$$

$$\sum_{s=1}^{5} \beta_{3,s}(E_{i,s,t}) + u_{i,t}v \tag{6.6}$$

其中：i 表示国家（$i=1,\cdots,n$）；k 表示储备货币国家个数（$k=1,2,\cdots,5$），指英国、德国、法国、美国、日本；t 表示时期数（$t=1,\cdots,T$）；s（$s=1,2,\cdots,5$）表示汇率安排情况；$A_{i,k,t}$ 表示国家 i 在 t 时期，以储备货币 k 计价来持有的储备资产数（每时期末转换为美元）；$\overline{A_{i,t}}$ 指在时期 t 国家 i 持有的全部期末外汇储备（以美元计价）；$\mathrm{TR}_{i,v,t}$ 表示国家 i 在时期 t 的贸易总额，等于国家 i 与储备货币国 v 国之间相互的进口和出口的总和；$D_{i,v,t}$ 表示在时期 t 国家 i 以储备货币国 v 国的货币形成的偿债支付；$\mathrm{TT}_{i,t}$ 是指国家 i 同储备货币国 v 之间的进出口额和需要支付的外债的总和；$E_{i,s,t}$ 是国家 i 在时期 t 采用的汇率制度安排类型（主要指盯住或者自由浮动）。

杜利模型回归方程［式（6.6）］右边的五大项所表示的内容如下：第一项为常数项，第二项指贸易流量对外汇储备币种分配的影响，第三项表示外债支付对外汇储备币种分配的影响，第四项为汇率安排对外汇储备币种分配的影响，第五项是误差项。

该模型通过实证得出：在一国持有的储备中，持有某种外币资产是贸易流量、外币支付流量和汇率安排等因素共同影响的结果。该模型考虑到发展中国家和工业化国家的不同特点及其对发展中国家外债状况等因素的影响，因而比海勒-奈特模型更为完善。可以确切地讲，杜利模型是目前较为完善的储备币种决定模型。Eichengreen 等（2000）采用同样的方法来研究外汇储备币种结构，发现 20 世纪 70 年代—90 年代，发展中国家的币种构成调整缓慢。

然而，杜利模型同样存在一定的局限性，它对现实的模拟只是一种近似的估计，其中一些解释变量的数据都是近似的，误差可能较大。例如，日本的进出口支付大多以美元支付，而非全部用日元支付。另外，由于是计算模型，模型不能准确回答储备币种应该按什么比例分配这一规范性的问题，它只能说明"是什么"的问题。因此，杜利模型所获得的五种货币的比例只能作为决策者的一个参考。

总之，以上三个理论或模型在进行外汇储备币种优化配置时只是从一个或几个方面来衡量，具有一定的局限性。我国在选择合理的外汇储备币种构成时应当考虑到，这受到风险和收益、贸易结构、外债结构、外商投资来源结构以及汇率制度安排等因素的综合影响，是根据安全性、流动性和盈利性的原则进行经营运作而形成的结果。因此，我们应该将所有影响外汇储备币种优化配置的因素综合起来考虑，以便可以更为全面和有效地来管理外汇储备币种的分配。

四、组合选择理论[①]

前文系统分析了均值—方差组合理论，主要阐明了在一个时段内投资者如何配置资产的问题。当将其中的假设进一步放宽时，就得到组合选择理论。当然，金融经济学家们将面临两个决策：消费—储蓄和组合选择。可以沿两条路线放弃单一时段的假设：一条是沿 Samuelson(1969)、Hakansson(1970)、Fama(1970)、Rubinstein(1976)、Long(1974)等学者研究的离散时间多时段模型；另一条是沿 Merton(1969,1971,1973)，Breeden(1979)，Cox 等[1985(a),1985(b)]等研究的连续时间模型路线。

（一）基于时间连续变化视角的消费和组合选择

假定国家动用外汇储备来购买优质股票资产等，同时存在有 $n+1$ 个资产的连续交易的市场，每股价格 $P_i(t)$ 服从 Ito 过程，那么可以得到：

$$\frac{\mathrm{d}P_i}{P_i}=\alpha_i(x,t)\mathrm{d}t+\sigma_i(x,t)\mathrm{d}Z_i(t),i=1,2,\cdots,n+1 \tag{6.7}$$

其中：α_i 表示条件算术预期收益率，$\sigma_i\mathrm{d}t$ 表示资产 i 收益率的条件方差。在此假设股票红利为 0（更准确地假设红利连续地派发并且再投资于股票上），P_i 表示一股的价格加上再投资红利量的价值。引入随机变量 $Z_i(t)$ 服从 Wiener 过程，其中 Wiener 过程增量的方差为 $\mathrm{d}t$。假定变量 $Z_i(t)$ 和 $Z_j(t)$ 存在相关性，可以得到协方差为：

$$\mathrm{Cov}[\sigma_i\mathrm{d}Z_i(t),\sigma_j\mathrm{d}Z_j(t)]=\sigma_{ij}\mathrm{d}t$$

其中，系数 α_i 和 σ_i 均为常数。

收益率的条件均值和方差都是随机变量 $x(t)$ 的函数，所以在此假定状态变量 $x(t)$ 是单变量函数，并且满足 Ito 过程，可得：

$$\mathrm{d}x=m(x,t)\mathrm{d}t+s(x,t)\mathrm{d}\hat{Z}(t) \tag{6.8}$$

将协方差 $\mathrm{Cov}[s\mathrm{d}\hat{Z}(t),\sigma_j\mathrm{d}Z_j(t)]$ 记为 $\sigma_{ix}\mathrm{d}t$。在这里假设在时刻 t 某个投资者的财富为 $w(t)$，以及经过 $\mathrm{d}t$ 时刻，获知投资者的消费为 $c(t)\mathrm{d}t$，同时假定在持有资产 $i(i=1,2,\cdots,n,n+1)$ 上的权重记为 $W_i t$。可以得到预算约

① 李时银.期权定价与组合选择[M].厦门：厦门大学出版社,2002:284-288.

束线(财富动态)为:

$$\mathrm{d}w(t) = \mathrm{d}y(t) - c\,\mathrm{d}t + \sum_{i=1}^{n+1} w\,\frac{\mathrm{d}P_i}{P_i}W_i \tag{6.9}$$

其中,$\mathrm{d}y(t)$为劳动收入(更准确地表述为无穷小区间$[t,t+\mathrm{d}t]$上的外生捐资收入)。

为了能够求出解析解,在此设定劳动收入为0,并假设第$n+1$个资产是无风险的(即$\sigma_{n+1}=0$)。我们用r表示瞬时无风险利率,则动态方程可简单地表述为:

$$\mathrm{d}w = -c\,\mathrm{d}t + rw\left(1 - \sum_{i=1}^{n} W_i\,\mathrm{d}t\right) + \sum_{i=1}^{n} W_i w(\alpha_i\,\mathrm{d}t + \sigma_i\,\mathrm{d}Z_i)$$

$$= -c\,\mathrm{d}t + rw\,\mathrm{d}t + \sum_{i=1}^{n} W_i w[(\alpha_i - r)\,\mathrm{d}t + \sigma_i\,\mathrm{d}Z_i] \tag{6.10}$$

在此设定投资者能够做出一系列的消费和投资决策,以达到 von Neuman-Morgenstern 期望效用函数最大化的目的,可以得到目标函数为:

$$\max E_0\left[\int_0^\infty \mu(c,x,t)\,\mathrm{d}t\right] \tag{6.11}$$

其中,μ是c的单调增的凹函数,同时,上面的效用偏好表达式是时间可分离的,但不能将状态变量分离。

为了能够推导出最优消费和投资决策,在此定义:

$$J(w,x,t) = \max_{[c,W]} E_t\left[\int_0^\infty \mu(c,x,t)\,\mathrm{d}t\right]$$

假定 Fleming 和 Riche(1975)所给出的正则条件是满足的,那么可以知道上式的解存在。因此对目标函数进行求导,可以得到如下方程:

$$0 = \max_{[c,W]}\left\{\mu(c,x,t) + \left[-c + rw + w\sum_{j=1}^{n} W_i w(\alpha_i - r)\right]J_w + mJ_x + \right.$$
$$\left. J_t + \frac{1}{2}w^2 J_{ww}\sum_{i=1}^{n}\sum_{j=1}^{n} W_i W_j \sigma_{ij} + wJ_{wx}\sum_{i=1}^{n} W_i\sigma_{ix} + \frac{s^2}{2}J_{wx}\right\}$$

通过一阶求导,可得:

$$\mu_c - J_w = 0 \tag{6.12}$$

$$w(\alpha_i - r)J_w + w^2 J_{ww}\sum_{j=1}^{n} W_j \sigma_{ij} + wJ_{wx}\sigma_{ix} = 0, i = 1,2,\cdots,n \tag{6.13}$$

其中,效用函数的凹性表明 J 是 W 的凹函数,因此二阶条件是满足的。

在适当的正则条件下,可知上面偏微分方程的解是唯一的,即是原来的最优消费和投资问题的解。考虑到组合选择问题,我们只求解最优投资隐含的一阶条件(式 6.13)。我们把上述方程转换成矩阵形式,表示为:

$$(\alpha_i - rI)J_w + wJ_{ww}w^T V + J_{wx}\sigma_x = 0 \tag{6.14}$$

其中:V 为 $n \times n$ 协方差矩阵,σ_{ij} 为协方差矩阵中第 $i \times j$ 个元素,σ_x 为向量。通过求解,得到最优组合的权重为:

$$W = \left(\frac{-J_w}{wJ_{ww}}\right)V^{-1}(\alpha_i - rI) + \frac{-J_w}{wJ_{ww}}V^{-1}\sigma_x \tag{6.15}$$

在此先考虑一个重要的特殊情形,即当 $\dfrac{-J_w}{wJ_{ww}}V^{-1}\sigma_x$ 是零向量时,方程(6.15)可以改写为:

$$w = \left(\frac{-J_w}{wJ_{ww}}\right)[I^T V^{-1}(\alpha_i - rI)]W_T \tag{6.16}$$

其中,$W_T = \dfrac{V^{-1}(\alpha_i - rI)}{I^T V^{-1}(\alpha_i - rI)}$,是由 n 个风险资产产生的最小方差组合边界上切点组合的权向量,所以可以把 $\left(\dfrac{-J_{wx}}{wJ_{ww}}\right)^{-1}$ 解释为投资者的风险回避系数。从式(6.16)可知,投资者只投资在无风险资产和切点组合上,且在切点组合上的投资量依赖于投资者的风险回避系数。因此证明了存在两基金分离现象,两基金中,一个是无风险资产,另一个是切点组合。

以下三组条件,每一组条件都能使得两基金分离和资本资产定价模型成立。

(1)对数效用函数。因为求导解出的效用函数 $J(w,x)$ 是一个 w 的函数与一个 x 的函数之和,因此混合导数 J_{wx} 等于 0,所以式(6.15)中的二阶项是一个零向量。

(2)所有的资产收益率都和变量 x 没有相关性,即 $\sigma_{ix}=0(i=1,2,\cdots,n)$。

(3)所有的资产收益分布都与 x 独立,即 α_i,σ_i 不依赖于 $x(i=1,2,\cdots,n)$。

假如上述三组条件不成立,那么 $\dfrac{-J_w}{wJ_{ww}}V^{-1}\sigma_x$ 不是一个零向量。引入 W_H 定义组合的权重:$W_H = \dfrac{V^{-1}\sigma_x}{I^T V^{-1}\sigma_x}$,则可以把式(6.15)改写为:

$$W=\left(\frac{-J_w}{wJ_{ww}}\right)\left[I^TV^{-1}(\alpha_i-rI)\right]W_T+\left(\frac{-J_w}{wJ_{ww}}\right)\left[I^TV^{-1}\sigma_x\right]W_H \quad (6.17)$$

根据以上分析,可以得到一个三基金组合分离的结论:管理者投资无风险资产,根据每一个组合的权重(取决于他的偏好),就有不同的切点组合 W_T 和对称组合 W_H,因此有各种不同的投资方案。

我们可以运用组合来对冲风险,主要是通过求解最大值来获得权向量。通过求解方程 $I^TY=1$,得到 Y 是一个组合的权向量。当然,该权向量 Y 使 $\mathrm{d}x$ 和 $\sum_{i=1}^{n}Y_i\frac{\mathrm{d}P_i}{P_i}$ 的相关系数达到最大。因此得到的解为 $Y=W_H$,即对冲组合是收益和状态变量 x 的改变量有最大相关性的风险资产组合。

在此,x 通过 α_i 和 σ_i 进入了决策的表达式,即 x 的变化引起投资机会集合的改变,并通过消费的效用 $\mu(c,x,t)$ 传导到投资意愿。因此,可对三基金分离的结果进行如下解释:投资者按照均值方差规则投资无风险证券和切点组合,而且通过投资(或卖空)第三个组合来改变其投资组合,使得第三个组合的收益率和变量 x 改变量的相关性达到最大,这符合投资机会集合的改变。

如上面所分析的,当 x 是 m 维向量时,我们就得到 $m+2$ 基金分离定理。此时,管理者投资无风险资产,最优组合应在切点组合及 m 个对冲组合上。

(二)瞬时资产定价模型与套利定价模型

在给定投资偏好时,我们可以通过求解比例,得到管理者能够持有的风险资产组合中的最优权重。假如在经济系统中所有的消费者持有相同的偏好和资产,那么得到的最优组合与风险资产的市场组合应该等价。消费者有相同的偏好和财富,同时满足下列条件:总体需求与 Rubinstein(1974)、Constantinides(1980)所谈到的一样,或者处在 Constantinides(1980)提到的完全市场下。那么,根据总体需求或者利用完全市场的假设,求出的最优组合即为风险资产的市场组合。引入其组合的权重,记为 W^M,可以得到它的收益为:

$$\frac{\mathrm{d}P_M}{P_M}=\sum_{i=1}^{n}W_i^M\frac{\mathrm{d}P_i}{P_i} \quad (6.18)$$

为了能够推导出瞬时资本资产定价模型,将式(6.13)改为:

$$\alpha_i-r=\frac{wJ_{ww}}{J_w}\sum_{j=1}^{n}W_j^M\sigma_{ij}-\frac{wJ_{ww}}{J_w}\sigma_{ix}=0$$
$$=\lambda_M\beta_{iM}+\lambda_x\beta_{ix},i=1,2,\cdots,n \quad (6.19)$$

其中:

$$\beta_{iM}=\frac{\mathrm{Cov}\left(\dfrac{\mathrm{d}P_i}{P_i},\dfrac{\mathrm{d}P_M}{P_M}\right)}{\mathrm{Var}\,\dfrac{\mathrm{d}P_M}{P_M}}$$

$$\lambda_M=\frac{wJ_{ww}}{J_w}\times\frac{\mathrm{Var}\,\dfrac{\mathrm{d}P_M}{P_M}}{\mathrm{d}t}$$

$$\beta_{ix}=\frac{\mathrm{Cov}\left(\dfrac{\mathrm{d}P_i}{P_i},\mathrm{d}x\right)}{\mathrm{Var}(\mathrm{d}x)}$$

$$\lambda_x=\frac{wJ_{wx}}{J_w}\times\frac{\mathrm{Var}(\mathrm{d}x)}{\mathrm{d}t}$$

其中,状态变量是一个向量。

最后,我们将这个理论和 Ross(1976)的定价理论进行比较。瞬时资本资产定价模型和套利定价模型假设在 n 维资产收益向量 $\bar{R}$ 和 k 维状态变量(在瞬时资本资产定价模型中)或因子(在套利定价模型中)之间进行多元线性回归,表示为:

$$\bar{R}=R+B(\bar{f}-f)+\varepsilon \tag{6.20}$$

其中:$R=E(\bar{R})$;$f=E(\bar{f})$,$E(\varepsilon)$。在瞬时资本资产定价模型和套利定价模型中都假定 $\bar{f}$ 的变量个数是有限的,以及协方差矩阵 $\boldsymbol{\Omega}=E(\varepsilon\cdot\varepsilon^T)$ 的元素是有限的,并且在套利定价模型中假定 $\bar{f}$ 的元素是因子,所以才能使得 Ω 的最大特征值保持有界(当 $n\to\infty$ 时)。瞬时资本资产定价模型隐含的定价条件是存在一个常数 λ_0 以及 k 维的风险价格 λ,使得:

$$R=\lambda_0 I+B\lambda \tag{6.21}$$

其中:I 是由 1 组成的 n 维向量。

由套利定价模型隐含的定价限制可得:

$$\lim_{n\to\infty}(R-\lambda_0 I+B\lambda)^T(R-\lambda_0 I+B\lambda)=A,A<\infty \tag{6.22}$$

若 n 有限,则式(6.22)隐含式(6.21)。

假如瞬时资本资产定价模型中的状态变量或套利定价模型中的因子就是 n 个资产组合权向量,那么可以通过这两个模型理论,得到结果:存在一个这样的组合,它的均值-方差平面上对应的均值以及方差位于最小方差边界上[参见 Jobson 等(1985)、Grinblatt 等(1987)、Hubtrman 等(1987)的文章]。

第四节　若干外汇储备结构风险管理理论应用

一、马科维茨资产组合理论应用

（一）二次规划法[①]

用风险极小法和收益最大法来求解外汇储备最优结构，可能会得出币种权重为负值。假如得出币种权重为负值，则表明储备资产可以进行卖空交易。而实际中，外汇储备是一种官方资产，一般不会在外汇市场上做空。换句话讲，求解出的外汇储备的币种权重必须大于或者等于0。因此，本章引入二次规划法来求解外汇储备的币种权重。

当今许多国家都实行有管理的浮动汇率制度，鉴于此，本章只对汇率变动条件下的外汇储备资产组合问题进行研究。在汇率变动条件下，选择 N 种外国货币作为外汇储备货币，那么在求解时不仅要考虑到 N 种储备货币投资组合的预期收益率，还必须考虑到汇率波动对收益的影响。

在此，我们假定期初时第 i 种货币对人民币的汇率按直接标价法记为 e_{i0}，期末时第 i 种货币对人民币的汇率按直接标价法记为 e_{it}，Q 表示该国的外汇储备持有量。外汇储备资产组合的净收益是由各种储备货币的投资收益 I_P 和折算损益 E_P 组成的。假定 X_i 为第 i 种货币的投资额占总资产的比例，R_i 为第 i 种货币的预期收益率。那么，经汇率折算的 N 种储备货币组合的投资收益为：

$$I_P = \sum_{i=1}^{N} X_i R_i Q \frac{e_{it}}{e_{i0}} \tag{6.23}$$

同时可得 N 种储备货币资产组合的折算损益为：

$$E_P = \sum_{i=1}^{N} X_i Q \frac{e_{it}}{e_{i0}} - \sum_{i=1}^{N} X_i Q = \sum_{i=1}^{N} \left(X_i Q \frac{e_{it}}{e_{i0}} - X_i Q \right)$$

$$= \sum_{i=1}^{N} X_i Q \left(\frac{e_{it}}{e_{i0}} - 1 \right) \tag{6.24}$$

[①] 该部分内容主要引用本书著者已公开发表的论文：郭君默.外汇储备币种结构优化管理：基于二次规划法[J].福建江夏学院学报，2016，6(6)：35-42.

经计算可以得到储备资产组合的收益率为：

$$R_P = \frac{I_P + E_P}{Q} = \frac{\sum\limits_{i=1}^{N} X_i R_i Q \dfrac{e_{it}}{e_{i0}} + \sum\limits_{i=1}^{N} X_i Q \left(\dfrac{e_{it}}{e_{i0}} - 1 \right)}{Q}$$

$$= \sum_{i=1}^{N} X_i \left[\frac{e_{it}}{e_{i0}} (R_i + 1) - 1 \right] \tag{6.25}$$

在央行的实际管理中，必须兼顾到各种储备货币的风险与收益。因此，我们用预期收益率的标准差来表示某种储备货币的不确定性，即将标准差用数学语言表述为 σ。假设 R_i 为 N 个观测样本（收益率）中的任意一个，$E(R)$ 是预期收益率，P_i 为各个收益率 R_i 出现的概率，那么可以得到标准差为：

$$\sigma = \left\{ \sum_{i=1}^{N} [R_i - E(R)]^2 P_i \right\}^{\frac{1}{2}} \tag{6.26}$$

从上述分析可知，单一资产的风险可用标准差衡量。因此，外汇储备资产组合的风险可以用协方差以及相关系数来表示。其中，协方差是衡量组合资产收益率方差的重要指标。假定 $\sigma(R_a)$ 和 $\sigma(R_b)$ 分别为 A、B 两种资产收益率的标准差，ρ_{ab} 为 A、B 两种资产收益率之间的相关系数，$\mathrm{cov}(R_a, R_b)$ 为资产 a 和 b 收益率之间的协方差。那么，协方差可以用数学公式表示为：

$$\mathrm{cov}(R_a, R_b) = \rho_{ab} \sigma(R_a) \sigma(R_b) = \frac{1}{N} \left[\sum_{i=1}^{N} (X_i - \overline{X})(Y_i - \overline{Y}) \right] \tag{6.27}$$

从式(6.27)中可知，协方差 $\mathrm{cov}(R_a, R_b)$ 是衡量 A、B 两种资产相关性的指标。若协方差 $\mathrm{cov}(R_a, R_b) > 0$，则表明 A、B 两种资产收益率变动方向一致；若 $\mathrm{cov}(R_a, R_b) < 0$，则表明其变动方向相反。

根据有效边界理论，在收益率为某一定值的条件下，总能找到风险最小的资产组合。换句话讲，在收益率给定的条件下，总能求出资产组合收益率的极小标准差 σ_p。因此，构造方程组如下：

$$\sigma_P^2 = \sum_{i=1}^{N} \sum_{j=1}^{N} X_i X_j \sigma_{ij} \quad \text{s.t.} \begin{cases} R_P = \sum\limits_{i=1}^{N} X_i \left[\dfrac{e_{it}}{e_{i0}} (R_i + 1) - 1 \right] \\ \sum\limits_{i=1}^{N} X_i = 1 \\ X_i \geqslant 0 \\ i = 1, 2, \cdots, n \end{cases} \tag{6.28}$$

其中:X_i、X_j 为第 i 种和第 j 种货币在储备资产组合中所占的比重,σ_{ij} 为第 i 种和第 j 种两种储备货币收益率之间的协方差。

对方程组(6.28)进行求解,就是要寻找最优的储备货币比重,使得目标函数最小,即风险在收益率给定条件下达到最小。由此引入拉格朗日算子 λ_1 和 λ_2,构建拉格朗日函数,可得:

$$L = \sum_{i=1}^{N} \sum_{j=1}^{N} X_i X_j \sigma_{ij} + \lambda_1 \left\{ \sum_{i=1}^{N} X_i \left[\frac{e_{it}}{e_{i0}} (R_i + 1) - 1 \right] - R_P \right\} +$$
$$\lambda_2 \left(\sum_{i=1}^{N} X_i - 1 \right) \tag{6.29}$$

对拉格朗日函数中储备货币的权重 $X_i (i = 1, 2, \cdots, N)$ 以及引入的拉格朗日算子 λ_1、λ_2 求偏微分,并令其等于 0,得到:

$$\frac{\partial L}{\partial X_1} = 2X_1 \sigma_1^2 + 2X_2 \sigma_{12} + \cdots + 2X_N \sigma_{1N} + \lambda_1 \left[\frac{e_{11}}{e_{10}} (R_1 + 1) - 1 \right] + \lambda_2 = 0 \tag{6.30}$$

$$\frac{\partial L}{\partial X_2} = 2X_1 \sigma_{12} + 2X_2 \sigma_2^2 + \cdots + 2X_N \sigma_{2N} + \lambda_1 \left[\frac{e_{21}}{e_{20}} (R_2 + 1) - 1 \right] + \lambda_2 = 0 \tag{6.31}$$

……

$$\frac{\partial L}{\partial X_N} = 2X_1 \sigma_{1N} + 2X_2 \sigma_{2N} + \cdots + 2X_N \sigma_N^2 + \lambda_1 \left[\frac{e_{N1}}{e_{N0}} (R_N + 1) - 1 \right] + \lambda_2 = 0 \tag{6.32}$$

$$\frac{\partial L}{\partial \lambda_1} = \sum_{i=1}^{N} X_i \left[\frac{e_{i0}}{e_{i1}} (R_i + 1) - 1 \right] + R_P = 0 \tag{6.33}$$

$$\frac{\partial L}{\partial \lambda_2} = \sum_{i=1}^{N} X_i - 1 = 0 \tag{6.34}$$

为了更好地对上述方程进行求解,通过矩阵转换,得到如下矩阵方程式:

$$\begin{bmatrix} 2\sigma_1^2 & 2\sigma_{12} & \cdots & 2\sigma_{1n} & \frac{e_{1t}}{e_{10}}(R_1+1)-1 & 1 \\ \cdots & \cdots & \cdots & \cdots & \cdots & \cdots \\ 2\sigma_{n1} & 2\sigma_2 & \cdots & 2\sigma_{1n} & \frac{e_{n1}}{e_{n0}}(R_n+1)-1 & 1 \\ \frac{e_{1t}}{e_{10}}(R_1+1)-1 & \frac{e_{2t}}{e_{20}}(R_1+1)-1 & \cdots & \frac{e_{n1}}{e_{n0}}(R_1+1)-1 & 0 & 0 \\ 1 & 1 & \cdots & 1 & 0 & 0 \end{bmatrix} \begin{bmatrix} X_1 \\ X_2 \\ \cdots \\ X_n \\ \lambda_1 \\ \lambda_2 \end{bmatrix} = \begin{bmatrix} 0 \\ 0 \\ \cdots \\ 0 \\ R_P \\ 1 \end{bmatrix}$$
$$\tag{6.35}$$

可见,给出不同的组合资产预期收益率,就可得到不同的权重。可以通过求解上述矩阵方程式,得到组合资产收益率的标准差,即风险水平,以及有效边界曲线。

(二)实证分析

由上面的分析得知,不等式的二次规划数学模型可以作如下表示:

$$\min\sigma_p^2 = \sum_{i=1}^{N}\sum_{j=1}^{N}X_iX_j\sigma_{ij} \quad \text{s.t.} \begin{cases} R_p \geqslant \sum_{i=1}^{N}X_i\left[\dfrac{e_{it}}{e_{i0}}(R_i+1)-1\right] \\ \sum_{i=1}^{N}X_i = 1 \\ X_i \geqslant 0, i=1,2,\cdots,n \end{cases} \quad (6.36)$$

二次规划法中最常用的有效工具是有效集法,即首先选择一个初始的可行解,接着搜索该点的有效集,然后根据其目标函数值逐步减小的准则对有效集进行调整,直到最终使目标函数值达到最小。

用二次规划法来求解式(6.36)时需要多次迭代,因此先应用 MATLAB 软件来测算。由前文分析可知,我国应该选择美元、欧元、英镑和日元作为储备资产。首先,需要知道其预期收益率、方差和协方差,才能算出这四种货币的权重。其次,要知道外汇市场上的利率(通常参考伦敦同业拆出利息率)。为了便于计算,把伦敦同业拆出利息率看作持有各个币种的名义收益率。1999—2014 年美元、欧元、英镑、日元一年期收益率详见表 6-3。

表 6-3　1999—2014 年美元、欧元、英镑、日元一年期收益率

单位:%

年份	美元	欧元	英镑	日元
1999 年	5.78	3.20	5.86	0.26
2000 年	6.87	4.82	6.50	0.39
2001 年	3.72	4.02	5.04	0.15
2002 年	2.11	3.50	4.43	0.10
2003 年	1.36	2.33	3.88	0.09
2004 年	2.12	2.27	4.96	0.09
2005 年	4.03	2.33	4.77	0.10
2006 年	5.33	3.44	5.05	0.50
2007 年	5.12	4.45	6.08	0.96

续表

年份	美元	欧元	英镑	日元
2008 年	3.09	4.82	5.65	1.13
2009 年	1.56	1.60	1.69	0.86
2010 年	0.92	1.33	1.41	0.66
2011 年	0.83	1.97	1.64	0.56
2012 年	1.01	1.07	1.56	0.54
2013 年	0.68	0.46	0.90	0.54
2014 年	0.56	0.43	0.98	0.33

数据来源：www.global-rates.com/interest-rates/libor。

根据表 6-3 的数据，通过 EViews7.0 软件来进行计算分析，求出美元、欧元、英镑以及日元的期望均值、标准差以及方差，详细结果见表 6-4。

表 6-4　美元、欧元、英镑、日元的期望均值、标准差以及方差

币种	样本数	最小值	最大值	期望均值	标准差	方差
美元	16	0.56	6.87	2.8181	2.0054	4.0217
欧元	16	0.43	4.82	2.6275	1.4153	2.0033
英镑	16	0.9	6.5	3.775	1.9708	3.8840
日元	16	0.09	1.13	0.4538	0.3329	0.1108

根据表 6-4 的数据，应用 SPSS19.0 软件来进行计算分析，求出美元、欧元、英镑以及日元的相关系数、自方差与协方差，详细结果见表 6-5。

表 6-5　美元、欧元、英镑、日元的相关系数、自方差与协方差

币种	美元	欧元	英镑	日元
美元	1	0.7894	0.4082	0.0196
欧元	0.7894	1	0.9083	0.0122
英镑	0.4082	0.9083	1	0.6561
日元	0.0196	0.0196	0.0122	1

根据表 6-5 的数据，应用公式（6.27）方差以及协方差的公式，求出美元、欧元、英镑、日元的自方差以及协方差，详细结果见表 6-6。

表 6-6　美元、欧元、英镑、日元的自方差、协方差

币种	美元	欧元	英镑	日元
美元	4.0217	2.2405	1.6134	0.0131
欧元	2.2405	2.0033	2.5335	0.0057
英镑	1.6134	2.5335	3.8840	0.0735
日元	0.0131	0.0057	0.0735	0.1108

根据以上数据,可以整理出美元、欧元、英镑以及日元的预期收益率、方差以及协方差数值,结果见表 6-7。

表 6-7　四种货币的预期收益率、方差及协方差

币种	预期收益率 $E(R)$	方差 σ^2	协方差 σ_{ij}
美元	2.8181	$\sigma_1^2 = 4.021$	$\sigma_{12} = \sigma_{21} = 2.2405$
欧元	2.6275	$\sigma_2^2 = 2.0033$	$\sigma_{13} = \sigma_{31} = 1.6134$ $\sigma_{14} = \sigma_{41} = 0.0131$
英镑	3.775	$\sigma_3^2 = 3.8840$	$\sigma_{23} = \sigma_{32} = 2.5335$
日元	0.4538	$\sigma_4^2 = 0.1108$	$\sigma_{24} = \sigma_{42} = 0.0057$ $\sigma_{34} = \sigma_{43} = 0.0735$

本章以 2013 年 5 月 18 日的美元、欧元、英镑和日元兑换人民币的汇率作为分析基础,详细见表 6-8。

表 6-8　美元、欧元、英镑和日元兑换人民币的汇率

交易币种	交易单位	外管局中间价
美元(USD)	100	619.97
欧元(EUR)	100	798.71
英镑(GBP)	100	947
日元(JPY)	100	6.0534

资料来源:http://srh.bankofchina.com/search/whpj/search.jsp。

在人民币升值的预期下,根据 2013 年 5 月—2015 年 5 月汇率变动的时间序列趋势,推测 2 年后(相对于 2015 年而言)人民币对美元、欧元、日元和英镑等货币可能会上涨。为了能够获知汇率变动对币种结构配置的影响,要计算出汇率变动带来的损益情况,2 年后美元、欧元、日元和英镑兑换人民币的汇率见表 6-9。

表 6-9　两年后美元、欧元、日元和英镑兑换人民币的汇率

日期	美元（USD）	欧元（EUR）	英镑（GBP）	日元（JPY）
2013 年 5 月 18 日	619.97	798.71	947	6.0534
2015 年 5 月 18 日	620.42	704.42	973.13	5.1753
$\dfrac{e_{it}}{e_{i0}}(R_i+1)-1$	0.028927	−0.09488	0.062299	−0.10626

资料来源：http://srh.bankofchina.com/search/whpj/search.jsp。

下面应用不等式的二次规划数学模型对外汇储备币种配置进行分析。进一步将式（6.36）展开为：

$$\sigma_p^2 = (X_1^2\sigma_1^2 + X_2^2\sigma_2^2 + X_3^2\sigma_3^2 + X_4^2\sigma_4^2) + 2(X_1X_2\sigma_{12} + X_1X_3\sigma_{13} +$$
$$X_1X_4\sigma_{14} + X_2X_3\sigma_{23} + X_2X_4\sigma_{24} + X_3X_4\sigma_{34})$$

$$\text{s.t.}\quad R_P \geqslant X_1\left[\frac{E_{11}}{E_{10}}(R_1+1)-1\right] + X_2\left[\frac{E_{21}}{E_{20}}(R_2+1)-1\right] +$$
$$X_3\left[\frac{E_{31}}{E_{30}}(R_3+1)-1\right] + X_4\left[\frac{E_{41}}{E_{40}}(R_4+1)-1\right] \tag{6.37}$$

将式（6.37）的上述方程和限制条件通过矩阵转换，得到标准形态的二次目标函数：

$$\min f(x) = 0.5X^T \boldsymbol{H} X + \boldsymbol{f}^T X \tag{6.38}$$

其中：$\boldsymbol{H} = \begin{bmatrix} 4.0217 & 2.2405 & 1.6134 & 0.0131 \\ 2.2405 & 2.0033 & 2.5335 & 0.0057 \\ 1.6134 & 2.5335 & 3.8840 & 0.0735 \\ 0.0131 & 0.0057 & 0.0735 & 0.1108 \end{bmatrix}, \boldsymbol{f}^T = \begin{bmatrix} 0 & 0 & 0 & 0 \end{bmatrix}$。

运用 MATLAB 软件，采用二次优化迭代方法进行运算。同时，假设预期收益 R_P 的值为 1%、1.5%、1.8%、2%、2.3%、2.5%、2.8%、3%，计算结果详细见表 6-10。

表 6-10　MATLAB 运算结果

预期收益	1%	1.5%	1.8%	2%	2.3%	2.5%	2.8%	3%
最小风险值	0.0488	0.0469	0.0477	0.0483	0.0491	0.0497	0.0505	0.0510
美元	0.4262	0.3983	0.4104	0.4184	0.4306	0.4386	0.4508	0.4588
欧元	0.045	0.0729	0.0608	0.0528	0.0406	0.0326	0.0204	0.0124
英镑	0.3448	0.395	0.3861	0.3801	0.3712	0.3653	0.3564	0.3505

续表

预期收益	1%	1.5%	1.8%	2%	2.3%	2.5%	2.8%	3%
日元	0.184	0.1338	0.1428	0.1487	0.1576	0.1635	0.1724	0.1783
币种比例合计	100%	100%	100%	100%	100%	100%	100%	100%

从表 6-10 可知风险与收益成正比,同时可知当风险水平一定时,可以通过优化币种结构来提高收益率。因此从收益和风险角度来看,美元比例不宜过高。经过调整来测算我国外汇储备币种结构,可以得出美元、欧元、日元和英镑所对应的比例大约为 0.42、0.07、0.22 和 0.19 比较合适。

二、海勒-奈特模型与杜利模型理论应用

(一)基于贸易结构视角的我国外汇储备货币结构选择

在研究外汇储备时,海勒和奈特认为,决定一个国家储备货币币种结构的重要因素之一是该国的贸易收支结构。众所周知,假如某种货币没有具备价值储存的功能,则其无法满足储备货币的基本要求,也就不属于储备货币篮子范畴。当一个国家对某种货币有需求,那么需求的数量决定了该国持有该货币的规模,我们可以通过该国持有该种货币的规模与持有其他货币的规模进行比较,得到货币结构权重。因此,求解外汇储备的货币结构,其实是对影响各种货币需求的因素进行测度的过程。

通常情况下,我们用进出口总额来表示我国的对外贸易情况。详细结果见表 6-11,具体如下:

表 6-11　2004—2013 年我国与主要贸易区域的货物进出口额

单位:百万美元

年份	进出口总额	亚洲进出口额	非洲进出口额	欧洲进出口额	拉丁美洲进出口额	北美洲进出口额
2004 年	1154550	664906.5	29459.28	211385.5	40000.62	185260.6
2005 年	1421910	807887	39743.73	262059.1	50465.77	230830.7
2006 年	1760440	981094.1	55459.62	330226.6	70203.14	286063.2
2007 年	2176570	1187801	73656.93	427521.4	102650.3	332522.8
2008 年	2563255.23	1366705	107206.9	511481.1	143405.99	368342.3
2009 年	2207535	1172171	91065.8	426695	121863.05	328111.7

续表

年份	进出口总额	亚洲 进出口额	非洲 进出口额	欧洲 进出口额	拉丁美洲 进出口额	北美洲 进出口额
2010 年	2973998.32	1566911	127046	573058.1	183639.67	422919.7
2011 年	3641860	1903123	166322.9	700746	241387.5	494422
2012 年	3867119	2045105	198561.3	683089	261287.85	536275.8
2013 年	4158993.47	2224008	210254.1	729915.5	261390.25	575466.6

数据来源:根据国家统计局公布的数据整理而得。

从表 6-11 中我们可以看到,2004—2013 年,我国进出口总额一直在大幅增长。

2004—2013 年我国主要贸易地区的进出口额与我国货物进出口总额的比率见表 6-12。

表 6-12　2004—2013 年我国主要贸易地区的进出口额与我国货物进出口总额的比率

单位:%

年份	亚洲进出口额/ 我国进出口 总额	非洲进出口额/ 我国进出口 总额	欧洲进出口额/ 我国进出口 总额	拉丁美洲进出口 额/我国进出口 总额	北美洲进出口 额/我国进出口 总额
2004 年	57.6	2.6	18.3	3.4	16
2005 年	56.8	2.8	18.4	3.5	16.2
2006 年	55.7	3.2	18.8	4	16.2
2007 年	54.6	3.4	19.6	4.7	15.2
2008 年	53.3	4.2	20	5.6	14.4
2009 年	53.1	4.1	19.3	5.5	14.9
2010 年	52.7	4.3	19.2	6.2	14.2
2011 年	52.2	4.6	19.2	6.6	136
2012 年	52.9	5.1	17.7	6.8	13.9
2013 年	55.3	5.1	17.6	6.2	13.8

数据来源:根据国家统计局公布的数据整理而得。

从表 6-12 中可知,我国最主要的贸易地区为亚洲、欧洲和北美洲。截至 2013 年 12 月末,亚洲地区进出口额与我国进出口总额的比率最大,为 55.3%;其次是欧洲地区,比率为 17.6%;再次是北美洲地区,比率为 13.8%;最后是拉丁美洲和非洲地区,比率分别为 6.2% 和 5.1%。

2013 年我国与世界主要国家(地区)的进出口额见表 6-13。

表 6-13   2013 年我国与世界主要国家(地区)的进出口额

国家(地区)	进出口额/百万美元	占我国进出口总额的比重/%
美国	520748.7	12.5
欧盟(不含英国)	488909.3	11.8
东盟	443598.1	10.7
中国香港	400701.5	9.6
日本	312377.9	7.5
韩国	274237.7	6.6
中国台湾	197039	4.7
俄罗斯	89259	2.1
英国	70020.92	1.68
印度	65402.66	1.57

数据来源:根据中华人民共和国商务部公布的数据整理得出。

从表 6-13 中可以看出,2013 年,与我国的进出口总额占的比重超过 5%的主要国家(地区)为美国、欧盟、东盟①、中国香港、日本以及韩国等。其中:美国进出口额占我国进出口总额的比重最大,为 12.5%;其次为欧盟和东盟,比重分别为 11.8%和 10.7%;最后为中国香港、日本、韩国,比重依次为 9.6%、7.5%和 6.6%。

我国与美国的贸易往来中,主要使用美元,很少使用其他币种来结算。在亚洲,我国主要贸易对象为中国香港、东盟、日本、韩国、中国台湾和印度等。中国香港的结算货币为港元和美元,港元虽然是自由货币,但并不是国际上公认的储备货币,况且港元是盯住美元的。因此,在币种选择时可以将港元看作美元来测算。东盟、韩国、中国台湾以及印度都是盯住美元的,因此可以视作美元来测算。

欧盟成员国为比利时、荷兰、卢森堡、法国、德国、意大利、丹麦、爱尔兰、英国、葡萄牙、西班牙、希腊、奥地利、芬兰、瑞典、马耳他、塞浦路斯、波兰、匈牙利、捷克、斯洛伐克、爱沙尼亚、拉脱维亚、立陶宛、斯洛文尼亚、罗马尼亚、保加利亚以及克罗地亚。与欧盟的贸易项目的主要结算货币为欧元(英国除外,英国虽然加入欧盟,但仍然保持英镑的独立性)。

---

① 东南亚国家联盟(Association of Southeast Asian Nations,ASEAN),简称东盟。成员国有印度尼西亚、马来西亚、菲律宾、新加坡、泰国、文莱、越南、老挝、缅甸和柬埔寨。

接下来,通过2013年我国与世界主要国家(地区)的进出口额占我国进出口总额的比重,来初步测算我国币种结构。其中,美元、欧元、日元和英镑的比重相应为69.9%[①]、11.8%、7.5%和1.68%。

(二)基于外商直接投资视角的我国外汇储备货币结构选择

改革开放以来,我国政府颁布大量的优惠政策吸引外资,使得外商直接投资日益增加。外商直接投资不仅通过资本与金融项目影响中国外汇储备,而且通过经常项目影响外汇储备。因此,作为国际收支平衡表中的一种资本与金融项目,外商直接投资是中国外汇储备的重要来源。表6-14为2013年我国前十位外商直接投资来源国家(地区)的投资情况。

表 6-14   2013 年我国前十位外商直接投资来源国家(地区)的投资情况

国家(地区)	外商直接投资额/亿美元	占当年我国外商直接投资总额的比重/%
中国香港	3770.93	57.09
维尔京群岛	61.59	0.93
日本	18.98	0.28
欧洲(除英国)	531.62	8.05
韩国	19.63	0.3
新加坡	147.51	2.23
美国	219	3.32
开曼群岛	423.24	6.41
中国台湾	20.87	0.32
英国	118	1.79
合计	5331.37	80.71

数据来源:根据国家统计局公布的历年统计数据整理而得。

从表6-14可以看出,2013年我国前十位外商直接投资来源国家(地区)分别为中国香港、维尔京群岛、日本、欧洲(除英国)、韩国、新加坡、美国、开曼群岛、中国台湾以及英国。

从上述分析结果可以看出,我国最大的外商直接投资国(地区)是中国香

[①]   假定我国与其他国家80%的贸易使用美元作为结算货币,可以得到美元占比公式:$9.6\%+6.6\%+4.7\%+12.5\%+0.8\times(1-9.6\%-6.6\%-4.7\%-12.5\%-11.8\%-1.68\%-7.5\%)\approx69.9\%$。

港,其投资额与当年我国外商直接投资总额的比重高达 57.09%,而非我国三个主要的贸易伙伴——美国、欧盟以及新加坡。维尔京群岛和开曼群岛位于拉丁美洲,交易和投资结算货币为美元,很多金融集团在这两个地方注册,所以其也是我国外商直接投资重要的来源地区。我们参照上一小节的做法,把中国香港、中国台湾、新加坡和韩国等国家(地区)的货币比例归为美元使用范围所占比例内。因此,根据我国外商直接投资来源结构,我国外汇储备的币种结构应以美元、欧元、日元、英镑为主。由此得出四种货币的参考比例:美元为84.11%,日元为 0.28%,欧元为 8.05%,英镑为 1.79%。

(三)基于外债结构视角的我国外汇储备货币结构选择

众所周知,对外债务是影响我国外汇储备币种组合的重要因素。从降低交易成本以及提高外汇储备的收益等视角来看,研究外债结构对确定外汇储备币种组合具有积极的意义。

根据国家外汇管理局公布的 2013 年我国外债数据,截至 2013 年末,我国外债为 52625 亿元人民币(等值 8631.67 亿美元),外债负债率为 9.40%,债务率为 35.59%,偿债率为 1.57%,短期外债与外汇储备的比例为 17.71%,均在国际公认的安全线以内。从债务期限结构看,中长期外债(剩余期限)余额为11373 亿元人民币(等值 1865.42 亿美元),短期外债(剩余期限)余额为 41252亿元人民币(等值 6766.25 亿美元)。从币种结构看,登记外债余额中:美元债务占 79.60%,日元债务和欧元债务分别占 5.02%和5.54%,英镑债务约占0.1%,特别提款权和港币等其他外币债务合计占比 9.84%。

(四)基于各国经济实力视角的我国外汇储备货币结构选择

一个国家的经济实力水平一般以 GDP 来衡量,GDP 数值越大,说明该国的经济实力水平越高,那么持有该国的货币作为储备货币就越有利。从表 6-15 中可知,就 2009—2014 年全球主要国家(地区)GDP 占全球 GDP 总量的比重而言,欧盟一直处于全球第一的位置,美国第二,其次为日本和英国等(不考虑我国 GDP 的情况)。

表 6-15 全球主要国家(地区)GDP 占全球 GDP 总量的比重

国家 (地区)	国家(地区)GDP 占全球 GDP 总量的比重						
	2009 年	2010 年	2011 年	2012 年	2013 年	2014 年	均值
美国	17.58%	17.12%	16.73%	16.61%	16.45%	16.28%	16.80%
欧盟(包括英国)	19.39%	18.77%	18.37%	17.77%	17.25%	16.94%	18.08%

续表

国家 (地区)	国家(地区)GDP 占全球 GDP 总量的比重						
	2009 年	2010 年	2011 年	2012 年	2013 年	2014 年	均值
英国	2.53%	2.44%	2.37%	2.31%	2.28%	2.28%	2.37%
日本	4.97%	4.94%	4.73%	4.66%	4.58%	4.48%	4.73%

数据来源：http://www.economywatch.com/economic-statistics/economic-indicators/
GDP_Share_of_World_Total_PPP/。

根据表 6-15 来估算我国外汇储备币种结构，美元、欧元、日元和英镑所对应的比例为 16.80%、15.71%、4.73% 和 2.37% 比较合适。

（五）我国外汇储备最优币种比例结构

从增加管理成本和管理难度的视角出发来看，我国外汇储备币种以美元、欧元、日元、英镑为主比较合适。根据前文的分析，可以归纳得出不同视角下关于我国外汇储备币种结构的选择，如表 6-16 所示。

表 6-16　基于不同视角的我国外汇储备币种结构选择

币种	视角				
	风险与 收益视角	贸易 结构视角	外商直接 投资视角	外债 结构视角	经济实力 视角
美元	0.42	0.699	0.8411	0.796	0.168
欧元	0.07	0.118	0.0805	0.0554	0.1571
日元	0.19	0.075	0.0028	0.0502	0.0473
英镑	0.22	0.0168	0.0179	0.001	0.0237

为了能够测算出我国外汇储备币种结构，需要对每个影响我国外汇储备结构的因素赋予权重。李娥（2009）对影响我国外汇储备币种的因素进行研究，认为对外贸易结构因素、外债结构因素、外商直接投资因素、经济实力因素和各货币在国际货币体系中地位因素的权重分别维持在 0.3、0.25、0.2、0.15 和 0.1 左右比较合适（权重之和为 1）。郎参参（2010）对影响我国外汇储备币种的各个因素赋予权重：外商直接投资因素的权重为 0.316，外债结构因素的权重为 0.225，对外贸易结构因素的权重为 0.459（权重之和为 1）。孔立平（2010）运用逐步回归分析方法来测度我国外汇储备币种结构，得出结论：风险和收益性因素的影响系数为 0.56，贸易结构因素的影响系数为 0.26，外债结构因素的影响系数为 0.03，外商直接投资因素的影响系数为 0.08，汇率制度因素的影响系数为 0.07（权重之和为 1）。杨丽娜（2010）对影响我国外汇储备币种

的各因素进行剖析,对各因素赋予权重:对外贸易结构因素的权重为 0.30,外债结构因素的权重为 0.20,外商直接投资因素的权重为 0.15,储备国的经济实力因素的权重为 0.20,风险收益因素的权重为 0.15(权重之和为 1)。王晓钧(2011)根据对影响我国目前外汇储备币种结构所要考虑到的主要因素的剖析,对各个因素赋予权重:对外贸易结构因素的权重为 0.16,风险和收益性因素的权重为 0.56[①],干预外汇市场储备需求因素的权重为 0.15,外债结构因素权重为 0.13(权重之和为 1)。尹岩岩(2012)认为风险收益因素、对外贸易结构因素、外债结构因素、外商直接投资因素和储备国经济实力因素的权重维持在 0.27、0.28、0.15、0.17 和 0.13 左右比较合适(权重之和为 1)。王桂华(2013)根据各因素的用汇需求量与外汇储备量之间的内在联系,测算得出各因素的权重:对外贸易结构因素为 0.3,外债结构因素为 0.2,外商直接投资因素为 0.1,汇率制度安排因素为 0.15,储备货币在国际货币体系中地位因素为 0.25 左右(权重之和为 1)。

　　本章结合目前的经济形势,综合我国国情,参考上述研究结论,对影响我国外汇储备币种的各因素赋予权重。国际货币基金组织估算的风险与收益的权重为 0.56 左右,考虑到我国外汇储备规模越来越大以及超额部分的盈利需求,本章认为风险与收益的权重不宜过高,0.5 比较合适。由于我国经济实力不断增强,经济实力的权重应该大于 0.2,因此取值为 0.23 比较合适。本章参照王桂华(2013)的研究,将外商直接投资因素的权重赋值为 0.09 左右。王晓钧(2011)赋予对外贸易结构因素的权重为 0.16,保险起见,本章认为对外贸易结构因素的权重为 0.09 更合适。另外,外债的权重为 0.09,权重之和为 1。详细计算结果见表 6-17。

表 6-17　综合不同视角的外汇储备币种权重的确定

币种	权重					
	风险与收益	贸易结构	外商直接投资	外债结构	经济实力	加权后的
美元	0.21	0.06291	0.075699	0.07164	0.03864	0.458889
欧元	0.035	0.01062	0.007245	0.00499	0.036133	0.093984
日元	0.095	0.00675	0.000252	0.00452	0.010879	0.117399
英镑	0.11	0.001512	0.001611	0.00009	0.005451	0.118664

　　数据来源:根据表 6-10 以及表 6-16 的数据计算可得。

---

① TAUMAN E M, WONG A. The case for an international reserve diversification standard[R].IMF working paper,2006(5):1-46.

由表 6-17 可得，我国最优外汇储备币种结构应该为美元占 45.8889％、欧元占 9.3984％、日元占 11.7399％、英镑占 11.8664％。

第五节　完善外汇储备结构风险管理水平

我国外汇储备结构管理面临着很多风险，如美元贬值带来的汇率风险、期限错配带来的流动风险、中美利差倒挂的利率风险、美国隐形主权信用风险等。优化外汇储备的结构管理，减少外汇储备结构管理的风险，关键是要依据储备资产管理的安全性、流动性和盈利性原则，即在重视安全性、流动性的前提下，进一步追求盈利性。通过前文对我国外汇储备结构的分析，本章得出以下结论及对策建议。

一、进一步增加海外股权投资

所谓股权投资，就是指国家等主体购买其他企业的股票，或以货币资金、无形资产和其他实物资产的形式直接投资于其他企业。与随时可以变现的存款、债券等金融资产相比，股权投资具有投资收益高、期限长、流动性差和投资风险相对较低等特点，其高收益、低风险的特点符合投资性储备的要求，是优化储备资产结构的理想投资工具。国际上许多大的基金管理公司、私募股权公司和跨国机构的投资者都把目光集中在股权投资上。将外汇储备资产更多地投资于海外股权，也是很多国家外汇储备资产结构优化的一个重要方向，以新加坡的淡马锡为例，其在我国曾投资中国国际金融股份有限公司、中国海洋石油集团有限公司、北京金山软件有限公司等，获得很高的收益。如表 6-18所示，我国在美国的股权投资占外汇储备总额的比重从 2003 年 6 月的 1.4％上升到 2013 年 6 月的 6.83％。同时，我国在美国的股权投资占总投资额的比重从 2003 年 6 月的不足 1％，上升到 2013 年 6 月的 15％左右。

表6-18　2002年6月—2013年6月我国在美国的证券投资情况

截止时间	总投资/亿美元	股权投资/亿美元	股权投资占总投资的比重/%	外汇储备总额/亿美元	股权投资占外汇储备总额的比重/%
2002年6月	1810	40	2.20	2860	1.40
2003年6月	2550	20	0.78	4030	0.496
2004年6月	3410	30	0.88	6100	0.492
2005年6月	5270	30	0.57	8190	0.366
2006年6月	6990	40	0.57	10660	0.38
2007年6月	9220	290	3.14	15280	1.90
2008年6月	12050	1000	8.29	19460	5.14
2009年6月	14640	780	5.33	23990	3.25
2010年6月	16110	1270	7.88	28470	4.46
2011年6月	17270	1590	9.20	31810	5
2012年6月	15920	2210	13.88	33110	6.67
2013年6月	17350	2610	15.04	38210	6.83

数据来源：美国财政部官网TIC数据库、国家外汇管理局。

如表6-19所示，截至2013年6月30日，我国在美国的证券投资中，股权投资占总投资的比重仅为15.04%，而发达国家中的加拿大、挪威、法国、德国在美国的股权投资占总投资的比重分别为75.8%、60.62%、53.74%和41.89%，作为新兴市场国家和地区的新加坡和中国香港的该比重分别为47.43%和26.05%，作为发展中国家的墨西哥的该比重也达到了24.43%，远远高于我国。因此，进行海外股权投资是当前我国优化外汇储备资产结构的有效方式之一。通过海外股权投资，我们可以优化外汇储备的资产组合，获得较高的回报率，一定程度上可以避免外汇储备缩水，达到保值增值的目的。此外，我国在美国的证券投资中，股权投资占总投资的比重还很低，发展空间很大。因此，通过海外股权投资，即向在海外即将上市的我国优质企业进行股权投资，可以获得比较高的收益。

表 6-19　截至 2013 年 6 月 30 日的各国家(地区)美国股权投资情况

国家(地区)	总投资/亿美元	股权投资/亿美元	股权投资占总投资的比重/%
中国内地	17350	2610	15.04
日本	17660	3160	17.89
加拿大	8140	6170	75.8
法国	2140	1150	53.74
德国	2650	1110	41.89
挪威	2540	1540	60.62
新加坡	2720	1290	47.43
中国香港	2150	560	26.05
韩国	1550	360	23.22
墨西哥	1310	320	24.43

数据来源:美国财政部官网 TIC 数据库。

二、合理调整币种结构

(一)逐步降低美元在外汇资产中的比重

(1)短期内,仍以美元作为首选货币。从目前美元所代表的经济实力、可自由兑换性、稳定性以及它在世界经济活动中的参与程度等角度来看,美元仍然是最重要的国际储备货币和最主要的国际贸易结算货币,是国际金融格局中的头号主角。可见,在短期内,美元仍是我国外汇储备的首选货币。

(2)从中期来看,适当地减少美元比重。布雷顿森林体系崩溃后,由于美国的经济实力相对下降,欧洲经济实力相对上升,美元的国际货币地位有所降低。虽然目前国际货币体系中,美元仍占主导地位,但已经不具有绝对优势。另外,美国的外债及国际收支赤字,越来越引起人们对未来美元价值及稳定性的怀疑。

(3)从更长的周期来看,减持美元应是一个渐进、缓慢的过程。虽然币种多元化在中长期是一个必然趋势,但也应该看到减持美元的巨大成本及诸多难题。第一,大规模减持美元将导致储备价值的进一步缩水。大规模减持外汇储备中的美元资产,必将导致美元进一步贬值。第二,减持美元资产的成本巨大,当前美国长期国债的收益率高于欧元区国债和日本国债,减持美元将导致我国外汇储备收益上的损失。因此,减持美元在一定程度上会影响我国经济增长和人民币币值稳定。

（二）优化美元内部结构，降低长期债券投资占总投资额的比重

截至 2013 年 6 月，我国政府投资 17350 亿美元用于购买美国有价证券，其中：股权投资占外汇储备总额的比重从不足 1％上升到 15％，长期债券投资占外汇储备总额的比重从超过 95％下降到 85％。从表 6-20 中可以看出，截至 2013 年 6 月 30 日，我国在美国的证券投资中，长期债券投资占总投资的 84.67％。但发达国家中的加拿大、挪威、法国、德国的该比重分别为 21.38％、38.98％、41.59％和 55.85％，作为新兴市场国家和地区的新加坡和中国香港该比重分别为 50.73％和 69.67％，作为发展中国家的墨西哥的该比重也仅为 66.41％，远远低于我国。

表 6-20　截至 2013 年 6 月 30 日的各国家（地区）的美国股权投资情况

国家（地区）	总投资/亿美元	长期债券投资/亿美元	债券投资占总投资的比重/％
中国内地	17350	2610	84.67
日本	17660	3160	78.53
加拿大	8140	6170	21.38
法国	2140	1150	41.59
德国	2650	1110	55.85
挪威	2540	1540	38.98
新加坡	2720	1290	50.73
中国香港	2150	560	69.67
韩国	1550	360	69.67
墨西哥	1310	320	66.41

数据来源：美国财政部官网 TIC 数据库。

（三）适当增加欧元在外汇储备中的比重

目前，全球货币体系发生了根本性的变化，美元独霸天下的格局已经被打破，欧元迅速崛起，已经成为世界第二大国际货币，并取代美国，成为国际债券市场上的主导货币。2008 年，欧盟已成为我国第一大贸易伙伴、第一大出口市场和第二大进口市场，随着进出口总额的不断上升，我国对欧元的需求也随之上升。此外，发展中国家，特别是新兴经济体经济的快速增长，已成为全球经济贸易中不可忽视的力量。它们对全球货币体系改革提出了迫切的要求，它们的要求和声音已成为建立一个公平、公正、包容、有序的全球货币金融体系的重要推动力量。因此，提高欧元在我国外汇储备中的比重将成为必然选择。

三、有序稳步推进人民币国际化

庞大的外汇储备是推进人民币国际化的重要保障,而推进人民币国际化是化解我国外汇储备风险的有效途径。人民币储备资产份额逆势上扬,进一步展现了在通胀持续高企、经济复苏放缓、金融动荡加剧的国际背景下,中国相对强劲的经济金融韧性。这将有利于提高我国的国际地位,逐步实现人民币国际化;这也意味着人民币更高层次的国际化,即作为国际货币的储备货币功能进一步巩固和加强。因此,随着人民币国际化的市场接受度和认可度的进一步提高,我国可以对外直接投资、消费和对外清偿等,吸收、消化贸易顺差带来的外汇,减少对外汇储备的需要,从而降低外汇储备风险。

四、适当提高黄金储备的比例

在全球金融市场剧烈波动的时候,黄金相对独立的走势往往能产生较好的资产避险效应,使资产组合的净值跌幅减少。同时,黄金作为天然的货币,具有良好的保值作用,并且可以作为最终的国际结算货币。截至 2023 年 1月,我国外汇储备中的黄金储备为 1252.83 亿美元,所占比例比较低,仅仅占3.6%。而早在 10 年前,发达国家便一般都将外汇储备转换为黄金储存。如截至 2013 年 12 月中旬,一些国家黄金占外汇储备的比例分别是:美国为72.8%,意大利为 67%,法国为 65.6%,德国为 68.1%,奥地利为 50.5%。鉴于我国的黄金储备的比例远远低于发达国家水平,我国应适当地增加易于变现的黄金储备,从而降低外汇储备规模波动幅度,也能较好地抗通胀与实现资产保值。

本章小结

本章阐明了我国外汇储备的结构特征,主要从外汇储备的货币结构和资产结构两方面展开分析。由于我国外汇储备结构的具体比例分布、以何种形式构成等一系列相关数据,国家外汇管理局和中国人民银行并未对外公布,故本章通过已有的研究成果,以及国际机构和其他国家公布的相关数据,对我国外汇储备结构进行分析。

本章的主要内容如下:(1)探讨我国外汇储备的币种结构,认为美元在我国外汇储备货币体系中所占的份额正不断下降,但在今后一个时期仍将占有最大的份额。通过分析外汇储备的资产结构,指出我国目前的外汇储备结构相对比较单一,以持有美国长期国债和股权为主的结构短期内不会改变,并且整体持有数量还将上升。(2)阐述了我国外汇储备结构面临的主要风险,包括期限错配带来的流动性风险、中美利差出现倒挂的利率风险、美元贬值带来的汇率风险、美国隐形主权信用风险、投资收益损失风险等。(3)介绍了外汇储备结构风险管理理论及其应用,主要有马科维茨的资产组合理论、海勒-奈特模型、杜利模型以及组合选择理论,并指出上述理论在外汇储备币种优化配置方面的局限性。(4)提出应该综合考虑所有影响外汇储备币种优化配置的因素,以更为全面和有效地来分配管理外汇储备的币种。(5)从贸易结构、外商直接投资、外债结构、经济实力等视角出发,进行综合分析,得出我国最优外汇储备币种结构。(6)对完善我国外汇储备结构风险管理水平提出建议。第一,进一步增加海外股权投资;第二,合理调整币种结构,包括逐步降低美元在外汇资产中的比重、优化美元内部结构、降低长期债券投资占总投资额的比重、适当增加欧元在外汇储备中的比重等;第三,积极推进人民币国际化进程;第四,适当提高黄金储备的比例。

第七章　我国外汇储备投资风险管理分析

　　2022 年 12 月,受主要经济体货币政策及预期、全球宏观经济数据等因素影响,美元指数大跌,引发全球金融资产价格总体下跌。我国经济韧性强、潜力大、活力足,长期向好的基本面没有改变,有利于外汇储备规模保持总体稳定。虽然受到汇率折算和资产价格变化等因素的综合影响,但我国当月外汇储备规模上升。根据国家外汇管理局公布的数据,截至 2022 年 12 月末,我国外汇储备增加至 3.1277 万亿美元,仍然是世界上持有外汇储备数量最多的国家。一个国家保持适度的外汇储备是必要的,是无可非议的,但外汇储备并非多多益善。外汇储备太多,不仅会导致国家付出昂贵的持有机会成本,而且会阻碍货币政策的有效实施,也会增大通货膨胀的风险。因此,确定适度的外汇储备规模,提高超额外汇储备收益率水平,尤其是对超额外汇储备的风险进行有效管理,由此实现外汇储备保值增值的目标,意义非常重大。

　　为了引导各国对外汇储备进行管理,国际货币基金组织于 2001 年发布了《外汇储备管理指南》,此后又对其进行多次修改。在 2004 年的修改版中,强调了外汇储备风险管理的重要性,并界定了外汇储备管理目标。管理目标可简单地归纳为安全第一、流动第二、盈利第三。因此,本章试图建立一个有效的外汇储备风险管理模型,最大程度地实现外汇储备收益与风险之间的最优均衡,这具有重要的理论价值和现实意义。

第一节　我国外汇储备超额规模的测度

　　2011 年 4 月 18 日,时任央行行长周小川指出我国外汇储备已经超过了我国需要的合理水平。[①]　因此,我国的首要目标是确定外汇储备的适度规模,在保证安全性和流动性的前提下,对超额外汇储备进行有效的风险管理,并从中获取合理的收益。

国外对外汇储备适度规模的研究很多,理论界大多采用以下五种方法:一是 Triffin(1960)提出的进口比例分析法,二是 Heller(1966)提出的成本收益分析法,三是 Frenkel(1980)等提出的储备需求函数分析法;四是 Carbaugh 和 Fan 等提出的定性分析法,五是目前运用比较广泛的非结构化分析法。

虽然国内外在这方面有许多有价值的研究成果,但也有一些不足:一是大多数研究外汇储备适度规模的文献,都是以发达国家为研究对象,不具有普遍性;二是虽然有些研究成果具有普遍性,但即便做了修正,仍不适合发展中国家。这是因为不同国家在经历不同的经济发展阶段,面临不同的经济环境,这必将导致不同国家制定不同的外汇管理目标和管理策略。

因此,本章根据多层次外汇储备需求变化对最优规模的影响机制,度量我国外汇储备的最优规模。我们假定以下三个条件:一是将一国外汇储备需求分为交易性需求、预防性需求、保证性需求和投机性需求等四个层次;二是一国的外汇储备首先要满足交易性需求,其次是预防性需求,再次是保证性需求,最后才是投机性需求;三是尽管各个层次需求之间存在重叠,但从外汇储备风险管理角度出发,假定满足外汇储备的各个层次需求之间是相互独立的。

本章参照周光友(2011)提出的静态外汇储备规模决定模型:

$$R = \frac{1.1 \times (\beta_1 \text{IMP} + \beta_2 \text{DEB} + \beta_3 \text{FDI} + \beta_4 T)}{1 + \beta_5} \tag{7.1}$$

其中:β_1 表示全年的进口支付周转率,IMP 表示全年的进口额;β_2 表示一国外债还本付息率,DEB 表示一国的累计外债余额;β_3 表示外商直接投资的利润率,FDI 表示外商直接投资的累计余额;β_4 表示干预性外汇需求与外汇市场交易量的比率,T 表示外汇市场交易量;β_5 为持有外汇储备的机会成本比率。

此外,估计系数确定如下:(1)依照特里芬比率的规定,一国通常维持三个月的外汇储备需求,对应标准比为外汇储备总额的 20%～40%。但基于两个方面的考虑:一是我国进口量不断扩大,对外汇储备的需求也相应增加;二是随着我国外汇储备规模的持续增加,用以满足进口需求的外汇储备在总规模中的比重却有逐年下降的趋势,将 β_1 取定为 30% 左右。(2)依照国际经验以

[①]　2011 年 4 月 18 日,时任央行行长周小川在清华大学金融高端讲坛上的讲话。

及我国的实际情况,考虑到我国存在巨额外汇储备及外债压力不大的实际条件,将 β_2 取定为 10% 左右。(3)依照世界银行的测算和国际货币基金组织的测算,且考虑到中国的实际和不确定因素的影响,将 β_3 取定为 15% 左右。(4)考虑到决于外汇市场的交易规模、外汇市场的稳定性及货币当局对外汇储备的调控能力等因素,也考虑到近年来我国的外汇交易量明显加大,外汇市场风险在不断积累,加之外汇储备规模迅速扩张,将 β_4 取定为 15% 左右。(5)考虑到我国的外汇储备绝大部分以美国国债的形式持有,并且大量持有美元资产会由于美元的贬值而产生汇率风险,因此,从机会成本的视角考虑,将 β_5 取定为 8% 左右。

根据国家外汇管理局公布的官方数据,将相关数据代入公式(7.1),计算得到静态外汇储备规模和超额外汇储备规模。2010 年 12 月—2022 年 12 月我国外汇储备规模情况见表 7-1。

表 7-1　2010 年 12 月—2022 年 12 月我国外汇储备规模情况

截止时间	实际外汇储备规模/亿美元	静态外汇储备规模/亿美元	超额外汇储备规模/亿美元
2010 年 12 月	28473.38	7920.81	20552.57
2011 年 1 月	29316.74	8001.116	21315.62
2011 年 2 月	29913.86	8081.8756	21831.98
2011 年 3 月	30446.74	8163.08688	22283.65
2011 年 4 月	31458.43	8244.75078	23213.68
2011 年 5 月	31659.97	8326.86832	23333.1
2011 年 6 月	31974.91	8409.4375	23565.47
2011 年 7 月	32452.83	8492.45932	23960.37
2011 年 8 月	32624.99	8575.93478	24049.06
2011 年 9 月	32016.83	8659.86188	23356.97
2011 年 10 月	32737.96	8744.24161	23993.72
2011 年 11 月	32209.07	8829.07499	23380
2011 年 12 月	31811.48	8914.36	22897.12
2012 年 1 月	32536.31	9000.09764	23536.21
2012 年 2 月	33096.57	9086.28896	24010.28
2012 年 3 月	33049.71	9172.93188	23876.77

续表

截止时间	实际外汇储备规模/亿美元	静态外汇储备规模/亿美元	超额外汇储备规模/亿美元
2012 年 4 月	32989.13	9260.02743	23729.1
2012 年 5 月	32061.09	9347.57667	22713.51
2012 年 6 月	32400.05	9435.5775	22964.47
2012 年 7 月	32399.52	9524.03096	22875.49
2012 年 8 月	32729.01	9612.93813	23116.07
2012 年 9 月	32850.95	9702.29688	23148.65
2012 年 10 月	32874.26	9792.10825	23082.15
2012 年 11 月	32976.71	9882.37335	23094.34
2012 年 12 月	33115.89	9973.09	23142.8
2013 年 1 月	34100.61	10064.2593	24036.35
2013 年 2 月	33954.18	10155.8823	23798.3
2013 年 3 月	34426.49	10247.9569	24178.53
2013 年 4 月	35344.82	10340.4841	25004.34
2013 年 5 月	35148.07	10433.465	24714.61
2013 年 6 月	34966.86	10526.8975	24439.96
2013 年 7 月	35478.1	10620.7826	24857.32
2013 年 8 月	35530.43	10715.1215	24815.31
2013 年 9 月	36626.62	10809.9119	25816.71
2013 年 10 月	37365.87	10905.1549	26460.72
2013 年 11 月	37894.51	11000.8517	26893.66
2013 年 12 月	38213.15	11097	27116.15
2014 年 1 月	38666.41	11127.706	27538.704
2014 年 2 月	39137.39	10273.993	28863.397
2014 年 3 月	39480.97	11538.717	27942.253
2014 年 4 月	39787.95	11272.627	28515.323
2014 年 5 月	39838.9	11152.435	28686.465
2014 年 6 月	39932.13	11233.088	28699.042

续表

截止时间	实际外汇储备规模/亿美元	静态外汇储备规模/亿美元	超额外汇储备规模/亿美元
2014 年 7 月	39662.67	11912.651	27750.019
2014 年 8 月	39688.25	12476.848	27211.402
2014 年 9 月	38877	11790.891	27086.109
2014 年 10 月	38529.18	11945.679	26583.501
2014 年 11 月	38473.54	12204.799	26268.741
2014 年 12 月	38430.18	12624.760	25805.420
2015 年 1 月	38134.14	11603.960	26530.180
2015 年 2 月	38015.03	10954.724	27060.306
2015 年 3 月	37300.38	11996.497	25303.883
2015 年 4 月	37481.42	11745.352	25736.068
2015 年 5 月	37111.43	11644.187	25467.243
2015 年 6 月	37713.47	11813.179	25900.291
2015 年 7 月	37254.48	12364.671	24889.809
2015 年 8 月	36341.84	12923.567	23418.273
2015 年 9 月	35902.7	12199.339	23703.361
2015 年 10 月	36040.29	11996.034	24044.256
2015 年 11 月	35129.78	12302.178	22827.602
2015 年 12 月	34061.11	12757.846	21303.264
2016 年 1 月	33082.91	11985.421	21097.489
2016 年 2 月	32940.02	10868.780	22071.240
2016 年 3 月	33054.45	12078.697	20975.753
2016 年 4 月	33161.35	11900.773	21260.577
2016 年 5 月	31917.36	12000.472	19916.888
2016 年 6 月	32051.62	12082.768	19968.852
2016 年 7 月	32010.57	12186.223	19824.347
2016 年 8 月	31851.67	12415.638	19436.032

续表

截止时间	实际外汇储备 规模/亿美元	静态外汇储备 规模/亿美元	超额外汇储备 规模/亿美元
2016 年 9 月	31663.82	12365.125	19298.695
2016 年 10 月	31206.55	12121.895	19084.655
2016 年 11 月	30515.98	13293.455	17222.525
2016 年 12 月	30105.17	13289.512	16815.658
2017 年 1 月	29982.04	11994.217	17987.823
2017 年 2 月	30051.24	11494.066	18557.174
2017 年 3 月	30090.88	12880.262	17210.618
2017 年 4 月	30295.33	12251.686	18043.644
2017 年 5 月	30535.67	12634.671	17900.999
2017 年 6 月	30567.89	12961.932	17605.958
2017 年 7 月	30807.2	12945.175	17862.025
2017 年 8 月	30915.27	13371.212	17544.058
2017 年 9 月	31085.1	13115.123	17969.977
2017 年 10 月	31092.13	12813.474	18278.656
2017 年 11 月	31192.77	14091.290	17101.480
2017 年 12 月	31399.49	13983.156	17416.334
2018 年 1 月	31614.57	13477.991	18136.579
2018 年 2 月	31344.82	12082.202	19262.618
2018 年 3 月	31428.2	13563.272	17864.928
2018 年 4 月	31248.52	13376.073	17872.447
2018 年 5 月	31106.23	13972.670	17133.560
2018 年 6 月	31121.29	13622.141	17499.149
2018 年 7 月	31179.46	13904.171	17275.289
2018 年 8 月	31097.16	13897.147	17200.013
2018 年 9 月	30870.25	13726.001	17144.249
2018 年 10 月	30530.98	13954.709	16576.271

续表

截止时间	实际外汇储备规模/亿美元	静态外汇储备规模/亿美元	超额外汇储备规模/亿美元
2018 年 11 月	30616.97	14773.853	15843.117
2018 年 12 月	30727.12	14735.686	15991.434
2019 年 1 月	30879.24	14509.601	16369.639
2019 年 2 月	30901.80	12612.293	18289.507
2019 年 3 月	30987.61	14427.633	16559.977
2019 年 4 月	30949.53	14358.532	16590.998
2019 年 5 月	31010.04	14019.373	16990.667
2019 年 6 月	31192.34	13391.687	17800.653
2019 年 7 月	31036.97	13941.868	17095.102
2019 年 8 月	31071.76	14064.743	17007.017
2019 年 9 月	30924.31	13363.917	17560.393
2019 年 10 月	31051.61	13019.032	18032.578
2019 年 11 月	30955.91	13661.925	17293.985
2019 年 12 月	31079.24	13961.079	17118.161
2020 年 1 月	31154.97	13640.818	17514.152
2020 年 2 月	31067.18	13404.369	17662.811
2020 年 3 月	30606.33	13787.619	16818.711
2020 年 4 月	30914.59	13546.419	17368.171
2020 年 5 月	31016.92	13386.804	17630.116
2020 年 6 月	31123.28	13933.236	17190.044
2020 年 7 月	31543.91	14753.090	16790.820
2020 年 8 月	31646.09	14444.679	17201.411
2020 年 9 月	31425.62	14399.088	17026.532
2020 年 10 月	31279.82	13593.653	17686.167
2020 年 11 月	31784.9	14836.363	16948.537
2020 年 12 月	32165.22	15729.175	16436.045

续表

截止时间	实际外汇储备规模/亿美元	静态外汇储备规模/亿美元	超额外汇储备规模/亿美元
2021 年 1 月	32106.71	14779.913	17326.797
2021 年 2 月	32049.94	13470.860	18579.080
2021 年 3 月	31700.29	15783.974	15916.316
2021 年 4 月	31981.80	15287.105	16694.695
2021 年 5 月	32218.03	14871.042	17346.988
2021 年 6 月	32140.10	15533.144	16606.956
2021 年 7 月	32358.90	15708.270	16650.630
2021 年 8 月	32321.16	15572.613	16748.547
2021 年 9 月	32006.26	15501.128	16505.132
2021 年 10 月	32176.14	14846.910	17329.230
2021 年 11 月	32223.86	16226.515	15597.345
2021 年 12 月	32501.66	16732.878	15768.782
2022 年 1 月	32216.32	15556.006	16660.314
2022 年 2 月	32138.27	14244.754	17893.516
2022 年 3 月	31879.94	16039.826	15840.114
2022 年 4 月	31197.20	14707.979	16489.221
2022 年 5 月	31277.80	12913.302	18364.498
2022 年 6 月	30712.72	15489.636	15223.084
2022 年 7 月	31040.71	15640.518	15400.192
2022 年 8 月	30548.81	16230.915	14317.895
2022 年 9 月	30289.55	15920.693	14368.857
2022 年 10 月	30524.27	13912.537	16611.733
2022 年 11 月	31174.88	14875.539	16299.341
2022 年 12 月	31276.91	14198.611	17078.299

注:超额外汇储备规模＝实际外汇储备规模－静态外汇储备规模。

为了更好地分析 2010—2022 年我国的超额外汇储备,下面用图 7-1 来描述。

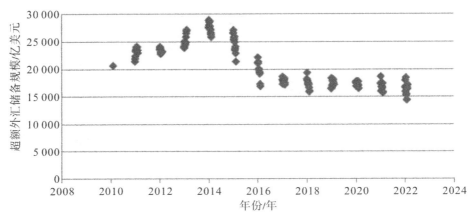

图 7-1　2010 年—2022 年我国超额外汇储备规模

由图 7-1 可知,我国超额外汇储备 2011—2013 年处在上升阶段,而且上升速度呈现加快的趋势。2014 年,超额外汇储备规模达到最大,之后呈现下降趋势并趋于相对稳定。

另外,从表 7-1 可知,静态外汇储备在满足交易性需求、预防性需求、保证性需求和投机性需求等四层次需求的情况下,其波动区间仍处在合理的范围内。但实际上,国家外汇储备和动态外汇储备比静态外汇储备的波动幅度更大,但这种趋势在近年来非常不明显。

第二节　超额外汇储备规模的风险管理理论分析框架

管理部门在对超额外汇储备规模进行管理时,要考虑到外汇净流入的随机性所表现出的汇率不确定性风险,因此需要着重考虑汇率波动所引起的收益风险。本章研究的收益风险模型主要包括惩罚机制的风险效用模型①和风险约束模型。这两种风险模型都可以实现收益与风险之间的最优均衡,是两种不同性质的风险管理策略。惩罚机制的风险效用模型是相对严格的管理策略,而风险约束模型是一种相对宽松的管理策略。风险约束模型的风险是可

---

① 惩罚机制的风险效用模型相当于一种激励。

以明确界定的,运用在随机多场景中,则是综合各种场景的复杂约束。由以上两种风险模型得出均衡特性的有效前沿曲线,管理部门可得出期望收益所对应的风险值,并做出相应的管理决策。

因此,在外汇储备收益风险研究领域内,本章首次引入随机场景序列来表示汇率的不确定性,综合惩罚机制的风险效用模型和风险约束模型的优点,建立超额外汇储备动态风险管理模型,更好地平衡期望收益和风险之间的关系,相关研究成果可为有关部门提供参考。下面就具体步骤进行分析。

一、基于场景序列分析的动态风险管理模型

用场景序列来表示汇率的不确定性。风险中性的国家部门在管理超额外汇储备时,目的是实现预期收益值最大化。当然,国家部门设定不同的目标收益值,将面临不同的收益风险。因此,本章运用 N 个不同场景来模拟,通过不同场景序列的风险值来衡量超额外汇储备收益风险。假定国家部门设定的目标收益值小于某一场景的收益值,那么可以得到某一场景的收益值与国家部门设定的目标收益值的差额,该差额即为相应的风险值,否则对应的风险值为 0。

场景 t 对应的风险值 $R_t = \{R_t = C - P_t \mid C > R_t\} + \{R_t = 0 \mid C \leqslant R_t\}$。其中:$C$ 为国家部门设定的目标收益值,R_t 为场景 t 对应的收益值。

假定 π_t 为场景 t 对应的发生概率值,我们可以得到相应的期望下方风险,将其定义为:

$$ER_t = \sum_{t=1}^{N} \pi_t R_t \tag{7.2}$$

二、基于场景表示的国家部门优化管理

国家部门对超额外汇储备的优化管理,我们用随机场景序列来表示,可得到目标函数为 $\max \sum_{t=1}^{N} \pi_t P_t$。同时,国家部门对超额外汇储备的优化管理,还应该满足如下条件:假定 $V(i)$ 为国家外汇储备在时段 i 的存量,那么可以得到外汇储备在 t 时段的净流入量 $Q(t)$ 应满足平衡方程 $Q(t) = \dfrac{V(t) - V(t-1)}{\Delta t}$。其中:$Q(t) \in [-1243.99, 1096.19]$,$V(i) \in [14317.895, 28863.397]$,$\Delta t$ 为一个月时间段。

三、动态风险管理策略的实施

国家有关部门可采用以下两种方法来实施动态风险管理。

第一,假定惩罚系数为 A,根据目标函数 $\max \sum_{t=1}^{N} \pi_t P_t$,对其期望下方风险施加极大的惩罚,由此得到风险的最小值为 $\max \sum_{t=1}^{N} \pi_t (P_t - AR_t)$。例如,国家可以将多余的外汇储备用于对外投资,在这方面可以借鉴新加坡、挪威等国家的经验。因此,对目标函数施加惩罚系数,是有现实依据的。

第二,假定 B 为国家部门愿意接受的风险水平,那么通过对其期望下方风险 ER_t 施加风险约束,可得 $ER_t \leqslant B$。

对超额外汇储备进行动态风险管理,需将惩罚机制的风险效用模型和风险约束模型有效结合,具体方案如下。

第一步,对于风险中性的国家部门,设定合意的目标收益值,并求出相应的期望风险水平。如果当前的风险水平满足国家部门对风险的要求,则该最优解就是所要求的风险中性解,否则转入第二步。

第二步,如果相应的期望风险水平不能满足,那么对目标函数施加一个惩罚系数,得到最小期望下方风险水平解。如果该解能够满足国家部门的风险承受能力,说明该期望水平是合适的,转入第三步。

第三步,考虑在最小期望下方风险施加动态风险约束,选择合适的期望水平,求解收益与风险之间的平衡解,从而得到国家部门的最佳管理策略。

第三节 差分进化算法

一、差分进化算法的优点

为了求解超额外汇储备管理策略目标的问题,本章采用差分进化算法。1997 年,Storn 和 Price 首先提出该算法。该算法具有较强的全局收敛能力和鲁棒性,非常适合求解一些复杂条件下的优化问题。该算法具有种群的全局搜索功能,采用了实数编码,包含了简单变异操作,降低了进化的复杂度。差分进化算法在各种复杂环境问题的实践中具有很强的实用性,吸引了国内外研究学者的广泛关注,逐渐成为进化算法研究的热点之一。差分进化算法还具有如下优点。

(1)代表整个解集的种群,按内在的并行方式,同时搜索多个非劣解,因而更加容易搜索到多个帕累托最优解。

(2)通用性。适合处理所有类型的目标函数和约束。

(3)高效搜索能力。有利于得到多目标意义下的最优解。

(4)群体搜索与协同搜索相结合,充分利用种群提供的局部信息与全局信息,包括最优个体的信息,更好地指导算法搜索信息等。

鉴于此,本章首次提出以差分进化算法作为考虑汇率风险、探寻外汇超额储备管理策略的方法。

二、差分进化算法核心思想

差分进化算法是在候选种群的基础上,在整个搜索空间内,通过使用对种群中的现有方案进行简单组合实现的。新的方案比之前的更好,则用新的代替之前的,否则保留之前的方案,重复执行,直到找到满意的方案。差分进化算法具有协同搜索的特点,从而最大限度地实现全局最优搜索。

设 fit(　)为最小化适应度函数,用作计算出候选方案的输出适应值。目标就是要在搜寻空间的所有方案 b 中找到一个 t,使得 $\mathrm{fit}(t) \leqslant \mathrm{fit}(b)$。最大化则相反。设 $X = (x_1, x_2, \cdots, x_n)$ 是候选方案种群中的一个个体,则按差分进化算法进行如下计算。

(1)初始化种群个体。

(2)重复如下操作直到满足最大迭代数或者找到满足适应值的个体。

对种群中的个体:

(1)任意地从种群中选三个不相同的 a、b 和 c 个体;

(2)选出一个随机索引 $R \in \{1, \cdots, n\}$,n 是问题的维数;

(3)对每个 $i \in \{1, \cdots, n\}$,进行计算,得出可能的新个体 Y,产生一个随机数 r_i 服从于 $U(0, 1)$;

(4)如果 $i = R$ 或者 $r_i < CR$,则有 $y_i = a_i + \mathrm{Fit}(b_i - c_i)$,否则 $y_i = x_i$。

(5)如果 $\mathrm{fit}(y_i) < \mathrm{fit}(x_i)$,则在种群中使用改进后新生成的 y_i 替换原来的 x_i,否则数值保持不变。

(6)选择具有最小适应度值的作为搜寻的结果。

$F\in[0,2]$为缩放因子,$CR\in[0,1]$为交叉因子。种群大小$NP\geqslant4$。

第四节　我国外汇储备投资风险管理实证分析

从实践来看,目前我国的外汇储备绝大部分都是美国国债,持有美国国债的年收益率约为$2\%\sim3\%$,并且大量持有美国国债会由于美元的贬值而产生汇率风险(周光友 等,2011)。把外汇储备完全投资于收益率低的美国国债,并不是一个明智的选择。因此,管理部门需要通过外汇管理模式的创新,来获得更高的收益。考虑到管理部门将会对多余的外汇储备进行积极管理,结合中国外汇储备特点和需求动机的实际情况,未来的超额外汇储备收益率水平预计会进一步提高,故在模型中设定超额外汇储备的投资收益率为1.04。根据以上公式,得到国家部门的三年目标总收益值为43000亿元,风险极大惩罚方法中的惩罚系数为1128.1550。

国家外汇管理局和中国人民银行具备规范的外汇月交易汇率数据系统,已成为全国性汇率形成和信息传递中心。鉴于此,我们搜集并整理了国家外汇管理局和中国人民银行公布的月交易汇率数据来作为样本。2011 年 1月—2022 年 12 月我国月交易汇率和外汇净流入量见表7-2。

表 7-2　2011 年 1 月—2022 年 12 月我国月交易汇率和外汇净流入量

时间 t	时间 t 的外汇净流入量 $Q(t)$	一美元折合人民币(汇率)
2011 年 1 月	763.05	6.6027
2011 年 2 月	516.36	6.5831
2011 年 3 月	451.67	6.5662
2011 年 4 月	930.03	6.5292
2011 年 5 月	119.42	6.4988
2011 年 6 月	232.37	6.4778
2011 年 7 月	394.90	6.4614
2011 年 8 月	88.68	6.4090
2011 年 9 月	−692.09	6.3833
2011 年 10 月	636.75	6.3566

续表

时间 t	时间 t 的外汇净流入量 $Q(t)$	一美元折合人民币（汇率）
2011 年 11 月	−613.72	6.3408
2011 年 12 月	−482.88	6.3281
2012 年 1 月	639.09	6.3168
2012 年 2 月	474.07	6.3000
2012 年 3 月	−133.51	6.3081
2012 年 4 月	−147.67	6.2966
2012 年 5 月	−1015.59	6.3062
2012 年 6 月	250.96	6.3178
2012 年 7 月	−88.98	6.3235
2012 年 8 月	240.58	6.3404
2012 年 9 月	32.58	6.3395
2012 年 10 月	−66.51	6.3144
2012 年 11 月	12.19	6.2953
2012 年 12 月	48.46	6.2900
2013 年 1 月	893.55	6.2787
2013 年 2 月	−238.05	6.2842
2013 年 3 月	380.24	6.2743
2013 年 4 月	825.80	6.2471
2013 年 5 月	−289.73	6.1970
2013 年 6 月	−274.65	6.1718
2013 年 7 月	417.35	6.1725
2013 年 8 月	−42.01	6.1708
2013 年 9 月	1001.40	6.1588
2013 年 10 月	644.01	6.1393
2013 年 11 月	432.94	6.1372
2013 年 12 月	222.49	6.1160
2014 年 1 月	453.26	6.1043
2014 年 2 月	470.98	6.1128

续表

时间 t	时间 t 的外汇净流入量 $Q(t)$	一美元折合人民币（汇率）
2014 年 3 月	343.58	6.1358
2014 年 4 月	306.98	6.1553
2014 年 5 月	50.95	6.1636
2014 年 6 月	93.23	6.1636
2014 年 7 月	−269.46	6.1569
2014 年 8 月	25.58	6.1606
2014 年 9 月	−811.25	6.1528
2014 年 10 月	−347.82	6.1441
2014 年 11 月	−55.64	6.1432
2014 年 12 月	−43.36	6.1238
2015 年 1 月	−296.04	6.1272
2015 年 2 月	−119.11	6.1339
2015 年 3 月	−714.65	6.1507
2015 年 4 月	181.04	6.1302
2015 年 5 月	−369.99	6.1143
2015 年 6 月	602.04	6.1161
2015 年 7 月	−458.99	6.1167
2015 年 8 月	−912.64	6.3056
2015 年 9 月	−439.14	6.3691
2015 年 10 月	137.59	6.3486
2015 年 11 月	−910.51	6.3666
2015 年 12 月	−1068.67	6.4476
2016 年 1 月	−978.20	6.5527
2016 年 2 月	−142.89	6.5311
2016 年 3 月	114.43	6.5064
2016 年 4 月	106.90	6.4762
2016 年 5 月	−1243.99	6.5315
2016 年 6 月	134.26	6.5874

续表

时间 t	时间 t 的外汇净流入量 $Q(t)$	一美元折合人民币（汇率）
2016 年 7 月	−41.05	6.6774
2016 年 8 月	−158.90	6.6474
2016 年 9 月	−187.85	6.6715
2016 年 10 月	−457.27	6.7442
2016 年 11 月	−690.57	6.8375
2016 年 12 月	−410.81	6.9182
2017 年 1 月	−123.13	6.8918
2017 年 2 月	69.20	6.8713
2017 年 3 月	39.64	6.8932
2017 年 4 月	204.45	6.8845
2017 年 5 月	240.34	6.8827
2017 年 6 月	32.22	6.8019
2017 年 7 月	239.31	6.7654
2017 年 8 月	108.07	6.6736
2017 年 9 月	169.83	6.5634
2017 年 10 月	7.03	6.5154
2017 年 11 月	100.64	6.6186
2017 年 12 月	206.72	6.5942
2018 年 1 月	215.08	6.4364
2018 年 2 月	−269.75	6.3162
2018 年 3 月	83.38	6.322
2018 年 4 月	−179.68	6.2975
2018 年 5 月	−142.29	6.3758
2018 年 6 月	15.06	6.4556
2018 年 7 月	58.17	6.7034
2018 年 8 月	−82.30	6.8433
2018 年 9 月	−226.91	6.8448
2018 年 10 月	−339.27	6.9246

续表

时间 t	时间 t 的外汇净流入量 $Q(t)$	一美元折合人民币（汇率）
2018 年 11 月	85.99	6.9351
2018 年 12 月	110.15	6.8853
2019 年 1 月	152.12	6.7897
2019 年 2 月	22.56	6.7364
2019 年 3 月	108.37	6.7093
2019 年 4 月	−38.08	6.7151
2019 年 5 月	60.51	6.8524
2019 年 6 月	182.30	6.882
2019 年 7 月	−155.37	6.8752
2019 年 8 月	34.79	7.0214
2019 年 9 月	147.45	7.0785
2019 年 10 月	127.30	7.0702
2019 年 11 月	95.70	7.0177
2019 年 12 月	123.33	7.0128
2020 年 1 月	75.73	6.9172
2020 年 2 月	−87.79	6.9923
2020 年 3 月	−460.85	7.0119
2020 年 4 月	308.26	7.0686
2020 年 5 月	102.33	7.0986
2020 年 6 月	106.36	7.0867
2020 年 7 月	420.63	7.0088
2020 年 8 月	102.18	6.9346
2020 年 9 月	−220.47	6.8148
2020 年 10 月	−145.80	6.7111
2020 年 11 月	505.08	6.6088
2020 年 12 月	380.32	6.5423
2021 年 1 月	−58.51	6.4771
2021 年 2 月	−56.77	6.4602

续表

时间 t	时间 t 的外汇净流入量 $Q(t)$	一美元折合人民币（汇率）
2021 年 3 月	−349.65	6.5066
2021 年 4 月	281.51	6.5204
2021 年 5 月	236.23	6.4316
2021 年 6 月	−77.93	6.4228
2021 年 7 月	218.80	6.4741
2021 年 8 月	−37.74	6.4772
2021 年 9 月	−314.90	6.4599
2021 年 10 月	169.88	6.4192
2021 年 11 月	47.72	6.3953
2021 年 12 月	277.80	6.37
2022 年 1 月	−285.34	6.3588
2022 年 2 月	−78.05	6.347
2022 年 3 月	−258.33	6.3457
2022 年 4 月	−682.74	6.428
2022 年 5 月	80.60	6.7071
2022 年 6 月	−565.08	6.6991
2022 年 7 月	327.99	6.7324
2022 年 8 月	−491.90	6.7949
2022 年 9 月	−259.26	6.9621
2022 年 10 月	234.72	7.1287
2022 年 11 月	650.61	7.1628
2022 年 12 月	102.03	6.9833

数据来源：中国人民银行、国家外汇管理局。

根据差分进化算法，采用以上数据进行分析，对风险中性、风险极大惩罚及风险约束等三种风险管理模式下的外汇储备管理策略进行比较（详见表 7-3）。

表 7-3　不同风险管理模式下外汇储备管理策略的比较

时间段	风险中性下的调度策略	风险厌恶下的调度策略	
		风险极大惩罚法	风险约束法
1	840.6460	1.1628	0.9214
2	597.3476	1.0331	0.6906
3	516.7764	0.8206	0.5930
4	1014.0450	1.2792	1.0758
5	183.8506	0.4331	0.2576
6	299.1578	0.4834	0.3650
7	444.8214	0.7139	0.5049
8	134.8732	0.3214	0.1906
9	−637.2559	−0.5080	−0.5422
10	674.5405	0.8866	0.6953
11	−571.9268	−0.3326	−0.5429
12	−441.7284	−0.3462	−0.4238
13	653.0520	0.8252	0.7287
14	514.5004	0.6468	0.5053
15	−103.9466	−0.0021	−0.0571
16	−117.3305	−0.0111	−0.1288
17	−980.5377	−0.8546	−0.9295
18	287.1755	0.3787	0.3408
19	−51.3028	0.0056	−0.0154
20	297.4947	0.4137	0.3409
21	62.3840	0.2202	0.1011
22	15.0999	0.0928	0.0211
23	46.5819	0.1973	0.0699
24	86.2016	0.2913	0.1188
25	925.6526	1.0711	0.9448
26	−204.2638	−0.0330	−0.1528
27	406.8468	0.5634	0.4559
28	850.6491	0.8889	0.8690
29	−270.6616	−0.1825	−0.2505

续表

时间段	风险中性下的调度策略	风险厌恶下的调度策略	
		风险极大惩罚法	风险约束法
30	−261.7855	−0.1528	−0.3199
31	407.8374	0.4771	0.4218
32	−32.9660	0.0933	−0.0157
33	998.9381	0.9983	1.0008
34	664.8236	0.6622	0.5906
35	445.4610	0.4210	0.4445
36	−1101.2720	−6.3950	−2.3061

由表 7-3 可知,外汇储备管理策略的优化,需全面考虑到收益风险、实际外汇储备、外汇储备适度规模等因素的影响。风险中性、风险极大惩罚及风险约束法模式下的管理决策与汇率的波动幅度不一致,呈现出了明显的差异性。

为了更好地比较风险中性、风险极大惩罚和风险约束三种模式下国家有关部门的期望收益和风险水平,绘制表 7-4。

表 7-4　三种模式下国家有关部门的期望收益和风险水平

模式		期望收益值/亿元	风险/亿元
风险中性		42115.2151	42115.2151
风险厌恶	极大风险惩罚方法	43594.4021	37.0049
	风险约束方法	42492.0650	1332.1782

由表 7-4 可知:(1)在风险中性模式下,受到最大化期望收益约束等因素影响,管理策略寻优搜索的能力被限制,得到的结果期望收益值最小,所承受的风险水平最大。(2)在极大风险惩罚方法模式下,得到的结果期望收益值最大,所承受的风险水平最小,这归功于进化算法管理策略的优化与随机场景序列的收益最大化、风险最小化保持一致的这一做法。(3)风险约束模式是一种相对宽松的管理策略,该策略的优化过程能够在更大的范围内寻优搜索,获得的管理策略能够较好地平衡期望收益和风险。

国家部门对超额外汇储备的动态风险管理策略优化是通过引入随机场景序列,结合进化算法的优点,设定自己合意的目标收益值来认定风险,以及综合极大惩罚模型和风险约束模式的特点来实现的。因此,绘制图 7-2 来表示三种模式下的随机场景收益曲线,验证风险与收益的最优均衡。

 我国外汇储备风险管理

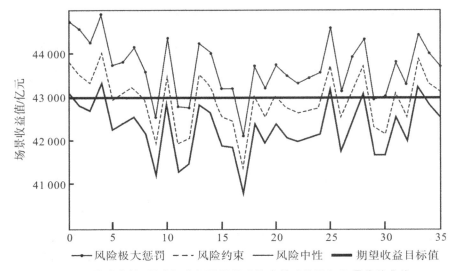

图 7-2　风险中性、风险极大惩罚及风险约束模式的随机场景收益曲线

本章小结

　　本章基于外汇储备净流入的不确定性和汇率的随机性,在外汇储备风险管理领域,首次引入随机场景序列,并采用国家外汇管理局和中国人民银行公布的数据,结合风险惩罚模型和风险约束模型的优点,首次运用容易搜索到多个帕累托最优解的差分进化算法,探寻超额外汇储备动态风险管理策略。

　　研究结果表明,动态风险管理策略能够更好地平衡期望收益和风险之间的关系,使得管理部门能够根据自身的风险承受能力,更好地实现风险最小化和收益最大化的目标,从而达到由被动管理向积极管理平稳过渡的目的,对政府决策具有重要的参考价值和现实意义。

　　外汇储备风险管理应遵循安全性、流动性和盈利性统一的原则,在保证安全性、流动性的前提下,来提高超额外汇储备的收益性,从而达到整体外汇储备保值增值的目标。

　　根据本章的主要结论,关于外汇储备的风险管理可以得到如下启示。

　　一是就提高投资收益率而言,购买美国国债并非明智选择,宜将部分外汇储备交由专业投资公司进行管理。

　　二是可强化对金融衍生工具和投资能源战略资产的运用,实施积极管理策略,以期获得更高的超额外汇储备收益。

　　三是需创新外汇储备管理,拓展外汇储备委托贷款平台和商业银行转贷

款渠道,实施积极的管理投资策略。

四是应尽快建立一套合理、有效、科学的外汇储备动态风险管理体系,对外汇储备进行有效的监督,并对风险进行识别、度量、控制以及科学的管理评估。

第八章 我国外汇储备风险测度探究：基于 SEM 模型的视角①

第一节 引言

一直以来,外汇储备风险测度问题都是国内外学术界的关注热点与研究前沿。在开放经济下,外汇储备对稳定国内与国际金融市场、保障一国经济健康发展发挥着重要作用。虽然外汇储备过多会带来高昂的机会成本、阻碍货币政策的实施,但过少的外汇储备也将导致系统性金融风险,甚至会引发波及全球的金融危机。1997 年的亚洲金融危机就给出了提醒,外汇储备具备保障国际支付、防范金融危机与干预汇率波动的功能,一国应持有足量外汇储备,以维持经济健康运行,防范系统性金融风险。

然而,随着世界各国经济联系的日益紧密,跨境资金流动更加频繁,外汇储备会越来越多地受到国际上各种因素的影响,进而导致一国经济受损。例如,美国次贷危机和欧债危机爆发,给全球金融市场带来巨大的负面影响。我国虽然长期以来都是全球第一外汇储备国②,也因金融危机遭受了损失。特别是近年来随着对外开放水平的提高,中国经济与世界经济的联动性明显增强,汇率波动、利率变化、国际资本流动等各种因素,都会给我国外汇储备带来风险。在此背景下,中央经济工作会议对 2019 年外汇储备管理工作做出具体部署,要求防范化解重大风险攻坚战,重点是防控风险,特别要守住不发生金

---

① 本节主要引用本书著者和郑开焰、赵茜、晁江锋已公开发表的论文:郭君默,郑开焰,赵茜,等.中国外汇储备风险测度探究:基于 SEM 模型的视角[J].经济问题,2019(8)18-26.

② 截至 2019 年 1 月末,我国外汇储备达到 30879 亿美元。

融风险的底线。

　　因此,如何对我国外汇储备风险进行有效测度,以保持合适的外汇储备规模来兼顾安全性、流动性和盈利性,同时平衡好外汇储备稳增长与防风险的关系,即构建有效的外汇储备风险测度体系,是目前政府部门面临的重大难题,也是需要着力解决的关键性问题。构建有效的外汇储备风险测度体系不仅有利于增强我国应对国际金融风险的能力,而且有利于保持人民币汇率的稳定,调节国际收支平衡,维护我国国际声誉。

第二节　文献综述

一、国外研究概况

　　最初的研究以外汇储备适度规模为主要对象,并对外汇储备风险测度进行研究,代表性文献如 Tiffin(1960)、Heller(1966)、Frenkel(1980)。2008 年金融风暴之后,众多学者尝试将收益目标与外汇储备风险测度理论、方法相结合,使外汇储备风险测度的研究达到一个新的高度,代表性文献如 Chen (2009)、Romanyuk(2010)、Stiglitz 等(2010)等。

　　近年来,对外汇储备风险测度的研究方兴未艾。其中,有些研究认为央行可以利用结构方程模型(structural equation modeling,SEM)来全面测度外汇储备的风险,从而大大提高现阶段外汇储备风险测度水平,代表性文献有Harlalka(2015)。

二、国内研究概况

　　国内关于外汇储备风险测度的研究主要集中在实证计量研究、数值模拟研究以及特殊案例分析等几个方面。

　　第一,国内学者大多数采用实证计量方法(如利率敏感性缺口方法、久期分析方法、VaR 模型分析方法、CVaR 模型方法等),通过优化规模、币种结构来测度外汇储备风险,代表性文献如姜昱等(2010)、张斌(2010)、周光友等(2014)等。然而,采用计量方法研究我国外汇储备风险,难以获得我国外汇储备整体风险特征,且不具有一般性规律。

第二,国内部分学者尝试采用数值模拟方法来测度外汇储备风险,相关文献相对较少,基础性研究有待深入挖掘。代表性文献如龚俊(2008)、朱孟楠(2018)、杨权等(2018)等。此外,也有学者采取特殊案例等方法来测度我国外汇储备风险,但这种方法普适性较弱,对政府部门有效完成我国外汇储备风险测度工作的帮助有限,代表性文献如周光友等(2011)、刘澜飚(2012)、管涛(2018)等。

三、国内外文献的简要评述

第一,虽然国内学者对于通过优化中国外汇储备结构规模来量化风险测度的研究相对较多,但是鉴于数据披露的不透明性,相关研究缺乏真实的数据支持;同时,相关文献多以定性研究为主,而定量研究方面则以估算为主。第二,国内学者对外汇储备风险测度的研究大多局限在通过优化外汇储备结构,尤其是币种结构,来分散外汇储备风险,但忽略了许多变量无法直接测度,常规数理统计工具也无法解决该问题。采用结构方程模型能够有效克服该缺点,提高预测水平。因此,本章将从这一视角出发进行探索,从而丰富国内现有结论。

当然,国外学者对外汇储备风险测度问题的研究较为系统和深入,但国内外制度背景、经济与文化环境均存在较大差异,这决定了研究技术方法及相关研究结论在我国经济环境中的适用性是比较有限的。研究中国问题,需要在深刻认识我国特定外汇储备制度的背景下,对外汇储备的汇率风险、利率风险等风险进行剖析的基础上,重新设计相关研究。

鉴于此,本章将对外汇储备风险测度工作进一步地推动,将外汇储备的汇率风险、利率风险、流动性风险等纳入统一的分析框架,着重考虑通过路径分析与构建结构方程模型的方法来探讨外汇储备的风险测度问题,这具有重要的理论价值和现实意义。

第三节　外汇储备风险指标的选取原则和方法

外汇储备风险是指各种随机因素的变化给外汇储备带来损失并侵害经济运行的可能性。外汇储备风险指标的选取主要分为三个步骤:一是选取外汇储备风险的参考指标，二是从参考指标中提取出先行指标和同步指标，三是将多个先行指标和同步指标合成为外汇储备风险指标。

一、选取外汇储备风险的参考指标

在当下对于外汇储备风险测度的相关研究文献中，就如何构建指标体系暂时还没有达成统一的意见，学者们在研究过程中选取的指标也都不尽相同。因此，在借鉴陈卫东等（2017）研究成果的基础上，同时结合外汇储备风险的种类和特征，本章在构建外汇储备风险测度体系来甄选指标的过程中，将遵循以下原则。

1.资料采集具有真实性

选取权威网站公布的数据，进行整理、审核。同时，查阅大量国内外的相关文献资料，包括论文期刊、学术专著、研究报告等，有效结合本章的内容，以确保研究的真实可靠。

2.备选指标具有全面性

外汇储备风险的种类多且影响因素是多方面的，本章在选取备选指标时，综合考虑汇率风险、利率风险和流动性风险，将外部风险和内部风险有效结合起来，使得指标体系具有全面性。

3.指标选取具有特色性

构建外汇储备风险测度体系最主要的目的是能较好地控制外汇储备的适度规模和币种结构，以确保其安全性，特别是尽量消除因外汇储备规模过多或过少所引起的一系列不利影响。在经济发展中，影响外汇储备风险的因素有很多，本章依据特色性，在构建指标体系过程中，主要选取外汇储备风险的先行或者同步指标。

二、从参考指标中提取出先行指标和同步指标

本章判别先行指标和同步指标的根本方式是外汇储备和参考指标之间的关系比较，同时采取格兰杰因果检验方法，以保证指标选取的合理性。本章提取先行、同步指标的详细方法如下：假如参考指标是外汇储备的单向格兰杰原因，那么参考指标为先行指标；假如外汇储备是参考指标的单向格兰杰原因，那么参考指标为滞后指标；假如参考指标与外汇储备互为格兰杰原因或为格兰杰因果检验不显著，那么参考指标为同步指标。综合考虑实际上的预料效

果和指标的时间频率,本章所涉及的数据均为月度数据,数据样本是 2010—2018 年的,且在格兰杰因果检验时,采用的是滞后二期的结果。

三、合成外汇储备风险指标

确定各个指标的权重是将先行、同步指标合成外汇储备风险指标的关键。因为指标之间一般是彼此关联的时间序列变量,直接进行回归分析容易造成多重共线性问题,所以本章选择运用主成分分析法,将多个先行、同步指标组合起来,以构成具备较好预测风险能力的指标。

第四节　外汇储备风险测度备选指标的确定

在社会经济发展和政治法规体制基本稳定的前提下,基于前述选取指标的原则,本章选取了 14 个指标,作为外汇储备风险测度的备选指标。具体而言,主要分成汇率风险、利率风险和流动性风险等,详见表 8-1。

表 8-1　外汇储备风险测度备选指标

指标类别	具体构成
汇率风险	国际收支、贸易收支状况、人民币兑美元汇率、通货膨胀率
利率风险	人民币基准利率、美元基准利率、存款准备金率、外币贷款、进口额
流动性风险	货币供应量(M_1)、GDP、货币流通量(M_0)、不良贷款率、外商直接投资

资料来源:根据 Wind 数据库、国家统计局、国家外汇管理局的相关资料整理而得。

一、汇率风险

汇率风险,是指国家经营外汇储备的过程中,受到汇率波动的影响而遭受损失的可能性。汇率变化不仅可能会导致我国以美元计价的外汇储备资产出现账面损失,而且会导致我国外汇储备规模因央行稳定汇率而大幅下降[①]。

---

① 2016 年年底,伴随着人民币兑美元汇率的贬值,我国的外汇储备规模也因此下降,这在引起市场恐慌的同时,也引起了学术界和业界关于"保汇率还是保储备"的争论。

此外,汇率波动还会导致我国外汇储备的投资收益面临风险。考虑到美元资产在我国的外汇储备中占有较大的比例,人民币兑美元汇率的波动将直接影响我国外汇储备资产的价值,因此本章首先选取人民币兑美元汇率作为汇率风险的备选指标。

另外,经济基本面的变化和汇率风险也有着紧密的关系。经济持续快速发展,会增加投资者的信心;经济持续低迷萧条,则会加大投资者对汇率未来贬值的预期。因此,本章最终选取的汇率风险的备选指标包括人民币兑美元汇率、国际收支、贸易收支状况、通货膨胀率。

本章选择人民币兑美元汇率对人民币汇率进行衡量。我国外汇储备币种虽趋于多元化,但仍以美元储备为主,人民币兑美元汇率的变化会影响中国外汇储备规模及收益。

国际收支是指在一定时期内,一个国家由对外经济往来、对外债务债权清算而引起的全部货币收支。持续的、大规模的国际收支逆差会导致本国对外汇的需求增加,一旦外汇的供给不足,促使本币贬值,降低本币的国际地位,可能造成短期资本外逃,从而给本国的对外经济来往带来不利影响。

贸易收支状况,又称贸易项目,是指一国进口商品的外汇支出和出口商品所得收入的总称,与进出口商品有关。如果一国出现贸易收支顺差,就会增加对该国的货币需求,流入该国的外汇随之增加,从而使得该国货币汇率上升。相反,如果一国出现贸易收支逆差,就会减少对该国的货币需求,流入该国的外汇随之减少,从而使得该国货币汇率下降,该国货币就会贬值。鉴于贸易收支与汇率变化有密切关系,因此除考察国际收支的整体影响之外,本章还将进一步单独考察贸易收益的影响。

通货膨胀率是指货币超过发行的部分与实际真正需要的货币量之比,用来反映通货膨胀、货币贬值的程度,可用来衡量一国宏观经济状况是否稳定的重要指标。通货膨胀率太高,对本币贬值形成较大压力,不利于稳定汇率,同时可能引起大量资本流出。通货膨胀率低,本币币值处于相对稳定状态,有利于汇率的稳定。

二、利率风险

利率风险是指市场利率波动给外汇储备造成损失的可能性。在当前世界多极化、经济全球化和社会信息化等趋势深入融合与发展的推动下,利率作为资金的价格,不但遭到经济社会中很多因素的限制,而且其波动影响着整个经济体系的稳定。对固定收益债券等投资,当市场利率上升时,可能造成其价格下跌,从而影响外汇储备投资收益,给外汇储备带来风险。本章选取的利率风险的备选指标包括人民币基准利率、美元基准利率、外币贷款、存款准备金率、进口额。

基准利率是在整个利率体系中起主导作用的基础利率,它的水平和变动影响其他各种利率的水平和变动,从而给外汇储备带来利率风险。由于我国长期以来在外汇储备管理中追求安全性与流动性,因此我国外汇储备中的绝大部分资产投资于美国的国债之中,一旦美元基准利率的上升,使得美元债券市值下跌,那么我国外汇储备资产则会出现损失。

外币贷款指应以外币清偿的贷款,外币贷款的规模结构直接影响利率风险的大小。规模越大,则利率风险发生的可能性就越大,反之则利率风险发生的可能性就越小。

存款准备金是指为保证客户资金清算和提取存款的需求,金融机构缴存在中央银行的存款,中央银行所要求的存款准备金和其存款总额之比就是存款准备金率。当存款准备金率提高时,货币乘数变小,社会银根偏紧,利息率提高,社会支出及投资都随之缩减。反之则反是。

根据张华强(2019)的研究,进口额也是影响利率的重要因素。进口额的大小会影响进出我国的外汇数量,进而影响国内货币供应量,最终对利率产生影响。

三、流动性风险

依据现阶段我国外汇储备资产投资相对单一性的特征以及出于保值和安全性的目的,外汇资产主要用于购买外国的政府债券,这种投资目标的单一化,容易引发潜在的流动性风险。另外,大量外汇资金流入我国后,投资于国内债券、股票等流动性较强的金融工具,一旦发生资本外逃,则很可能引发国内经济动荡乃至金融危机。外汇储备的流动性风险主要包括错配性或者结构性流动性风险、突发性流动性风险、市场流动性风险等。本章重点选取的外汇储备流动性风险的备选指标包括货币供应量(M1)、GDP、货币流通量(M0)、不良贷款率、外商直接投资。

M1、M0与流动性风险有密切关系。货币供应量的变化会影响汇率水平,进而影响外币债券等资产价值,从而给外币债券的变现带来困难,提高我国外汇储备流动性风险水平。

GDP 反映了一国的经济发展规模和发展水平,其与外汇储备持有量通常成正比,一国 GDP 水平的下降会导致资本外逃、外汇水平骤降,从而带来流动性风险。

不良贷款率指金融机构不良贷款占总贷款余额的比例。不良贷款是指在评估银行贷款质量时,把贷款按风险基础分为正常、关注、次级、可疑和损失五类,其中后三类合称为不良贷款。

货币流通量、不良贷款率是影响货币流动性风险的重要因素。一旦发生经济危机,这两个因素也是影响外汇储备的流动性风险的重要因素。

此外,一方面,外商直接投资的流入直接影响到我国的资本与金融项目,给我国资本和金融项目带来顺差;另一方面,外商直接投资利润的汇出又会进一步加剧我国外汇储备流动性风险。

为了在参考指标中选择出外汇储备风险的先行指标和同步指标,本章采用格兰杰因果检验方法。检验之前,先查找出外汇储备的月度数据。在查找完毕后,利用格兰杰因果检验来筛选外汇储备风险指标,滞后期均设定为滞后二期,计算结果如表 8-2 所示。由表 8-2 可知:GDP、外币贷款、国际收支、货币供应量(M1)为外汇储备风险的先行指标;贸易收支状况、人民币基准利率、存款准备金率、货币流通量(M0)、不良贷款率、进口额为外汇储备风险的同行指标;人民币兑美元汇率、通货膨胀率、外商直接投资、美元基准利率为外汇储备风险的滞后指标。

表 8-2 外汇储备风险测度检验后指标

类型	变量
先行指标	GDP、外币贷款、国际收支、货币供应量(M1)
同步指标	贸易收支状况、人民币基准利率、存款准备金率、货币流通量(M0)、不良贷款率、进口额
滞后指标	人民币兑美元汇率、通货膨胀率、外商直接投资、美元基准利率

资料来源:根据国家统计局、中国人民银行等的官网资料整理而得。

第五节 基于主成分分析法的外汇储备风险指标筛选

为了更清楚地了解影响外汇储备风险测度的因素,本章运用 SPSS 19.0

软件对前文得出的先行指标和同步指标进行因子分析。

一、探索性因子分析

进行 Bartlett 和 KMO 检验,结果见表 8-3。可知,Bartlett 检验的统计量的观测值为 1072.424,而且概率 P 值弱于显著性水平 0.05,因此得出单位矩阵跟相关系数矩阵之间存在显著差异特点。另外,KMO 值为 0.812,强于 0.8,可知原有变量适合进行因子分析。

表 8-3　KMO 和 Bartlett 的检验

KMO	度量	0.812
Bartlett 检验	近似卡方	1072.424
	df	45
	Sig.	0.000

假定外汇储备风险测度的影响因素——外币贷款、不良贷款率、货币流通量(M0)、国际收支、货币供应量(M1)、人民币基准利率、存款准备金率、贸易收支状况、进口额、GDP 分别为 y_1、y_2、y_3、y_4、y_5、y_6、y_7、y_8、y_9、y_{10}。采用主成分分析法提取因子并选取大于 1 的特征值,得到表 8-4 中的第二列数据,该列数据为因子分析初始解下的变量共同度。对变量共同度的考察显示,通过主成分分析方法对原有 10 个变量进行特征值提取,将会得到其共同度的值都是 1,且其附有变量的方差均被解释。

具体而言,表 8-4 的第三列数据所含有的大部分信息可由选定的三个因子所解释,y_2、y_3、y_4、y_5、y_6、y_7、y_8、y_9、y_{10} 这些变量共同度都强于 70%,研究结论表明这些变量的信息丢失很少。同时,y_1 的共同度接近 70%,结果显示丢失的信息也比较少。因此,实证结果表明本次因子提取的总体效果较为理想。

表 8-4　公因子方差表

	初始	提取
y_1	1.000	0.594
y_2	1.000	0.964
y_3	1.000	0.795
y_4	1.000	0.823

续表

	初始	提取
y_5	1.000	0.940
y_6	1.000	0.960
y_7	1.000	0.891
y_8	1.000	0.807
y_9	1.000	0.841
y_{10}	1.000	0.851

注：提取方法为主成分分析法。

表 8-5　三个因子解释的总方差

成分	初始特征值			提取平方和载入			旋转平方和载入		
	合计	方差的%	累积%	合计	方差的%	累积%	合计	方差的%	累积%
1	5.314	53.137	53.137	5.314	53.137	53.137	3.868	38.678	38.678
2	1.780	17.800	70.937	1.780	17.800	70.937	2.791	27.910	66.588
3	1.374	13.740	84.677	1.374	13.740	84.677	1.809	18.088	84.676
4	0.567	5.667	90.344						
5	0.411	4.114	94.458						
6	0.227	2.274	96.732						
7	0.191	1.913	98.645						
8	0.075	0.748	99.393						
9	0.043	0.433	99.826						
10	0.017	0.174	100.000						

注：提取方法为主成分分析法。

由表 8-5 可知，首个因子的特征值为 5.314，方差贡献率为 53.137%，累积方差贡献率为 53.137%；第二个因子的特征值为 1.78，方差贡献率为 17.8%，累积方差贡献率为 70.937%；第三个因子的特征值为 1.374，方差贡献率为 13.740%，累积方差贡献率为 84.677%；10 个变量的总方差均被有效解释，而且甄选了三个因子，总共解释了 10 个变量整体方差的 84.677%。因此，10 个变量的信息丢失较少，因子分析效果较为显著。考虑到"旋转平方和载入"一列是最终提取因子的结论，因此采用因子旋转方法，发现总的累积方差贡献率依然保持不变，这进一步表明其未影响变量的共同度，却再次分配所有因子解释变量的方差，并改变了各自因子的方差贡献，更加便于各因子解释。

利用 SPSS19.0 软件获取因子特征值的分布碎石图(见图 8-1)。从图 8-1 中可以看到,第一个因子的特征值最高,对解释变量的贡献最为显著,且从第四个因子开始,特征值偏小,故甄选前三个因子。

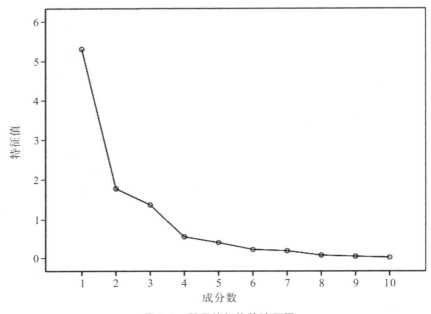

图 8-1 因子特征值的碎石图

二、构建外汇储备风险测度因子分析模型

根据碎石图提取的三个因子,运用 SPSS 19.0 软件,计算出因子载荷矩阵后排序得到表 8-6。

表 8-6 因子载荷矩阵[a]

	成分		
	x_1	x_2	x_3
y_2	0.942	−0.217	−0.170
y_6	−0.934	0.237	0.180
y_5	0.900	0.327	−0.151
y_{10}	0.815	0.425	0.080
y_7	−0.773	0.455	0.294

续表

	成分		
	x_1	x_2	x_3
y_3	0.749	0.467	−0.128
y_8	0.709	0.041	0.550
y_1	−0.631	0.252	−0.364
y_9	−0.042	0.882	0.247
y_4	0.137	−0.347	0.827

注:提取方法为主成分分析法;a 表示已提取了 3 个成分。

根据表 8-6,可以得到如下因子分析模型:

$$y=\begin{cases} y_2=0.942x_1-0.217x_2-0.170x_3 \\ y_6=-0.934x_1+0.237x_2+0.180x_3 \\ y_5=0.900x_1+0.327x_2-0.151x_3 \\ y_{10}=0.815x_1+0.425x_2+0.08x_3 \\ y_7=-0.773x_1+0.455x_2+0.294x_3 \\ y_3=0.749x_1+0.467x_2-0.128x_3 \\ y_8=0.709x_1+0.041x_2+0.550x_3 \\ y_1=-0.631x_1+0.252x_2-0.364x_3 \\ y_9=-0.042\dot{x}_1+0.882x_2+0.247x_3 \\ y_4=0.137x_1-0.347x_2+0.827x_3 \end{cases} \quad (8.1)$$

三、构建外汇储备风险测度新因子指标

运用 SPSS 19.0 软件,对因子载荷矩阵进行旋转,得到表 8-7。可知 y_5、y_{10}、y_3、y_2 在第一个因子 x_1 上有较高的载荷,表明第一个因子 x_1 主要解释了 y_5、y_{10}、y_3、y_2 变量,可命名为流动性风险;y_7、y_9、y_6、y_1 在第二个因子 x_2 上有较高的载荷,表明第二个因子 x_2 主要解释了 y_7、y_9、y_6、y_1 变量,可命名为利率风险;y_4、y_8 在第三个因子 x_3 上有较高的载荷,表明第三个因子 x_3 主要解释了 y_4、y_8 变量,可命名为汇率风险。

表 8-7　旋转后的因子载荷矩阵ᵃ

	成分		
	x_1	x_2	x_3
y_5	0.913	−0.322	0.063
y_{10}	0.889	−0.109	0.219
y_3	0.883	−0.128	−0.002
y_7	−0.331	0.878	−0.103
y_9	0.506	0.764	−0.027
y_6	−0.583	0.762	−0.200
y_2	0.601	−0.748	0.206
y_4	−0.183	0.012	0.889
y_8	0.525	−0.136	0.716
y_1	−0.296	0.382	−0.601

注:提取方法为主成分分析法。旋转法为具有 Kaiser 标准化的正交旋转法。a 表示旋转在 5 次迭代后收敛。

第六节　外汇储备风险测度的结构方程模型构建及分析

在确定了具体的外汇储备风险因素之后,为了进一步考察外汇储备风险因素间的内在机理,本章使用 AMOS 软件对满意度量表进行路径探讨,以此构造结构方程模型。

一、外汇储备风险测度结构方程模型

1.外汇储备风险测度结构方程模型构建

x_1、x_2、x_3 三个因子以及 y_1、y_2、y_3、y_4、y_5、y_6、y_7、y_8、y_9、y_{10} 十个观测变量,共同构成外汇储备风险测度指标体系的二级指标、三级指标,进而构造出一级指标,即主要研究外汇储备风险测度情况。其中:x_1、x_2、x_3 为潜变量,无法直接测量;y_1、y_2、y_3、y_4、y_5、y_6、y_7、y_8、y_9、y_{10} 为观测变量,数据可由查询获得。具体得到结构方程如下:

$$\begin{pmatrix} y_2 \\ y_3 \\ y_5 \\ y_{10} \end{pmatrix} = \begin{pmatrix} 0.95 \\ 0.83 \\ 0.82 \\ 0.46 \end{pmatrix} x_1 + \begin{pmatrix} 0.93 \\ 0.68 \\ 0.67 \\ 0.92 \end{pmatrix} \tag{8.2}$$

$$\begin{pmatrix} y_1 \\ y_6 \\ y_7 \\ y_9 \end{pmatrix} = \begin{pmatrix} 0.50 \\ 0.92 \\ 0.25 \\ 0.91 \end{pmatrix} x_2 + \begin{pmatrix} 0.25 \\ 0.93 \\ 0.06 \\ 0.83 \end{pmatrix} \tag{8.3}$$

$$\begin{pmatrix} y_4 \\ y_8 \end{pmatrix} = \begin{pmatrix} 0.68 \\ 0.22 \end{pmatrix} x_3 + \begin{pmatrix} 0.55 \\ 0.01 \end{pmatrix} \tag{8.4}$$

$$\begin{pmatrix} \eta_1 \\ \eta_2 \end{pmatrix} = \begin{pmatrix} 0 \\ 0.42 \end{pmatrix} x_1 + \begin{pmatrix} 0.79 \\ 0.25 \end{pmatrix} x_2 \tag{8.5}$$

其中:x_1 表示流动性风险,x_2 表示利率风险,x_3 表示汇率风险,η_1、η_2 为误差向量。

2.外汇储备风险测度结构方程模型检验

本次建模使用 AMOS 17.0 软件先构造因果关系路径图(见图 8-2),再通过运行 AMOS 17.0 软件进行计算得到结果。

从图 8-2 的箭头方向可以看出三个潜变量之间的关系:汇率风险 x_3 为内生潜变量,利率风险 x_2 和流动性风险 x_1 同时对它产生影响;流动性风险 x_1 也是内生潜变量,利率风险 x_2 对它产生影响。从图 8-2 中还可以看出,利率风险 x_2 既对汇率风险 x_3 产生影响,又对流动性风险 x_1 产生影响,所以利率风险 x_2 是外生潜变量。因此,运用结构模型研究潜变量之间的关系,只需研究内生潜变量的变化因素。

另外,通过运用 AMOS 17.0 软件,对图 8-2 进行检验及拟合优度,得到表 8-8 的数据。可知,卡方检验对应的 P 值小于显著性水平 0.05,未满足要求。卡方与自由度之比(即 CMIN/df)为 10.83,大于 2,未满足要求。此外,CFI、NFI 和 IFI 均不大于 0.90,不符合模型检验以及拟合优度的要求。RMSEA 的值为 0.32,并未满足模型检验和拟合优度所需要的 0.08,说明该模型还需要进一步修正,以获得更理想的模型。

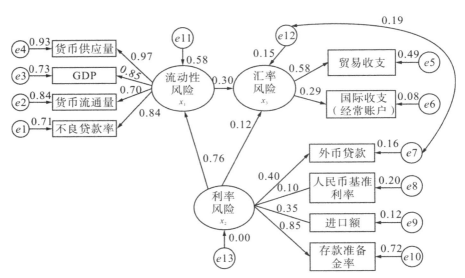

图 8-2　外汇储备风险测度结构方程模型路径图

注：单箭头表示变量间的因果关系，箭头来源处表示外因变量（外生潜变量）即产生变化的原因，箭头所指处为内因变量（内生潜变量）即变化的结果，箭头方向表示外生潜变量对内生潜变量的影响。$ei(i=1,\cdots,10)$ 表示误差项，其单箭头"→"涉及的图中数字，如 0.76 表示利率风险因子提高 1 个百分点，将直接使流动性风险因子提高 0.76 个百分点。其他数字表示的含义类似。

表 8-8　外汇储备风险测度结构方程模型检验及拟合优度

统计量	CMIN	df	P	CMIN/df	CFI	NFI	IFI	RMSEA
数值	1324.95	30	0.00	10.83	0.73	0.71	0.73	0.32

3.外汇储备风险测度结构方程模型修正

为了得到更理想的模型，通过 AMOS 17.0 软件附有的修正功能来修正模型，勾画出修正后的外汇风险测度模式结构方程模型路径图，见图 8-3。

通过运用 AMOS 17.0 软件，对修正后的外汇储备风险测度模式结构方程模型进行检验及拟合优度，结果见推出表 8-9。修正后的外汇储备风险测度结构方程模型中，卡方检验对应的 P 值为 0.23，优于显著性水平 0.05；卡方与自由度之比小于 2，符合检验要求。此外，CFI、NFI 和 IFI 的值都大于 0.90，RMSEA 也小于 0.08，表明了模型的拟合整体效果比较好。

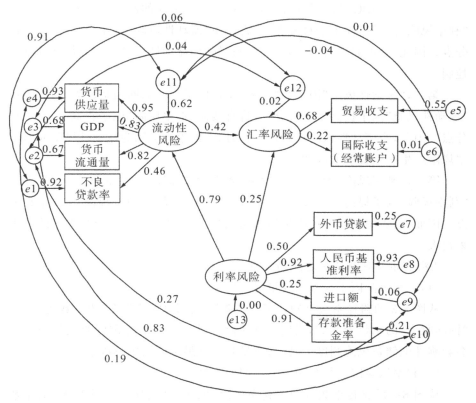

图 8-3　修正后的外汇储备风险测度结构方程模型路径图

注:图中涉及的数字、*ei* 表示的含义都与图 8-2 类似。

表 8-9　修正后的外汇储备风险测度模式结构方程模型检验及拟合优度

统计量	CMIN	d*f*	*P*	CMIN/d*f*	CFI	NFI	IFI	RMSEA
数值	35.14	23	0.23	1.52	0.91	0.95	0.91	0.07

二、外汇储备风险测度结构方程模型分析

1.潜变量之间的关系

潜变量之间的路径系数表示某一变量的变动引起其他变量变动的程度。从图 8-3 中的路径系数来看,设定的潜变量关系中,三个潜变量之间的路径系数都是显著的,说明潜变量之间存在因果关系。

从图 8-3 中的路径系数可知各潜变量之间的互相影响程度如下:

第一,"利率风险"因子和"流动性风险"因子之间的回归系数为 0.79,表示"利率风险"因子提高 1 个百分点,将直接使"流动性风险"因子提高 0.79 个百分点。因此,外汇储备利率风险控制得较好时,流动性风险能相应得到较好的控制。

第二,"流动性风险"因子和"汇率风险"因子之间的回归系数为 0.42,表示"流动性风险"因子提高 1 个百分点,将直接使"汇率风险"因子提高 0.42 个百分点。因此,当流动性风险控制得较好时,外汇市场会因为流动性风险而对汇率风险产生一定程度的波动。

第三,"利率风险"因子和"汇率风险"因子之间的回归系数为 0.25,表示"利率风险"因子提高 1 个百分点,将直接使"汇率风险"因子提高 0.25 个百分点。因此,这表明了利率风险带给市场的冲击要比汇率风险带给市场的冲击来得大。

2.潜变量和观测变量之间的关系

(1)汇率风险因子与观测变量之间的关系

从图 8-3 的路径系数可知,"汇率风险"因子中"贸易收支"的系数为 0.68,"国际收支"的系数为 0.22,说明汇率风险中的贸易收支和国际收支等因素都会影响外汇储备风险测度。其中,贸易收支是最主要的影响因素。

(2)利率风险因子与观测变量之间的关系

从图 8-3 的路径系数可知,"利率风险"因子中"人民币基准利率"的系数为 0.92,"存款准备金率"的系数为 0.91,"外币贷款"的系数为 0.50,"进口额"的系数为 0.25,说明人民币基准利率、存款准备金率、外币贷款、进口额等因素都会影响外汇储备风险测度中的利率风险。其中,人民币基准利率是最主要的影响因素。

(3)流动性风险因子与观测变量之间的关系

从图 8-3 的路径系数可知,"流动性风险"因子中"货币供应量"的系数为 0.95,"GDP"的系数为 0.83,"货币流通量"的系数为 0.82,"不良贷款率"的系数为 0.46,说明流动性风险中的货币供应量、GDP、货币流通量、不良贷款率等因素都会影响外汇储备风险测度中的流动性风险。其中,货币供应量是最主要的影响因素。

第七节　结论与政策建议

一、结论

本章在使用主成分分析法确定指标权重的基础上，构建外汇储备风险测度结构方程模型，并运用模型因果路径图的路径系数，确定观测变量对各自所属的潜变量因子的重要程度，进而探讨影响外汇储备风险测度的主要因素。本章得出以下结论。

第一，根据外汇储备风险测度路径分析结果，"汇率风险"因子中，贸易收支对外汇储备风险测度的影响比国际收支对外汇储备风险测度的影响更大，这是因为国际收支中包含诸多项目，除了贸易项目外还有资本项目等。

第二，根据外汇储备风险测度路径分析结果，"利率风险"因子中，"人民币基准利率"的系数为 0.92，"存款准备金率"的系数为 0.91，说明人民币基准利率、存款准备金率对外汇储备风险测度中利率风险的影响比较大。可见，"人民币基准利率""存款准备金率"是外汇储备风险测度中利率风险的主要影响因子，所以外汇储备风险测度应当着重考虑"人民币基准利率"和"存款准备金率"。

第三，根据外汇储备风险测度路径分析结果，"流动性风险"因子中，"货币供应量"的系数为 0.95，说明货币供应量是影响外汇储备风险测度中流动性风险的主要因素，在外汇储备的风险测度中应当更加注意货币供应量的规模是否合理。

二、政策建议

为了构建一个更加合理的外汇储备风险测度体系，根据以上结论，本章提出以下政策建议。

第一，政府要进一步关注现阶段我国贸易收支状况，并出台相关的有针对性的法律政策与配套措施，在促进贸易开放的过程中防范汇率风险，完善我国外汇储备风险测度体系。

第二，完善人民币基准利率和存款准备金率的调控机制，通过加强对金融

市场的监管以及与国际政策的协调来防范利率风险,并有效提高我国外汇储
备风险测度能力。

第三,完善货币供应量规模测算体系,监测货币供应量变动所带来的流动
性风险及其对外汇储备规模所带来的影响,有效防范外汇储备流动性风险。

本章小结

随着我国对外开放水平的提高,日益频繁的跨境资本流动对我国外汇储
备的冲击明显增强,探究外汇储备的风险测度具有极大的理论价值和现实意
义。本章选取外汇储备的三个主要风险及其影响因素构建外汇储备风险测度
体系。首先,运用经验分析、逻辑分析选取部分影响指标,然后用格兰杰因果
检验确定指标,确保指标选取的真实性、全面性、特色性。其次,采用主成分分
析法,构造外汇储备风险测度的结构方程模型,并运用模型因果路径图的路径
系数,确定观测变量对各自所属的潜变量因子的重要程度,进而探讨影响外汇
储备风险测度的主要因素。最后,提出改善外汇储备风险测度的建议,以更好
地推动我国外汇储备风险测度体系的构建。

第九章　外汇储备流动性风险的测度

第一节　研究背景、意义与文献综述

一、研究背景

改革开放至今,中国经济不断蓬勃发展,科技实力持续增强,综合国力显著增强,国际影响力稳步提升。良好的经济发展前景和不断强化的引资综合优势,使我国持续成为全球投资兴业热土。我国经济内生动力的不断增强有利于外汇储备规模稳定,而且对于稳定外汇储备预期有着积极和重要的意义。

据国家外汇管理局的统计,1978 年我国外汇储备仅为 1.67 亿美元,而截至 2017 年 12 月末,我国外汇储备约为 31399 亿美元,约为前者的 1.88 万倍。外汇储备的增加不仅可以增强国家宏观调控的能力,而且有利于维护国家和企业在国际上的信誉,有助于拓展国际贸易,吸引外国投资,降低国内企业融资成本,防范和化解国际金融风险。

二、研究意义

实际上,一个国家持有外汇储备的首要目的是平衡国际收支,保持汇率稳定。尤其是对于本币不是国际货币的新兴市场国家而言,外汇储备规模代表了其应对外部风险冲击、维持本国经济金融稳定的实力。这意味着外汇储备管理应以安全性和流动性为第一目标。

随着中国在国际舞台上的影响力不断增强,会使得许多国际资本流入,这些资金集中于短期金融工具的投资。而引入大量短期投资,会导致外汇储备期限错配,一旦资本外逃,国家将无法应付巨额的短期资金需求,极易引发流动性风险。在此背景下,对外汇储备流动性风险进行深入剖析与测度,有利于外界增强对中国经济的信心,充分发挥外汇储备对于国家经济金融的"稳定器"与"压舱石"作用。

三、文献综述

目前中外学者对外汇储备风险的研究比较多,主要集中在外汇储备适度规模研究、外汇储备币种结构研究、外汇储备资产结构研究、外汇储备的风险测度及管理研究等方面。

(一)国外相关研究

Triffin(1960)是外汇储备适度性理论的创始人,其在 1960 年出版的《黄金和美元危机》(Gold and Dollar Crisis)一书中,以世界上三四十个国家的储备状况作为研究对象,并结合考察了外汇管制情况,得出一国国际储备的合理数量约为该国年进口总额的 20%～50%这一结论。对大多数国家来讲,保持外汇储备占年进口总额的 30%～40%是比较合理的结论。Ben-Bassat(1980)最早提出了发展中国家最优外汇储备组合模型,该模型侧重于考察储备和进口之间的关系,以及每种货币的投资回报与风险二者之间的联系。

考虑到外汇储备资产存在时间流动性,Delgado(2004)建立了外汇储备的流动性危机模型。Rodfik(2006)认为,一个国家拥有充足的外汇储备,有利于维护国家经济金融安全,也有利于其较好地应对金融危机。Chinn 等(2007)对国际储备的货币组合进行详尽分析,发现在外汇储备体系中美元作为主要货币的地位十分稳固,认为欧元要取代美元成为国际外汇储备的主要货币,至少还需要 25 年的时间。

在外汇储备和货币供应量的关系的相关研究中,Chen(2012)利用非参数模型研究外汇储备对中国价格水平的传递效应,得出外汇储备的增加将导致货币供应量的增加,而货币供应量的增加反过来又会导致价格水平提高的结论。Zhang 等(2013)开发了一个外汇储备的流动性管理模型,得出资本利得持有外汇储备是导致流动性不足和损失的结论。Claessens 等(2015)将外汇储备风险回报目标与宏观经济、宏观审慎和主权债务管理问题有效结合,深度研究了外汇储备问题。

(二)国内相关研究

国内也有很多学者从外汇储备规模、结构等视角对外汇储备风险进行研究:朱孟楠(2007)提出中国外汇储备快速增长的同时也带来很多风险,例如汇率风险、利率风险、流动性风险、环境风险、操作风险、技术风险和机会风险；程连于(2009)通过对美国主权信用风险的发展现状和储备货币国主权违约的经济影响进行探讨，提出了一些我国外汇储备风险管理的对策。

曲良波等(2012)通过对 2001—2010 年的月度数据进行计量，并使用VaR 方法分析，认为外汇储备资产的平均收益率在下降，其面临的风险也在加大。姜昱等(2010)以条件在险价值 CVaR 替代普通在险价值 VaR，并结合DCC-GARCH 模型，对外汇储备的汇率风险进行了动态分析，发现我国汇率风险有增加趋势。

在对我国外汇储备的发展现状进行深入分析后，王东(2013)发现我国外汇储备正面临流动性风险、利率风险等风险，并针对这些潜在风险提出了调整外汇储备结构、改革现行的外汇管理制度、监控和打击投机资本的流入以及推进人民币国际化等建议。周光友等(2014)选取了 2008—2012 年的美元、欧元、日元和英镑资产日收益率数据，通过 GARCH 模型和 VaR 分析方法，测度了我国外汇储备的币种结构风险，进而估计出不同预期收益率下的最优币种结构。

近年来，国内学者对外汇储备风险领域的研究较多。例如张习宁等(2016)在适度规模的测算方法上，选用比例分析法、拓展的阿格沃尔模型等进行测算。研究结果表明，大量过剩的外汇储备对我国货币政策运行及经济发展造成了不利影响，但也给外汇储备的战略应用留足了空间。李静怡(2016)利用 Agarwal 模型，对中国 1994—2015 年的外汇储备适度规模进行了实证研究，实证结果充分说明了我国外汇储备增速过快，这也意味着存在着过高的机会成本和风险。

王书杰(2016)针对我国外汇储备风险规避提出了四个措施：一是适当地增加持有黄金的比重；二是优化外汇储备资产配置，发展多元化储备体系；三是加速人民币国际化进程；四是鼓励海外直接投资，扩大外汇储备的使用手段。王静(2016)提出，一套合理、科学、高效的外汇管理体制，可以促进我国外汇的管理与运行，成为我国经济蓬勃腾飞的助推器。朱孟楠等(2016)研究了外汇储备规模、汇率与货币国际化之间的关系。杨世娟(2017)利用 VaR-GARCH 模型对我国外汇储备的汇率风险进行了测度。

通过梳理国内外关于外汇储备风险的相关文献，发现国内对外汇储备风险的研究较少，2008 年后，关于外汇储备风险的文献才开始逐渐变多。早期，对外汇储备的研究更多地偏向外汇储备的规模、币种结构和影响因素等。此外，国内学者关于外汇储备风险重点研究的是外汇储备的风险管理、利率风险、汇率风险等方面,而关于外汇储备流动性风险的测度较少。因此,本章试图运用CCA方法对我国外汇储备的流动性风险进行测度,以补充相关研究。

第二节 外汇储备的规模、结构和风险构成

一、外汇储备的内涵与功能

外汇储备又称为外汇存底,指为了应付国际支付的需要,各国的中央银行及其他政府机构所集中掌握并可以随时兑换成外国货币的外汇资产。通常状态下,外汇储备的来源是贸易顺差和资本流入,这两种来源集中到本国央行内形成外汇储备。

外汇储备的功能具体包括以下四个方面。

(1)调整国际收支,保障对外支付。充足的外汇储备能够应对金融全球化影响下国际支出平衡表出现逆差的情况,即国际支出大于收入时,动用外汇储备可以促进国际收支的平衡。当国内宏观经济不平衡,出现总需求大于总供给的情况时,可以动用外汇组织进口,从而调节总供给与总需求的关系,促进宏观经济的平衡。

(2)干预外汇市场,稳定本币汇率。在市场的汇率严重偏离正常汇率的情况下,央行就会采取措施让汇率回到一个正常的区间内,其中动用外汇储备就是一种有效的方法。当本币对外币的需求上升,央行就会投放一定量的外币,换回市场上的一部分本币,使市场本币减少,即供给减少,从而让本币回到正常的价值水平。

(3)维护国际信誉,提高融资能力。一个国家雄厚的经济实力决定这个国家有没有足够的偿债能力,而体现偿债能力最直接的指标就是外汇储备。外汇储备的多少体现了国家经济实力的强弱,也是最直接的经济能力的体现。所有国家都愿意和经济实力强的国家开展经济合作,提升对外融资能力。

(4)增强综合国力,提高风险应对能力。在国际环境复杂多变的情况下,一国充足的外汇储备能够增强国际投资者的信心,增加该国的综合国力。同时,货币当局持有大量的外汇储备,也能够有效抵御金融市场的各类风险,提高该国应对风险的能力。

二、外汇储备的发展历程及规模现状

改革开放以来,我国外汇储备从不足 5 亿美元的规模发展到世界持有量第一的规模。在 1978 年之前,计划经济体制使得我国对贸易严格管制,导致对外贸易较少,外汇储备不超过 10 亿美元。1979—1994 年,改革开放还处于初步探索阶段,我国在国际贸易中所占的分量还比较低,这阶段外汇储备从无到有,但规模还比较小。自 1994 年 1 月 1 日起央行实施外汇管理体制改革后,我国迅速摆脱了困扰经济增长的外汇短缺局面。本章初步选取的数据的时间区间为 1994—2017 年。1994 年外汇管理体制改革后我国的外汇储备发展可分为三个阶段。

（一）1994—2000 年（平稳增长阶段）

随着改革开放的不断深入和外汇管理体制改革的进一步深化,我国外汇储备从 1994 年的 516.2 亿美元增加到 2000 年的 1655.74 亿美元,平均每年约增加 162 亿美元。1998 年,受东南亚金融危机的影响,国家为稳定汇率,使用大量外汇储备干预市场以防止人民币严重贬值,这导致外汇储备无明显增多,年增长率仅仅为 5.8%。

（二）2001—2014 年（飞速增长阶段）

2001 年 11 月,我国加入了世界贸易组织,这为中国产品参与国际市场的竞争提供了更多机会。随着对外贸易额的大幅度增加,我国外汇储备呈现出了高速增长的势头,从 2001 年的 2121.65 亿美元增加到 2014 年的 38430.18 亿美元。我国外汇储备规模在 2014 年底完全可以满足 25 个月的进口需求,远超特里芬理论中提到的 3 个月外汇储备合理数量。

（三）2015—2017 年（过多阶段）

全球外汇储备从 2014 年 8 月开始下降,中国外汇储备也不例外。中国外汇储备从 2014 年 6 月的 39932.13 亿美元开始下降,2015 年下降了近 5000 亿美元,2016 年下降了约 3200 亿美元。从 2017 年全年来看,中国外汇储备从 1 月的 29982 亿美元开始缓慢回升,至 12 月,中国外汇储备规模为 31399 亿美元;2017 年全年增加了 1294 亿美元,年增长率约 4.3%。

为了更直观地观察我国外汇储备规模的变化,本章选取 2000—2017 年的相关数据制成图 9-1。

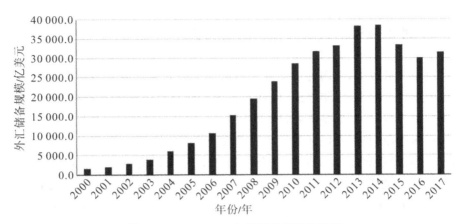

图 9-1　2000—2017 年我国外汇储备规模

数据来源：国家外汇管理局官网。

三、外汇储备的币种结构

2015 年，受到"8·11"汇改和美国联邦储备系统加息影响，我国外汇储备开始减少。学术界对外汇储备更加关注，特别是外汇储备的币种结构。

国家外汇管理局在其官网上会定期公布外汇储备规模数据，但具体币种结构数据从未对外公开。因此，我们只能通过国际相关机构公开的数据和国内外学者的研究文献进行分析，尽可能精确地对我国外汇储备的币种结构和比例数据做出判断。

不少国内学者对我国的外汇储备币种结构做出了大致估计。孔立平（2010）认为，对我国外汇储备币种结构影响最大的主要是美元、欧元、日元、英镑，其中美元占比最多。另外，有代表性的文献田凤娟（2017）[①]根据 COFFER 数据，通过引入 Copula 函数，结合实际数据，对货币资产之间的相关关系进行测算，然后估算出外汇资产组合的 VaR 值，通过计算得到 2001—2013 年发展中国家外汇储备币种结构数据，如表 9-1 所示。

---

① 田凤娟，张永亮.基于中国外汇储备的币种结构分析[J].六盘水师范学院学报，2017
（6）：33-37.

表 9-1　2001—2013 年发展中国家外汇储备币种结构

年份	总外汇/万亿美元	已分配/万亿美元	美元份额/%	欧元份额/%	英镑份额/%	日元份额/%	其他货币的份额/%
2001 年	0.803	0.447	73.83	19.74	2.77	2.42	1.24
2002 年	0.965	0.518	68.53	25.25	2.79	1.70	1.73
2003 年	1.258	0.667	62.97	30.13	3.75	1.06	2.09
2004 年	1.667	0.831	62.94	29.24	4.93	1.32	1.57
2005 年	2.241	1.023	62.66	29.13	5.08	1.52	1.61
2006 年	2.998	1.336	61.45	29.49	5.99	1.33	1.74
2007 年	4.267	1.965	61.98	28.65	5.90	1.79	1.68
2008 年	4.846	2.016	60.66	29.96	5.46	1.90	2.02
2009 年	5.384	2.137	58.49	30.18	5.90	1.78	3.65
2010 年	6.165	2.415	58.30	28.28	5.55	2.82	5.05
2011 年	6.801	2.637	57.60	27.24	5.31	2.71	7.14
2012 年	7.254	2.8	60.00	24.07	5.23	2.98	7.72
2013 年	7.866	2.829	60.22	23.94	5.15	2.82	7.87

表 9-1 的数据显示,2001—2013 年发展中国家的外汇储备量不断增加,币种构成排序从大到小依次为美元、欧元、英镑、日元,且其他币种的份额也在逐年增大。国家外汇管理局 2010 年 9 月第一次对外披露了我国外汇储备的币种结构,其中,美元、欧元、英镑、日元的资产比率分别是 65%、26%、5% 和 3%。根据以上数据,可以近似得出我国外汇储备中的各币种所占比重范围,具体见表 9-2。

表 9-2　我国外汇储备各币种所占比重范围

美元	欧元	英镑	日元
60%~65%	24%~30%	4.5%~6%	1.5%~3%

四、外汇储备的资产结构

目前,我国外汇储备结构存在不尽合理的问题。一直以来,我国外汇大量投资于美元资产,且主要为美国国债。由表 9-3 可知,截至 2016 年 6 月底,中国持有的美国证券规模达到 16300 亿美元。在 16300 亿美元中,包含了 14500 亿美元的长期债券投资、1780 亿美元的股权投资和 20 亿美元的短期债券投资,分别约占我国美元总证券投资的 89％、10.9％和 0.1％。

2016 年我国有 30105.17 亿美元的外汇储备,通过简单计算,可以发现美国长期债券投资占我国外汇储备的 48％。根据表 9-3 数据可以获知,我国长期持有较多的美元资产,一旦国际市场动荡使得美元大幅贬值,那么与美元相关程度较高的外汇储备将面临资产缩水问题。

表 9-3　2002 年 6 月—2016 年 6 月中国持有美国证券种类及规模

单位:亿美元

时间	总证券投资规模	股权投资	长期债券合计	短期债券合计
2002 年 6 月	1810	40	1650	120
2003 年 6 月	2550	20	2500	30
2004 年 6 月	3410	30	3200	180
2005 年 6 月	5270	30	4850	390
2006 年 6 月	6990	40	6780	170
2007 年 6 月	9220	290	8700	230
2008 年 6 月	12050	1000	10750	300
2009 年 6 月	14640	780	12260	1600
2010 年 6 月	16110	1270	14790	50
2011 年 6 月	17270	1590	15630	50
2012 年 6 月	15920	2210	13630	80
2013 年 6 月	17350	2610	14690	50
2014 年 6 月	18170	3200	14890	80
2015 年 6 月	18440	3300	15100	40
2016 年 6 月	16300	1780	14500	20

数据来源:美国财政部 TIC 报告。

(五)外汇储备的风险类型

参考 2003 年国际货币基金组织发布的《外汇储备管理指南》,将外汇储备风险类型进行详细划分,具体见图 9-2。

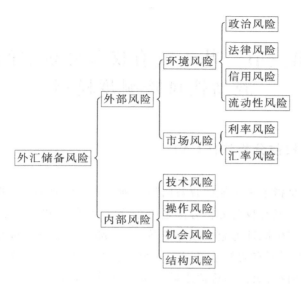

图 9-2　外汇储备风险类型

　　我国外汇储备存在结构不合理、规模较大、管理效率不高效的问题,还存在汇率风险、利率风险、信用风险和流动性风险等。在这众多的风险中,何娟文(2014)从规模和结构视角分析了我国外汇储备的发展现状及存在的问题,指出摆正对流动性风险的认识,重视流动性风险措施的创新细化,做好相应的外汇储备管理十分必要。

　　外汇储备流动性风险是指外汇储备的官方持有机构不能以市场正常价格,将流动性较弱的证券资产转变为流动性较强的货币资产,以此来满足国际贸易中的短期债务偿还和交易需求。我国有非常大一部门的外汇资产是美元资产,如果需要将这么庞大的外汇储备变现,一旦无法按期兑现,则有可能进一步引发流动性风险。同时,中美贸易关系、美国国债价格也会影响到我国外汇资产的流动性风险。

　　此外,外汇储备流动性风险还可细分为错配型、突发型和市场型三类。具体如下:一是错配型流动性风险,是指不能及时偿还到期债务的合约,导致到期没有足够的流动性外汇资产进行支付而引发的风险;二是突发型流动性风险,是指在政府相关部门虽然有清偿能力,但无法及时获得充足的外汇储备,或无法以合理成本及时获得充足的外汇储备以应对外汇资产增长或支付到期债务的风险;三是市场流动性风险,是指因市场变动,央行无法以合理价格出售持有的外汇资产而引发的风险。

第三节　基于或有权益分析法的
流动性风险测度模型

一、或有权益分析法（CCA）

或有权益是指未来可能的收益由另一种资产的价值决定。期权是一种典型的或有权益。或有权益分析方法是由布莱克、舒尔斯和墨顿创立的。其中，墨顿通过期权定价原理为企业债务定价，将全部债务都视为对股东而言的看涨期权，从而得到所有的权益等同于一个期权组合的结论。或有权益分析方法有三个假设前提：负债的价值来源于资产的价值，负债存在不同的等级，以及资产的价值变化服从随机过程。

假设资产价值为 A，时间为 T，则 A_T 的变化服从随机过程 $dA/A = \mu_A dT + \sigma_A \varepsilon \sqrt{T}$。其中：$\mu_A$ 是资产回报率，σ_A 是资产收益率的标准差，ε 服从标准正态分布。

设期初时间下标为 0，根据布莱克-舒尔斯-墨顿公式，权益 E 的价值为：

$$E = A_0 N(d_1) - B_T e^{-rt} N(d_2) \tag{9.1}$$

$$d_1 = \frac{\ln(A_0/B_T) + (r + \sigma_A^2/2)T}{\sigma_A \sqrt{T}} \tag{9.2}$$

$$d_2 = \frac{\ln(A_0/B_T) + (r + \sigma_A^2/2)T}{\sigma_A \sqrt{T}} = d_1 - \sigma_A \sqrt{T} \tag{9.3}$$

其中：E 为期权价值，B 为债务价值，r 为无风险利率，σ_A 为资产价值的波动率。E 的变化服从随机过程 $dE/E = \mu_E dT + \sigma_E \varepsilon \sqrt{T}$。

将资产价值视为执行价格，根据伊藤积分可得：

$$E\sigma_E = A\sigma_A \frac{\partial E}{\partial A} = A\sigma_A N(d_1) \tag{9.4}$$

根据期权平价理论，违约担保的价值为：

$$G = B_T e^{-rt} N(d_2) - A_0 N(d_1) \tag{9.5}$$

在 T 时刻，当资产价值小于债务价值 B 时，违约发生。此时违约概率

PD 为：

$$\mathrm{Prob}(A_r \leqslant B_r) = \mathrm{Prob}\{A_0 \mathrm{EXP}[(\mu_A - \sigma_A^2/2)T + \sigma_A \varepsilon \sqrt{T}] \leqslant B_T\}$$
$$= \mathrm{Prob}(\varepsilon \leqslant -d_{2,\mu}) \tag{9.6}$$

由于 $\varepsilon \sim N(0,1)$，因此违约概率为：

$$\mathrm{PD} = N(-d_2) \tag{9.7}$$

$$d_2 = \frac{\ln(A_0/B_T) + (\mu_A - \sigma_A^2/2)T}{\sigma_A \sqrt{T}} \tag{9.8}$$

违约距离为：

$$\mathrm{DD} = d_2 \tag{9.9}$$

二、模型构建

根据或有权益分析法，在已知外汇储备的流动性需求（记为 D）和流动性供给（记为 L）的条件下，可以将流动性风险的大小视为一个基于流动性供给、执行价格为 D 的欧式看跌期权。

设时间为 0，根据布莱克-舒尔斯-墨顿公式，看跌期权的价值为：

$$\mathrm{Put} = D_T e^{-rT} N(-d_2) - L_0 N(d_1) \tag{9.10}$$

$$d_1 = \frac{\ln(L_0/D_T) + (r + \sigma^2/2)T}{\sigma \sqrt{T}} \tag{9.11}$$

$$d_2 = d_1 - \sigma_A \sqrt{T} \tag{9.12}$$

其中：L_0 为流动性供给，D_T 为 T 时刻的流动性需求，r 为无风险利率，σ 为流动性供给资产收益率的波动率。

在 T 时刻，如果流动性供给 L_r 小于流动性需求 D_r，则流动性风险发生，相应的流动性风险发生的概率为：

$$\mathrm{Prob}(L_r \leqslant D_r) = \mathrm{Prob}\{L_0 \mathrm{EXP}[(\mu - \sigma^2/2)T + \sigma \varepsilon \sqrt{T}] \leqslant D_T\}$$
$$= \mathrm{Prob}(\varepsilon \leqslant -d_{2,\mu}) \tag{9.13}$$

由于 $\varepsilon \sim N(0,1)$，因此违约概率为：

$$\mathrm{PD} = N(-d_2) \tag{9.14}$$

$$d_2 = \frac{\ln(L_0/D_T) + (\mu_A - \sigma^2/2)T}{\sigma_A \sqrt{T}} \tag{9.15}$$

违约距离为：

$$DD = d_2 \tag{9.16}$$

第四节　外汇储备流动性风险的测度

一、外汇储备的流动性需求（D）

（一）短期外债偿还

一个国家的经济实力决定了这个国家有没有足够的偿债能力，而体现偿债能力最直接的指标就是外汇储备。外汇储备是一个国家国际清偿力的重要组成部分。为了应付国际支付的需要，各国的中央银行及其他政府机构都会集中管理外汇储备。在国际贸易中，跨境企业经常会因筹集成本较低的资金而大量举债，这将会导致有大量的外币债务需要偿还。其中，主要偿还的是一年内到期的短期外债。偿还外债的资金主要来自央行的外汇储备。表 9-4 是 2002—2016 年中国短期外债余额及增长比例的数据。

表 9-4　2002—2016 年中国短期外债余额及增长比例

时间	外债余额/亿美元	短期外债余额/亿美元	年增长率/%	占外债总余额的比例/%
2002 年	2026.3	870.8	4.0	43.0
2003 年	2193.6	1027.7	18.0	46.8
2004 年	2629.9	1387.1	35.0	52.7
2005 年	2965.4	1716.4	23.7	57.9
2006 年	3385.9	1992.3	16.1	58.8
2007 年	3892.2	2356.8	18.3	60.6
2008 年	3901.6	2262.8	−4.0	58.0
2009 年	4286.5	2592.6	14.6	60.5
2010 年	5489.4	3757.0	44.9	68.4
2011 年	6950.0	5009.0	33.3	72.1

续表

时间	外债余额/亿美元	短期外债余额/亿美元	年增长率/%	占外债总余额的比例/%
2012 年	7369.9	5409.3	8.0	73.4
2013 年	8631.7	6766.3	25.1	78.4
2014 年	17799.0	12982.0	91.9	72.9
2015 年	13829.8	8874.1	−31.6	64.2
2016 年	14206.6	8709.0	−1.9	61.3

数据来源：国家外汇管理局官网。

由表 9-4 数据可绘出 2002—2016 年中国短期外债余额的柱形图，见图 9-3。

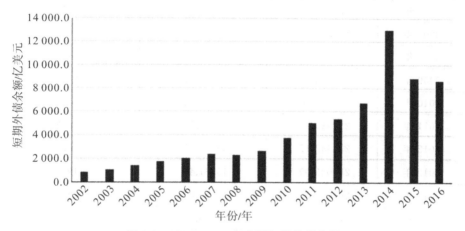

图 9-3　2002—2016 年中国短期外债余额

从表 9-4 和图 9-3 可以看出，2002—2014 年中国短期外债呈现逐年增长的趋势，从 2015 年开始呈下降趋势。其中，短期外债余额占外债总余额的比例一直上升至 78.4%，从 2014 年开始回落。由上述分析结果可知，短期外债不断上升的主要原因为人民币的升值和中国信贷规模的扩大。特别是中国和国际市场的利差比较大，这进一步导致国内外市场的热钱流动频繁，使得中国短期债务增加。

（二）稳定汇率需求

货币当局进行外汇干预的目的是稳定本国货币汇率。外汇干预资金来源于外汇储备、央行的基础货币、货币供应量等，且这些经济数据又与外汇储备的变化有千丝万缕的关联，因此外汇干预会对该国货币供应及政策等产生影响。

自 2002 年以来,我国的基础货币受外汇占款增加、央行票据下降以及政府存款下降等因素的影响,变化较快。表 9-5 列出了我国基础货币 2002—2016 年的变化情况。

表 9-5　2002—2016 年我国基础货币变化情况

时间	基础货币/亿元	基础货币/亿美元	人民币兑美元汇率
2002 年	45138.18	5453.45	8.2770
2003 年	52841.36	6384.12	8.2770
2004 年	58856.11	7110.97	8.2768
2005 年	64343.13	7854.67	8.1917
2006 年	77757.40	9754.06	7.9718
2007 年	101545.40	13354.21	7.6040
2008 年	129222.33	18606.26	6.9451
2009 年	143985.00	21078.17	6.8310
2010 年	185311.08	27374.41	6.7695
2011 年	224641.76	34780.73	6.4588
2012 年	252345.17	39975.47	6.3125
2013 年	271023.09	43761.40	6.1932
2014 年	294093.02	47876.05	6.1428
2015 年	276377.49	44373.75	6.2284
2016 年	308979.61	46516.96	6.6423

数据来源:中国人民银行官网。

(三)进口支付需求

从进口支付能力来看,截至 2016 年底,我国外汇储备可以支付 20 个月的进口需求,远高于特里芬标准。2002 年以来,中国货物进口额从 2951.7 亿美元增加至 2016 年的 15879.3 亿美元。从总体上看,我国对外贸易额较大,并且长期处于顺差。从表 9-6 可以看出,2002 年货物净出口额为 304.3 亿美元;2016 年货物净出口额是 5097.1 亿美元,是 2002 年的近 17 倍。

表 9-6 2002—2016 年我国货物贸易情况

单位:亿美元

时间	货物进口总额	货物出口总额	商品净进口额
2002 年	2951.7	3256.0	−304.3
2003 年	4127.6	4382.3	−254.7
2004 年	5612.3	5933.3	−321.0
2005 年	6599.5	7619.5	−1020.0
2006 年	7914.6	9689.8	−1775.2
2007 年	9561.2	12200.6	−2639.4
2008 年	11325.6	14306.9	−2981.3
2009 年	10059.2	12016.1	−1956.9
2010 年	13962.5	15777.5	−1815.1
2011 年	17434.8	18983.8	−1549.0
2012 年	18184.1	20487.1	−2303.1
2013 年	19499.9	22090.0	−2590.2
2014 年	19592.4	23422.9	−3830.6
2015 年	16795.6	22734.7	−5939.0
2016 年	15879.3	20976.3	−5097.1

数据来源:《2017 年中国统计年鉴》。

(四)外汇储备流动性需求的计算

根据前文的分析,可将外汇储备流动性需求(D)的计算公式定义为:

$$D=短期外债+外汇干预资金+商品净进口额 \tag{9.17}$$

此处以基础货币中 5% 的比例来代替外汇干预资金,即 D 的计算公式为:

$$D=短期外债+基础货币×5\%+商品净进口额 \tag{9.18}$$

通过计算可以得到 2002—2016 年我国外汇储备流动性需求,如表 9-7 所示。

表 9-7   2002—2016 年我国外汇储备流动性需求

单位:亿美元

年份	短期外债	基础货币×5%	商品净进口额	流动性需求
2002 年	870.8	272.67	−304.3	839.17
2003 年	1027.7	319.21	−254.7	1092.21
2004 年	1387.1	355.55	−321.0	1421.65
2005 年	1716.4	392.73	−1020.0	1089.13
2006 年	1992.3	487.70	−1775.2	704.80
2007 年	2356.8	667.71	−2639.4	385.11
2008 年	2262.8	930.31	−2981.3	211.81
2009 年	2592.6	1053.91	−1956.9	1689.61
2010 年	3757.0	1368.72	−1815.1	3310.62
2011 年	5009.0	1739.04	−1549.0	5199.04
2012 年	5409.3	1998.77	−2303.1	5104.97
2013 年	6766.3	2188.07	−2590.2	6364.17
2014 年	12982.0	2393.80	−3830.6	11545.20
2015 年	8874.1	2218.69	−5939.0	5153.79
2016 年	8709.0	2325.85	−5097.1	5937.75

由表 9-7 的数据可绘得 2002—2016 年我国外汇储备流动性需求折线图,见图 9-4。

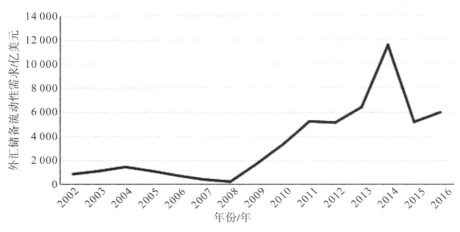

图 9-4   2002—2016 年我国外汇储备流动性需求

根据图 9-4,可把 2002—2016 年中国外汇储备流动性需求简单分为三个阶段。

第一阶段(2002—2008 年):较为稳定阶段。在这一阶段,外汇储备流动性需求较为稳定的原因为该阶段贸易顺差,商品出口较多,在外汇储备增加的同时,央行发行了较多的基础货币。因此,该阶段中国外汇储备流动性需求较为稳定。

第二阶段(2009—2014 年):快速增长阶段。2008 年以来,由于受到国际金融危机的冲击,为了促进经济增长,我国采取适度宽松的货币政策,逐步减少央票的发行。随着央票发行量的减少,使得留在银行体系内的资金更多,基础货币也相应增加。

第三阶段(2014—2016 年):下降阶段。2008 年金融危机后,2014 年,美国不再实行量化宽松货币政策。美联储在 2015 年进行了第一次加息后,彻底走上了"加息之路",致使全球流动性紧缩。2015 年中国的短期外债较 2014 年减少了大约 4000 亿美元,这也是我国外汇储备流动性需求减少的主要原因之一。

二、外汇储备的流动性供给(L)

中国外汇储备流动性供给主要包括国际清算银行存款和国外短期债券投资。

可将外汇储备流动性供给(L)的计算公式定义如下:

$$L = 国际清算银行存款 + 国外短期债券投资 \qquad (9.19)$$

(一)国际清算银行存款

1996 年 11 月,中国人民银行正式加入国际清算银行。世界各国每国都约有 1/10 的外汇储备储存于国际清算银行,中国也不例外。这些资产可以随时提取,有利于中国人民银行迅速安全地使用外汇储备,以满足中国人民银行短期对资金的需求。2002—2016 年我国存放于国际清算银行的外汇储备具体数额见表 9-8。

表 9-8 2002—2016 年中国在国际清算银行的存款额

单位:亿美元

时间	国际清算银行存款	时间	国际清算银行存款	时间	国际清算银行存款
2002 年	926.81	2007 年	2762.47	2012 年	3547
2003 年	893.79	2008 年	2309.94	2013 年	3477
2004 年	1141.63	2009 年	1903.15	2014 年	4671
2005 年	1344.91	2010 年	2351.16	2015 年	5460
2006 年	1479.06	2011 年	2544.92	2016 年	5000

数据来源:国际清算银行官网。

(二)国外短期债券投资

根据我国国际收支头寸表,可以计算出我国外汇储备占我外汇资产的比例,2004—2016 年的具体数据如表 9-9 所示。为简单起见,假设外汇储备中短期债券投资占中国外汇资产中短期债券投资的比例,与外汇储备占中国外汇资产的比例一致。

表 9-9 2004—2016 年我国外汇储备占我国外汇资产的比例

时间	我国外汇储备/亿美元	我国外汇资产/亿美元	我国外汇储备占外汇资产的比例/%
2004 年	6099	9291	65.65
2005 年	8189	12233	66.94
2006 年	10663	16905	63.08
2007 年	15282	24162	63.25
2008 年	19460	29567	65.82
2009 年	23992	34369	69.81
2010 年	28473	41189	69.13
2011 年	31811	47345	67.19
2012 年	33116	52132	63.52
2013 年	38213	59861	63.84
2014 年	38430	64383	59.69
2015 年	33304	61558	54.10
2016 年	30105	64666	46.56

数据来源:国家外汇管理局官网。

　　由于我国对外证券投资资产数据于 2015 年才首次公布，没有 2014 年及之前的数据，因此假设中国对外证券投资资产结构与中国投资于美国的证券投资资产结构一致。根据美国财政部每年公布的"Report on Fortfolio Holdings of US Securities"的数据，我们可以得到 2002—2016 年我国持有的美国证券和短期债券的数据，具体见表 9-10。

表 9-10　2002—2016 年我国持有的美国证券和美国短期债券数额

时间	证券投资/亿美元	短期债券/亿美元	短期债券占总证券投资的比例/%
2002 年 6 月	1814.78	127.40	7.02
2003 年 6 月	2554.97	35.18	1.38
2004 年 6 月	3409.72	181.63	5.33
2005 年 6 月	5272.75	397.14	7.53
2006 年 6 月	6989.29	171.67	2.46
2007 年 6 月	9220.46	230.36	2.50
2008 年 6 月	12050.80	302.83	2.51
2009 年 6 月	14640.27	1599.15	10.92
2010 年 6 月	16107.37	49.19	0.31
2011 年 6 月	17266.21	48.91	0.28
2012 年 6 月	15922.36	86.30	0.54
2013 年 6 月	17347.76	48.20	0.28
2014 年 6 月	18169.23	86.99	0.48
2015 年 6 月	18440.20	32.93	0.18
2016 年 6 月	16295.72	19.26	0.12

数据来源：美国财政部。

　　考虑到美国财政部公布的"Report on Fortfolio Holdings of US Securities"的数据截止到每年的 6 月 30 日，为了能计算出我国一整年对美国短期债券的投资规模，假定我国年末外汇储备资产结构与 6 月 30 日时的数据一致。同时，假设我国外汇储备中短期债券所占的比例等于我国持有的美国短期债券占在美国的总证券投资的比例，从而可以得到我国外汇储备中短期债券投资的数额，2002—2016 年的数据见表 9-11。

表 9-11　2002—2016 年我国外汇储备中的短期债券投资

时间	短期债券/亿美元	时间	短期债券/亿美元	时间	短期债券/亿美元
2002 年	201.06	2007 年	382.06	2012 年	178.83
2003 年	55.65	2008 年	488.45	2013 年	107.00
2004 年	325.09	2009 年	2619.87	2014 年	184.46
2005 年	616.61	2010 年	88.27	2015 年	59.95
2006 年	262.32	2011 年	89.07	2016 年	36.13

（三）流动性供给的计算

根据公式（9.19），可以计算出 2002—2016 年我国外汇储备的流动性供给，具体见表 9-12。

表 9-12　2002—2016 年我国外汇储备流动性供给

单位：亿美元

时间	年末国际清算银行存款	短期债券	流动性供给
2002 年	926.81	201.06	1127.87
2003 年	893.79	55.65	949.44
2004 年	1141.63	325.09	1466.72
2005 年	1344.91	616.61	1961.52
2006 年	1479.06	262.32	1741.38
2007 年	2762.47	382.06	3144.53
2008 年	2309.94	488.45	2798.39
2009 年	1903.15	2619.87	4523.02
2010 年	2351.16	88.27	2439.43
2011 年	2544.92	89.07	2633.99
2012 年	3547	178.83	3725.83
2013 年	3477	107.00	3584.00
2014 年	4671	184.46	4855.46
2015 年	5460	59.95	5519.95
2016 年	5000	36.13	5036.13

根据表 9-12 的数据，可绘得相应的柱形图，具体见图 9-5。

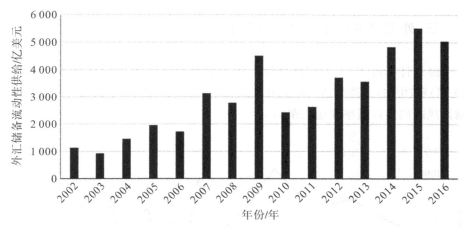

图 9-5　2002—2016 年我国外汇储备流动性供给

从表 9-12 和图 9-5 可以看出,2002—2009 年,中国外汇储备的流动性供给大致呈现逐年增加的趋势,相应的数值从 1127.87 亿美元增加到 4523.02 亿美元,增长了将近 3400 亿美元。其增加的原因主要有两个方面:一是存于国际清算银行的存款增加;二是短期债券的增加,特别是在 2008 年全球金融危机的影响下,我国购买了大规模的美国短期国库券。

2010 年,流动性供给从 2009 年的 4523.02 亿美元下降到 2439.43 亿美元,下降了约 46%。流动性供给减少的主要原因是 2010 年中国对外证券投资资产的短期债券资产占比大幅度下降,股权和长期债券等的占比大幅增加。

2011—2016 年,我国外汇储备流动性供给大致呈现缓慢增长的趋势。其中,2015 年我国外汇储备流动性供给最多,达到 5516 亿美元。我国外汇储备流动性供给增加的原因主要是在国际清算银行的存款增加,虽然短期债券减少了,但整体流动性供给仍然是增加的。

(四) 流动性供给的波动率

考虑到流动性供给的波动率无法直接得到,因此,参考李卫兵(2013)的定义,流动性供给的波动率可以认为是样本的标准差,可用如下算式表示:

$$\sigma^2 = \sum_{T}^{n} (\mu_T - \mu) \frac{\mu_T - \mu}{n-1} \tag{9.20}$$

其中:μ_T 为本期流动性供给与上期的对数差,μ 为样本均值。

由前文我国外汇储备流动性供给数据可计算得到:μ 为 0.1069,σ^2 为 0.0983,波动率 σ 为 0.3136。

三、外汇储备的流动性风险测度

经过计算可知,在给定流动性需求与供给的值后可以依据公式(9.14)、(9.15)和(9.16)计算出违约距离和违约概率。2003—2016 年我国外汇储备流动性风险的违约概率和违约距离见图 9-6。

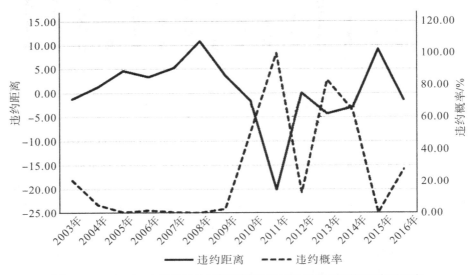

图 9-6 2003—2016 年我国外汇储备流动性风险的违约概率和违约距离

从图 9-6 可以发现,与 2009 年之前相比,2010 年之后违约概率较高,波动较大,因此,违约风险发生的可能性比较高。

此外,在分析中国外汇储备流动性风险发生的概率时,可与流动性需求与供给之间形成的流动性缺口情况结合分析。2002—2016 年我国外汇储备流动性需求与供给的对比情况见表 9-13。

表 9-13 2002—2016 年我国外汇储备流动性需求与供给的对比

单位:亿美元

年度	需求	供给	供给−需求
2002 年	839.17	1127.87	288.7
2003 年	1092.21	949.44	−142.77
2004 年	1421.65	1466.72	45.07
2005 年	1089.13	1961.52	872.39

续表

年度	需求	供给	供给－需求
2006 年	704.8	1741.38	1036.58
2007 年	385.11	3144.53	2759.42
2008 年	211.81	2798.39	2586.58
2009 年	1689.61	4523.02	2833.41
2010 年	3310.62	2439.43	－871.19
2011 年	5199.04	2633.99	－2565.05
2012 年	5104.97	3725.83	－1379.14
2013 年	6364.17	3584.00	－2780.17
2014 年	11545.2	4855.46	－6689.74
2015 年	5153.79	5519.95	366.16
2016 年	5937.75	5036.13	－901.62

由表 9-13 可知,2002—2009 年,我国外汇储备流动性供给远远大于需求,违约概率较低,风险较小,主要是因为这阶段短期外债和央行干预的外汇需求较少,因而外汇储备流动性需求较少。2010—2016 年,我国外汇储备流动性供给小于流动性需求,违约概率增加,风险较大。特别是 2014 年,我国外汇储备资产的流动性缺口达到 6000 多亿美元,外汇储备流动性供给严重不足。这是因为 2014 年中国资本外流严重,进一步导致了外汇储备下降,外汇储备流动性资产也相应随之下降,流动性风险发生概率较高。

第五节　结论与建议

一、结论

本章通过计算得到外汇储备流动性需求(D)与流动性供给(L)的数据,结合 CCA 模型得到外汇储备流动性风险的违约距离和违约概率,对我国外汇储备流动性风险进行实证分析,得出我国外汇储备流动性风险发生的可能性较大。此外,由于通过或有权益分析方法得出的结果存在时滞效应,金融危机和资本外流对外汇储备流动性的影响将逐步显现,预计 2019 年后我国外汇储备流动性风险仍相对处于较高的水平。

二、建议

1.保持外汇储备流动性合理充裕

我国外汇储备流动性需求太多,而外汇储备流动性供给不足,容易引发外汇储备流动性风险。因此,建议可适当降低外汇储备流动性需求,例如降低短期外资外债,在国际融资时可以考虑融资成本更低的长期融资工具,央行也可以在国际市场发行以国家信用为担保的长期政府债券等。此外,还可以通过增加流动性供给降低外汇储备流动性风险发生的可能,有效应对外部风险冲击,进一步维系本国经济金融稳定。

2.全面提高外汇管理服务实体经济的水平

建议外汇管理等相关部门积极适应外汇管理新常态,统筹平衡好便利化和防风险的关系,在提升外汇管理服务实体经济水平的同时,有效防范跨境资金流动风险,切实维护国家经济金融安全。一是坚持深化"放、管、服"改革,支持外贸平稳发展,支持金融市场双向开放。二是坚守风险底线,提升事中事后管理能力,加强真实性合规性管理,严厉打击外汇违法违规行为,维护外汇市场健康稳定。三是优化外汇储备经营管理,保障外汇储备的安全性、流动性和保值增值。

3.防范化解跨境资本流动风险

构建跨境资本流动的宏观审慎管理和微观市场监管体系。一是强化事中事后监管,严厉打击地下钱庄等外汇违法违规行为,防范化解跨境资本流动风险,维护外汇市场健康稳定,以及国家金融稳定和经济安全。二是强化外汇形势监测分析,加强宏观审慎管理和预期引导,丰富宏观审慎政策工具箱。完善外汇市场微观监管,加快建立"实质真实、方式多元、尽职免责、安全高效"的真实性管理机制。三是加强非现场能力建设,严厉打击外汇违法违规活动。

本章小结

如何降低投资管理风险,对我国外汇储备流动性风险进行有效测度,是目前政府部门面临的重大难题,也是需要着力解决的关键性问题。本章首先描述了外汇储备流动性风险测度的研究背景、研究意义以及国内外的研究情况。

其次,阐述外汇储备的规模、结构和风险构成。主要从外汇储备的内涵与功能、外汇储备的发展历程及规模现状、外汇储备的币种结构以及外汇储备的资产结构等方面,参考 2003 年国际货币基金组织发布的《外汇储备管理指南》,将外汇储备的风险类型进行了详细划分。再次,运用随机过程理论(包括标准正态分布、伊藤积分、违约概率等),根据或有权益分析法,阐述构造基于或有权益分析法的流动性风险测度模型的方法。最后,从短期外债偿还、稳定汇率需求、进口支付需求等视角,阐述外汇储备流动性风险的测度,并根据结论提出相应的建议。

第十章 基于 Credit Metrics 模型视角下外汇储备信用风险的测度

第一节 研究背景、意义与文献综述

一、背景与意义

综合实力较强的国家货币当局所持有的国际储备资产,主要通过外币表示的债权,简称为外汇储备。改革开放至今,我国外汇储备有了巨大变化。

随着改革开放后的经济蓬勃发展,我国外汇储备不断增加,其功能也日趋多元化。其中,最为主要功能的有:调节国际收支,维护本国的国际信誉,一定程度上对外汇市场干预,提升综合国力,等等。近年来,我国不停增长的外汇储备存量,彰显出了我国越来越高的国际收支水平,为我国货币汇率能长期维持平稳状态发挥了作用,也彰显出了我国的经济实力。

机遇伴随着挑战,外汇储备的快速增长,也使得我国经济增长面临较多不好的影响。其中较为突出的表现便是我国的货币政策难以维持原有的独立性,其主要原因是央行初始货币投放形式以外汇占款为主。外汇储备迅速增加的同时,也伴随着诸多风险,其中包括信用风险、利率风险、政治风险以及流动性风险等。

历史上已经爆发过多次金融危机,而且每次给全球的经济都带来了严重的影响,所以各国在对金融危机的防范上也更加重视。但金融危机爆发的原因往往都是相当复杂的,在经济全球化的当下,一旦某一国爆发金融危机,会快速传播到各个国家,甚至引发全球性金融危机。

2007 年美国次贷危机所引起的影响较大的全球性金融危机,促使更多研究学者对外汇储备及其风险进行深入研究。然而,现阶段关于外汇储备及其风险的研究相对比较笼统,关于主权信用风险方面的研究更加稀少,而关于主权信用风险的有效防范措施的研究更是偏少。

自 2008 年全球金融危机发生后,诸多国家的主权信用违约风险逐渐提高。2008 年下半年,著名评级机构惠誉突然对 14 个国家的主权信誉等级进行了下调,以往从未出现过如此大规模的主权信用危机。2011 年美国主权信用评级事件发生后,我们更有必要深入探讨、研究外汇储备信用风险的测度与防范,以及如何应对主权债务危机等问题。

二、文献综述

现阶段国内对信用风险的测度研究偏少,对于外汇储备信用风险的测度研究更少,基于 Credit Metrics 模型的研究就更为稀少。因此,我们将研究现状分为关于信用风险的研究以及对于 Credit Metrics 模型的研究。

(一)国内研究现状

1.有关信用风险的研究

就美国主权信用风险对我国外汇储备运营的影响来看,程连于(2009)认为,我国应当抓住当前难得的历史机遇,在储备规模调控、管理模式创新、投资运营操作、储备战略转型等方面进行相应的管理策略调整。肖晶(2011)认为,随着美国主权信用风险的进一步释放和外溢,我国应适时调整外汇储备管理策略,对巨额外汇储备进行避险操作,合理调整外汇储备资产结构,加大战略性物质资源的购买。王硕(2012)通过深入的研究,认为我国外汇储备的主权信用风险及其波动性,会随着美国主权信用评级的下降而出现显著的波动。

庞淑娟(2015)以大数据分析和挖掘为基础,提出建设新型信用风险管理体系是商业银行增强核心竞争力和经营转型的必由之路。杨军等(2015)通过研究得出,商业银行在信用风险评级过程中,应该将经济增长指标作为重要因素进行考虑,或者采用较短的期限来估计长期违约趋势,从而改善银行信用风险评级体系的敏感性,提高评级结果的准确性。姜涵(2017)通过信用的相关数据分析,提出我国商业银行应有较高的信用风险意识和创新意识,同时结合银行内外部情况来做出合理的管理,并以增强银行竞争为基础进一步提升服务高质量。杨闶光(2017)提出,应建立有效、科学的信用风险管理体系。

2.对 Credit Metrics 模型的研究

刘远亮(2005)参照我国的实际情况,提出构建风险度量和管理方法的相关设想,并且以 Credit Metrics 模型为核心展开研究。窦文章等(2008)也基于 Credit Metrics 模型,通过各类参数测算出商业银行贷款的风险等级及其分布。肖杰等(2010)认为,在实际工作中引用借鉴该模型时,应注意该模型中存在的局限性,特别是一些不适合我国使用的参数,应当有效结合我国国情,对模型进行精准修改。易云辉等(2011)通过分析单笔贷款、组合贷款信用风险的计算方法与应用,得出 Credit Metrics 模型对我国金融机构具有重要的借鉴意义这一结论。

郗雯(2012)基于我国的实际情况,结合我国的相关数据,对 Credit Metrics 模型所需的数据矩阵进行部分细微的调整和改进。王硕(2016)认为,Credit Metrics 模型相比 KMV、CPV 模型和 Credit Risk＋组合模型,模型参数较易获得。白唯等(2017)认为,Credit Metrics 模型在我国运用困难的原因主要可归结为以下三点:第一,我国目前的整体信用评级体系并不健全;第二,信用评级历史的相关数据基础缺乏;第三,我国的市场机制还不够完善。

(二)国外研究现状

1.有关信用风险的研究

相较于我国而言,西方学者则较早开始研究信用风险,在信用风险的定义上亦有多种不同理解。随着更为深入的研究,信用风险的定义也逐步完善。关于信用风险的管理,外国学者做了大量的研究。其中 Leeth 等(1989)通过实证研究提出,银行使用担保契约和债务人违约的概率具有显著的正相关性。David(2000)等提出,可通过资产证券化,调节自由资产风险资产的比重,打破贷款金额的限制,从而更好地有效规避信用风险。

Alexandre 等(2015)以欧元区的数据作为研究对象,论证得出银行信贷风险与主权信用风险存在一定的相关性的结论。Hilscher 等(2016)研究发现,评级是对原始违约概率的相对不准确的度量,这是以公开的财务信息为基础的简单模型预测失败的主要原因之一。Javier(2017)讨论了衡量信用风险最常用的技术手段。Juneja(2017)在实践中,有效运用信用评级对主权信用风险进行了度量。

2.对 Credit Metrics 模型的研究

Credit Metrics 模型最早是由 J.P.摩根在 1997 年推出的用于量化信用风险的风险管理产品。随着该模型的广泛推广,有更多学者展开了相应的研究。Bassamboo(2008)也使用 Credit Metrics 模型,通过蒙特卡洛模拟有效地计算出信用的风险。Hahnenstein(2004)参考德国的数据,对 Credit Metrics 模型进行实证研究。

此外,Pagnoncelli 等(2014)提出以一个数学模型来有效评估固定收益投资组合的信用风险。Lefcaditis(2014)提出以一个模型修改巴塞尔协议 Ⅱ 的方法,从而可以更容易地计算出信用风险值。Wang 等(2016)研究得出,在不同国家的不同区域银行已经开始意识到加强风险监管的必要性,从而实现有效规避风险的可能性;通过研究信用风险的一些特征和参数,建立合适的度量模型,可以精确地测量信用风险。

(三)国内外文献总结

纵观国内外的研究,大量的现实和实证数据表明信用风险是每个国家都要面临的一个金融风险问题,而 Credit Metrics 模型又是测度信用风险的重要工具之一。因此,研究我国的信用风险问题,应以我国独特经济环境数据为核心,结合现有的我国国情,合理地修改以及完善 Credit Metrics 模型,使之成为测度我国外汇储备信用风险的有益工具之一。

第二节　我国外汇储备的现状及其风险类别

一、我国外汇储备发展的一些历程

2017 年以来,我国进出口保持着良好的增长态势,经常项目也维持顺差,外汇储备额依然在增加。截至 2017 年 9 月底,我国外汇储备巨大,规模已经达到 31085 亿美元,比 8 月底增长 170 亿美元,继续保持着世界首位的位置,且连续 8 个月回升,改变了 2016 年一度下滑的趋势。这表明我国正在积极主动地深入实施开放战略。人民币汇率亦是双向波动、稳步上升,跨境资本流动保持稳定,且国际收支形势也在不断改善。回顾 2017 年,我国外汇储备累计增加 1297.2 亿美元,同比上涨 4.30％。截至 2017 年 1 月,我国外汇储备存量持续稳步回升,实现连续 11 个月的持续上涨(参见图 10-1)。

此外,截至 2017 年底,我国的货币基金组织储备头寸降至 83.7 亿美元;特别提款权(SDR)涨至 117.1 亿美元;其他储备资产为 9.5 亿美元;官方储备资产总额为 32367.5 亿美元,同比增长 214.5 亿美元。若将 SDR 作为报告货币,则截至 2017 年底,我国外汇储备余量为 22048.12 亿 SDR,环比增加 10.27

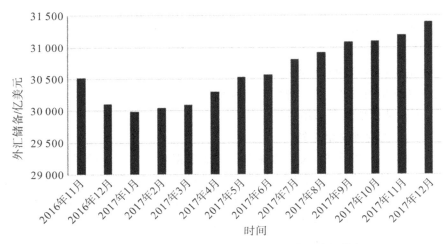

图 10-1　2016 年 11 月—2017 年 12 月我国外汇储备

亿 SDR,累计减少 346.03 亿 SDR。[1]

二、外汇储备的结构

（一）资产结构

美元资产是我国外汇储备的重要构成部分,其中包含美国国债、公司债、机构债和股权等。其中,长期国债及机构债所占比重最大,两者合计占比达88%,而股权与公司债只占 7.7%。近些年来,我国关于美国证券资产的持有规模有所增加。

（二）币种结构

全球范围内,币种结构的影响因素较多,但主要影响因素为国际储备需求,具体包括交易需求、干预性需求、外债的布局、交易便利性及管理成本与战略性需求等。一国外汇储备币种结构的影响因素众多且多变,所以想要用一个模型涵盖所有因素是相当困难的。通常情况下,外汇储备币种与各币种比重的选定是我国外汇储备结构确定面临的主要问题。对于储备币种的选择,货币的稳定性是首先需要考虑的重要因素,货币价值是否平稳很大程度上取决于一国的经济实力与经济是否平稳。现今,欧盟、美国以及日本的经济实力较强,经济发展也相对成熟。因此,其稳定性是具有相对保障的。此外,欧元、

---

① 　数据来源:http://rmb.xinhua08.com/a/20180107/1743983.shtml? f=dlist.

美元、英镑及日元是我国目前贸易对象的重要结算货币,因此我国外汇储备结构中的币种包括以上四类最为合适。

三、外汇储备的风险类别

(一)汇率风险

汇率风险是指外汇储备资产中的损益会因外币资产的汇率变动而出现不确定性。鉴于我国外汇储备中,美元为第一大储备币种,一旦美元兑人民币的汇率变动,我国外汇储备资产会出现损失,这是我国外汇储备汇率风险的主要来源之一。

(二)利率风险

利率风险是指一国所持有的外汇资金的利率变化会使其存底资产损失出现变动。长久以来,保值性与安全性一直是我国外汇储备管理的重点,这种传统的管理机制使得美国国债成为央行购置美元资产时投资的方向。在我国外汇储备中,美国国债在所持有的美元资产中的占比较高。一旦美元利率贬值,这将导致我国外汇储备资产面临巨大的利率风险。此外,我国外汇储备的利率风险还受其他国家重要储备货币利率的变化的影响。

(三)流动性风险

流动性风险主要指央行因流动性降低而将所拥有的外汇资产快速而且低成本地变现。考虑到保值性与安全性,应将美元资产中的长期国债来作为我国外汇储备的主要投资方向之一。因此,在投资目标比较单一的情况下,就会容易引发流动性风险等。

(四)信用风险

信用风险是指由于主权资产拖欠引起一国币值下降的信用风险。一直以来,美国主权信用的评级都是 AAA 级,美国的主权信誉及其债务偿还能力也让国际投资者放心,使他们认定美元是全球安全性最高的资产,因而选择购入较多的美国国债以及机构债。然而在 2011 年 8 月,标准普尔第一次把美国主权信用等级从 AAA 降至 AA+。倘若美国债务进一步增多,我国信用风险会有再次增加的可能。

第三节　信用风险的定义及特征

一、信用风险与主权信用风险

（一）信用风险

伴随着对信用风险的深入研究,关于信用风险的定义也在逐步完善。通常,信用风险主要指借款人、证券发行人或交易对方因种种原因,不愿或无力履行合同条件而构成违约,致使银行、投资者或交易对方遭受损失的可能性,即由交易对方不履行到期债务的风险,因此信用风险也被称作违约风险。

在通常情况下,信用风险是指借款人因各种原因未能及时、足额偿还债务或银行贷款而违约的可能性。发生违约时,债权人或银行必将因为未能得到预期的收益而承担财务上的损失。信用风险的产生有两方面的原因:一是经济运行的周期性。在处于经济扩张期时,信用风险降低,因为较强的赢利能力使总体违约率降低。二是对于公司经营有影响的特殊事件的发生。这种特殊事件发生与经济运行周期无关,但对公司经营有重要的影响。

（二）主权信用风险

现今社会,借贷关系不仅存在于人与人或企业与企业中,而且存在于国家与国家或国家与个人当中。主权债务的含义是以本国信用作为保证,向国际经济机构或其他国家借入债务。当全球经济萧条时,许多国家都采取相应的刺激手段,可是随着救市规模的不断扩张,主权债务的比例也快速上升。当这个比例超过特定范围,就会容易产生主权违约风险,即国家因无法偿还主权债务而出现违约情况。因此,政府不愿或无法履行其贷款义务,或放弃其担保的贷款的风险称为主权信用风险。

投资者一般认为美元是"无风险资产",因此多以美国国债作为避险资产。在美国信用等级被下调之后,这一观点也随之改变。此外,美国的预算赤字与债务日益增多,其发生违约的可能性也会逐步增大。截至 2022 年 12 月末,我国外汇存底已达到 3 万亿美元左右,假若美国信用风险持续增加,将会给我国外汇储备带来严重的风险冲击。在此情形下,对信用风险的研究则显得更加紧迫。

二、信用风险的特点

（一）信用风险的非系统性

信用风险具有非系统性，但与市场风险并不相同。虽然投资者的履约水平在某种情况上会受金融风暴等系统性环境的影响，但仍然由部分与投资者紧密相关的非系统性环境决定，如投资类型、主要财务状况、对手方的经营管理能力以及还债意向等。与市场风险相比，信用风险的观察数据少且不易获取，因此具有明显的非系统性特征。

（二）信用风险概率分布的可偏性

投资者违约这类偶然事件，或投资损益不均，都会使得信用风险概率出现可偏性。信用风险的形态并不相称，这一特征是由投资者违约带来的。换句话讲，投资利润是特定且有限的，而亏损并不是不变的，甚至是无下限的。此外，投资者无法从营业情况中取得等值利润，投资获利期望值也不会随着管理的改善而增加，但投资亏损的期望值会因对手营业变得不佳而上升。

（三）信用风险信息的不对称性

各种原因使不同经济个体间存在着信息差，掌握的信息量不同，从而使得对信息掌握越丰富的人越会在交易中取得优势，而弱信息方则处于不利地位。交易双方信息的不对等，使得信用风险提高，有可能会导致市场失灵，因为信息的不对称会导致违约风险发生的概率较高。

（四）信用风险数据获取的困难性

信用风险数据搜集困难的原因主要包括：首先，信贷产品流动性差，缺乏合适的二级交易市场；其次，由于消息存在不对等情况，更难以对信用风险产生的变动进行直接观测；最后，贷款方的合同时间期限相对更长，这将使信用危机低于市场危机的观测数值。

三、测度信用风险的必要性

高额外汇储备使机会成本大大增加，降低了资本的有效使用率。外汇储备是以存款的形式存放在外国银行的，如果其不是用于储蓄而是用于进口或对外投资，那么收益率则更高，这样就构成了外汇储蓄的机会成本。由此可以看出，外汇储备越多，机会成本越高。基于对储备资产收益的考虑，外汇储备管理者开始将高质量信贷产品纳入储备投资，以提高回报率。

如果未来储备资产继续向低质量信贷倾斜,外汇储备将处于更大的信贷风险中。在此背景下,外汇储备管理者应持有合适的工具来测度与监控信用风险;需要更好地提升自身实力,完善风险防控,降低信用风险,不能增加风险偏好,利用资金去进行高风险投资。因此,为了规避可能存在的更大的信用风险,储备管理者必须建立一个合适的框架用于测度信用风险,并增加一个信用限制系统,用于审慎管理外汇储备资产。

四、美国信用评级的变化对我国外汇储备平稳性的影响

(一)外汇储备面临巨大的贬值压力

美国的外债大多数用美元作为计价单位,一旦美元升值,则我国债务负担减轻。因此降低债务相关风险、转移成本的较合理的方式之一是弱势美元。如表 10-1 所示,截至 2017 年 6 月,我国持有美国国债 11465 亿美元,是持有美国国债比重最大的国家,如按此估算,可能造成我国损失约 2280 亿美元。详细见表 10-1。

表 10-1　截至 2017 年 6 月持有美国国债前十位的国家和地区

国家(地区)	持有美国国债/亿美元	占比/%
中国大陆	11465	5.8
日本	10908	5.5
爱尔兰	3025	1.5
巴西	2697	1.3
开曼群岛	2540	1.26
瑞士	2445	1.23
英国	2373	1.19
卢森堡	2117	1.06
中国香港	2026	1.02
中国台湾	1844	0.9

资料来源:美国财政部。

(二)我国外汇储备的真实购买力下降

假如美元贬值,全球通货膨胀会进一步加快,这需要我国加快向内需型经济发展战略转变的步伐。改革的重点包括:不仅要重视引进资金、技术,也要

大胆往外走,进行对外直接投资;重点关注内需,增加消费对经济增长的贡献率。在金融市场中,我国仍需要大量购入的大宗商品都以美元为计量单位,其价格的快速增长预示着本国外汇储备购入水平的快速下降。

（三）美国经济的低迷使我国外汇储备资产的抉择难度增大

在全球经济体系中,美元一直都具有绝对优势,一旦美国经济萎靡,将给世界市场带来消极影响。从 2008 年的金融危机可以看出,一旦美元大幅贬值,不管在外汇资产上是否投资多元化,当世界资本迅速流入对冲基金时,持有非美元资产的风险也将变高,这无疑会增加配置外汇储备资产时的选择难度。

第四节　简析 Credit Metrics 模型

一、与 KMV 模型的比较

Credit Metrics 模型和 KMV 模型是学术界比较认可的两个计量模型,能很好地测度授信目标在授信业务过程中的履约情况,剖析应面对的因履约能力带来的风险事件。同时,避免集中授信,为分散投资和信贷的特定决策提出了相对严谨的依据,为传统的信用研究模式进行了良好的补充。Credit Metrics 模型和 KMV 模型的区别具体如下。

一是 KMV 模型以股票市场价值分析方法为基础,需及时根据某股票市场价格的变动情况来更新与导入模型的相关数据,运算出能实时反馈市场走势以及企业信用实时情况变动的新 EDF(expected default frequency,预期违约率)值。这与 Credit Metrics 模型方式有本质上的区别。Credit Metrics 模型中运用信用等级解析法来度量风险,最显著的特征在于既可以映射出企业风险程度的差异程度,又可以映射出风险程度自身的差异情况,所以更为精确,这对贷款的定价更有利。

二是对于 KMV 模型来讲,是通过单一授信企业的股价变动情况,侧重于解析某企业于股票价格变动情况中所展现出的自身信用情况,但关于企业信用变动相关性等方面,并没有做出充足分析。Credit Metrics 模型采取分散投资的解析方式,侧重于对企业间信用情况变动相关性的直接解析,因此更与现代分散投资管理思想相匹配。

二、Credit Metrics 模型的基本结构

Credit Metrics 模型是 J. P. 摩根 1997 年推出的信用在险价值模型,以在险价值为基础来衡量风险,该模型引起了金融机构和监管当局的高度重视,是在风险管理领域的信用风险量化管理方面迈出的重要一步。Credit Metrics 模型的风险度量框架如图 10-2 所示。

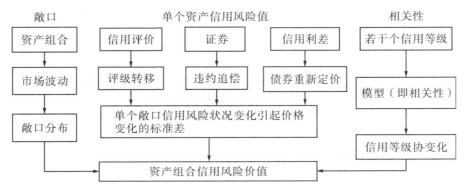

图 10-2 Credit Metrics 风险度量框架

图片来源:胡胜.浅述 Credit Metrics 模型[J].经济师,2011(5):21,23.

模型的假设具体如下。

(1)市场风险跟信贷风险不存在关联,债券的未来市场价值与风险完全取决于其远期利率分配曲线。

(2)模型中存在的唯一变量是信贷评级,且是离散的信贷评级。

(3)风险期限为固定的,一般是一年。

(4)不同债务人对信贷等级的多维分布的预估是通过两者间投资收益率的多维分布来实现的,投资收益率的多维分布又可被投资者权益收益率的多维分布取代。

(5)每个信用等级对应一条零息票回报曲线,违约发生的损失等于违约风险暴露乘以违约损失率。

(6)债务人逾期仍未清偿债务,以及因债务人信贷评级的下跌而引起的债券价值下行都被定义为违约。

(7)相似的信贷评级债务人的贷款是相似的,拥有相近的转移概率以及相似的失约概率。

(8)真实失约率与历史平均失约率相等。

三、Credit Metrics 模型的运用

（一）Credit Metrics 模型基本思路

Credit Metrics 模型运算的基础方法是：第一，明确信用等级系统，评级公司给出的评级是 Credit Metrics 模型所需的必要信息，需依靠特定的系统来找出对应信用等级。第二，预估资产的关联性。若是单一贷款，则可省略。但现实金融情境中，为降低信用危机通常要用到多向化组合，即多个资产组合，这就需要测算资产间的相关性。如果是两个组合，Credit Metrics 模型给出的方法是可以运用期权定价公式，其计算过程如下。

根据模型，双方失约的联合概率为：

$$\rho(\mathrm{DEF}_1,\mathrm{DEF}_2)=\frac{P(\mathrm{DEF}_1,\mathrm{DEF}_2)-P_{\mathrm{DEF}_1}P_{\mathrm{DEF}_2}}{\sqrt{P_{\mathrm{DEF}_1}(1-P_{\mathrm{DEF}_1})P_{\mathrm{DEF}_2}(1-P_{\mathrm{DEF}_2})}} \quad (10.1)$$

$$=Pr[r_1\leqslant d_2^1,r_2\leqslant d_2^2]=N_2[-d_2^1,-d_2^2,\rho] \quad (10.2)$$

其中：DEF_1 和 DEF_2 表示违约事件；V_1 与 V_2 表示两个借款者在时间 t 时的资产价值；V_{DEF_1} 和 V_{DEF_2} 表示违约发生的临界值；d_2^1 和 d_2^2 表示违约距离；N 表示两变量的标准正态分布累积函数，ρ 表示两个资产的相关系数。

（二）迁徙率矩阵与信用等级下的损失率

第一，依靠经验分布以及历史信息，与之前计算的联合失约概率，建立信用评级迁移矩阵，见表 10-2。

表 10-2 信用评级迁移矩阵

单位：%

	Aaa	Aa	A	Baa	Ba	B	Caa	Ca-C	评级撤销	违约
Aaa	100	0	0	0	0	0	0	0	0	0
Aa	0	91.7	5.6	0	0	0	0	0	2.6	0
A	0	0.7	89.8	5.7	0.1	0	0	0	3.8	0
Baa	0	0	1.3	87.1	6.7	0.8	0.2	0	3.8	0
Ba	0	0	5.2	77.6	8.6	1	0	0	7.4	0.1
B	0	0	0	0.2	4.5	71.9	10	0.2	11.8	1.4
Caa	0	0	0	0	0	5.5	70.3	4.4	13.6	6.2
Ca-C	0	0	0	0	0	0	1.1	42.0	11.4	44.3

数据来源：作者根据相关资料整理。

根据表 10-2 的数据,随着等级的下降,其迁徙率越来越高。根据对穆迪公司公布的历史平均违约数据的整理,可以得到信用评级失约率矩阵,见表 10-3。

表 10-3　信用评级失约率矩阵

单位:%

评级	1	2	3	4	5	7	10	15
Aaa	0.0	0.0	0.0	0.1	0.1	0.3	0.7	1.1
Aa	0.1	0.2	0.3	0.4	0.7	1.2	2.0	3.5
A	0.1	0.3	0.5	0.8	1.2	1.9	3.1	5.1
Baa	0.3	0.7	1.3	1.9	2.6	3.8	5.8	9.0
Ba	1.2	2.9	4.8	6.7·	8.6	12.0	16.8	23.3
B	3.5	8.0	12.4	16.4	20.0	26.0	32.4	39.7
Caa-C	10.4	18.2	24.4	29.4	33.4	39.3	46.3	55.0

数据来源:作者根据相关资料整理。

第二,根据两个矩阵中的数据,再借鉴不同证券类型的 LGD(loss given default,失约损失率)及其波动率(σ_{LGD})的参考值(见表 10-4),通过预期损失与非预期损失的方法,得到在相应信用等级下的损失率。

表 10-4　不同证券类型的 LGD 及其 σ_{LGD} 的参考值

证券类型	LGD/%	σ_{LGD}/%
货币市场存款	55	25
资产抵押证券	30	25
无抵押债券、账单和票据	55	25
次级债券	70	25

计算过程如下:

$$EL = EA \times PD \times LGD \tag{10.3}$$

$$UL = EA \times \sqrt{PD \times \sigma_{LGD}^2 + LGD^2 \times \sigma_{PD}^2} \tag{10.4}$$

其中:UL 表示非预期损失,EL 表示预期损失,EA 表示敞口量,PD 与 LGD 分别为违约概率与违约损失率,失约损失率的波动率与失约过程的方差则分别表示为 σ_{LGD} 及 σ_{PD}^2。

四、我国外汇储备资产中美元资产的信用预期损失计算

根据汇通网的数据,截至 2017 年第二季度,我国外汇储备中,美元、欧元、英镑、日元的占比分别为 63.79％、19.91％、4.41％、4.64％(参见表 10-5)。可见,美元在我国外汇储备存量里占据主导地位。而从美国财政部披露的信息可以看出:截至 2017 年 10 月,我国持有的美国国债约为 1.19 万亿美元,在本国外汇储备中的比重为 37.9％,而且这还不包括我国从第三方渠道持有的美国国债,也不包含我国持有的其他美元资产。因而,本章将通过我国外汇储备中美元货币的占比来估算我国外汇储备的信用风险。

表 10-5　截至 2017 年第二季度我国外汇储备的货币构成

货币	占比/％
美元	63.79
欧元	19.91
英镑	4.41
日元	4.64

数据来源:汇通网。

本章将以 2017 年的年度数据为例来进行测度。根据图 10-1 的数据,假设美元资产在我国外汇储备资产的平均比重为 65％。由表 10-4 可知,LGD 为 55％,$\sigma_{LGD}=25\%$。所以,2017 年各月份我国外汇储备中美元资产的信用预期损失的结果如表 10-6 所示。

表 10-6　2017 年各月份我国外汇储备中美元资产的信用预期损失

月份	预期损失/亿美元
1	107.186
2	107.433
3	107.575
4	108.306
5	109.163
6	109.28
7	110.136
8	110.522

续表

月份	预期损失/亿美元
9	111.129
10	111.154
11	111.514
12	112.253

数据来源:作者根据相关资料整理。

因我国外汇储备规模不断扩大,所以美元资产信用预期损失亦是呈逐年增长趋势的。在美国信用等级还为 AAA 时,美元曾一度被认为是"无信用风险"资产,但 2011 年 8 月份后,已经不再被当作"无信用风险"资产。

非预期损失的计算结果如表 10-7 所示。

表 10-7　2017 年各月份我国外汇储备中美元资产的信用非预期损失

月份	非预期损失/亿美元
1	1172.478
2	1175.184
3	1176.734
4	1184.72
5	1194.104
6	1195.388
7	1204.746
8	1208.973
9	1215.614
10	1215.889
11	1219.824
12	1227.908

数据来源:作者根据相关资料整理。

由表 10-6、表 10-7 中的数据可知,2008 年全球金融危机的冲击,再加上美国经济持续萎靡,持有大规模美元资产的预期损失波动性必然会逐渐加大。在 2011 年后,美国主权信用等级的下降,导致我国因持有美元资产而产生的非预期损失值在逐步增加。这表明,很大程度上,美国信用等级的下降影响了我国因持有美元资产而出现的非预期损失。

我国外汇储备中美元资产所占的比重较大,美元资产所产生的预期损失与非预期损失的波动将会是我国外汇储备中要面对的重要信用风险。为此,我国应调整外汇储备资产构成,以更好地规避信用风险。

第五节　对策

当前我国外汇储备资产的重要组成部分是美国国债与机构债。如果美国政府信用评级情况进一步下降,我国外汇储备的安全问题将无法得到有效保障。因此,我国需要制定相应的对策来对外汇储备进行长期管理。在欧债风险也不断增大的情形下,不应只是大幅降低美国国债以及美元资产的持有量。

一、适当调整外汇储备资产结构

面对美国信用等级的下调以及美元币值的下行,我们应进一步优化外汇储备资产的构造,相应地减少美国国债的储备量,加大对公司债及股权的投资。另外,可对美国上市公司进行适量投资,例如增加美国上市公司股权的持有量。金融危机致使美国大部分公司股价被严重低估,因此可以考虑以较低的价格购入来获取较大的盈利,从而达到保值增值的目的。

二、逐步减少外汇储备的过快增量

随着外汇市场做市商制度的推出和完善,我国实行有管理的浮动汇率制度,央行外汇市场的"接盘者"和管理者的角色会被逐步弱化,这也符合人民币汇率改革逐渐向灵活性过渡的方针。央行被动"接盘"的量越少,外汇储备的增长幅度越会往下降。此外,央行将会逐步弱化自身在外汇市场上"接盘者"的角色,同时结售汇制度也会进一步向意愿结售汇制度过度。

三、适时增加战略性物资储备

积极分流外汇储备,促进官方外汇储备投资和运用的多样化。根据国际市场原油、重要金属等战略物资价格的变化,适时增加战略物资储备,扩大对全球大宗商品交易的参与。还可以借鉴新加坡、挪威等国经验,在满足储备资产必要流动性和安全性的前提下,以多余储备单独成立专门的投资机构,拓展储备投资渠道,延长储备资产投资期限,以提高外汇储备投资收益水平,推动外汇储备积极管理。

本章小结

　　对我国外汇储备信用风险进行有效测度,是目前政府部门面临的重大难题,也是需要着力解决的关键性问题。本章围绕基于 Credit Metrics 模型视角的外汇储备信用风险的测度工作展开。首先,阐述了研究背景、研究意义以及国内外研究的一些情况。其次,阐述了我国外汇储备的现状及其风险类别。再次,阐述了信用风险的定义及特征,系统阐释了美国信用评级的变化对我国外汇储备平稳性的影响。复次,简析了 Credit Metrics 模型;阐明了运用信用等级解析法来度量风险,最显著的特性在于可以更加精确反映风险程度。最后,介绍 Credit Metrics 模型的运用,通过迁徙率矩阵与信用等级下的损失率,对我国外汇储备货币资产的信用预期损失进行计算,并根据结论提出相应的对策。

第十一章 外汇储备汇率风险的测度

第一节 引言

一、研究背景及意义

2019年7月,国家外汇管理局发布《国家外汇管理局年报(2018)》,首次披露了我国外汇储备货币结构等数据,并介绍了外汇储备投资理念、风险管理、全球化经营平台等情况。从数据来看,在我国外汇储备货币结构中,美元的占比从1995年的79%下降至2014年的58%。一旦美元贬值,将导致我国外汇储备折算成人民币的账面价值减少。本章尝试通过对中国外汇储备汇率风险的测度研究,使得在既定收益的条件下达到汇率风险最小化的目标,即控制总体投资风险,使得外汇储备保值增值。

二、文献综述

国内外学者对外汇储备币种结构和风险管理等方面进行了大量的探讨,得出一些有益的研究结论,为我们研究外汇储备汇率风险的测度提供了一定的参考价值。

(一)国内文献

对外汇储备币种结构和适度规模的讨论,是外汇储备研究的热点之一。易江等(1997)将资产组合风险最小化的理论应用于外汇储备安全增值问题的研究,讨论了实现外汇储备最优组合的方法。金艳平等(1997)给我国的外债结构、我国外汇储备的国际地位、进出口贸易结构和收益率分别设置一定的权重,从而计算出一个比较合理的我国外汇储备的币种结构比例:美元为

55％～65％,英镑和法国法郎各为 5％左右,德国马克为 10％～15％,日元为
20％～25％。吴丽华(1997)利用阿格沃尔模型,测算出我国外汇储备量超过
了适度量,建议把过多的外汇储备量存入收益率高的外汇银行,投资于收益率
比较稳定的外国政府证券,或者投资于国外的房地产和股票,以及我国急需进
口的一些关键的技术和设备。

武剑(1998)通过对国际收支状况进行横向研究和纵向研究,试图说明当
前我国外汇储备规模的存量是多还是少,以及其增量是否符合经济效率的原
则,依据国际经验标准指标对我国外汇储备建立了测度模型,并以此对我国外
汇储备的合理规模加以界定。仲雨虹(2000)认为,为了保障储备资产的流动
性、保值和增值,中央银行必须依据审慎性管理政策和目标,通过制定有效的
管理方法,对储备资产实施管理。许承明(2001)通过日元和美元的实际数据,
分析得出以下结论:随着经济的发展,世界贸易制度的完善,各国货币之间兑
换的便利程度进一步深化,从而对储备资产的盈利和损益会产生一定的影响。

朱淑珍(2002)以美元为基准,考察了几种重要国际货币的风险收益情况,
利用马科维茨模型工具对中国的外汇储备结构进行了探索性研究,分析了外
汇储备的风险最小方差边界曲线(风险有效边界曲线),给出了理论上最优的
外汇储备结构调整的建议。王国林(2005)对欧元面世以来的几大关键货币的
汇率变动、中国外汇储备币种结构及其对中国外汇储备规模的影响进行了分
析,发现关键货币汇率变动对中国外汇储备规模确实有着不可忽视的影响。

陈卫连(2008)运用资产组合理论的 VaR 方法,对外汇储备汇率风险进行
分析。杨胜刚等(2008)在借鉴马科维茨的投资组合理论的同时,利用均值方
差模型,对我国外汇储备的币种结构进行了实证研究。姜昱等(2009)利用
DCC-GARCH 模型,结合 CVaR(条件风险价值),动态地描述了我国外汇储
备的汇率风险,结果显示,近期汇率风险有增加趋势。

孔立平(2010)在考虑外汇储备风险和收益的同时,综合考虑我国的贸易
结构、外债结构、外商直接投资来源结构和汇率制度,对我国外汇储备进行最
优币种结构配置,提出中国当前合理的储备币种权重,并提出,从长期看应逐
步减持美元、增持欧元,同时积极推进人民币国际化。罗坚毅(2010)等通过
Eviews 软件进行 OLS 回归分析,结果表明,我国外汇储备管理中存在着多重
共线现象;阐述了在金融危机背景下存在的各种潜在风险,并为更好地利用外
汇储备提供了思路。

朱新玲等(2011)基于不同的分布、置信水平条件,利用 GARCH-CVaR
模型对人民币汇率风险进行测度研究。关亚辉(2017)以人民币兑美元汇率作

为研究对象,建立人民币兑美元汇率的对数收益率时间序列,在极端风险视角下,运用 GARCH 和 EGARCH 两个模型,对汇率波动性进行研究,得出汇率市场的剧烈波动势必会对外汇储备造成不利影响的结论。

（二）国外文献

Markowitz(1952)提出的资产组合模型是早期研究外汇储备币种结构的方法。该模型中把储备资产当作为储藏财富的手段,但中央银行的目标是通过资产组合的方式,尽可能地在降低风险的同时使得资产价值得到最大化,或者是在资产收益既定的情况下使得风险最小化。Dooly 等(1989)使用 1976—1985 年 58 个国家的外汇储备币种结构数据估计了交易动机模型,进一步发现：一是外汇储备币种结构主要受所盯住的货币、主要贸易伙伴和外债结构影响；二是交易动机在各国外汇储备币种管理中所占的重要程度是不同的。

VECH-GARCH 模型是由 Bollerslev 等（1988）提出的第一个多元 GARCH 模型。由于不能保证条件协方差矩阵的正定性,并且该矩阵估计的参数太多,所以 Engel 等(1995)提出了 BECK-CARCH 模型。该模型具有保证条件协方差矩阵的正定性的优势,但其存在的缺陷是参数的经济意义不够明显。Engel 还提出了一种新的估计量——动态条件相关系数,这是在 Bollerslev(1990)提出的常相关多元 GARCH 模型（CCC-GARCH）基础上提出的。

Andersson 等（2000）在给定一定置信水平的前提下,通过最优化 CVaR 的方法使得信用风险最小化[①]。他们首先提出了 CVaR 的概念及优化问题,然后针对案例研究提出 CVaR 的约束问题,最后给出 CVaR 最优化模型。Uryasev(2000)明确指出,CVaR 的最优化问题可通过线性规划的方法来解答,并且得出 CVaR 始终大于等于 VaR 的结论,由此解决了 CVaR 的最小化问题,得出 VaR 的最优解。但是在联合密度条件下的 CVaR 如何求解,有待进一步研究。

关于如何求解均值方差的有效边界和 mean-CVaR 的有效边界二者之间的关系,Gaivoronski 等(2005)认为,计算 mean-VaR 的有效边界比较困难。于是,有些学者提出了 SVaR 的概念,认为可用一些商业软件来解决它的最优化问题。例如,Ramachandram （2006）以印度为例,利用缓冲库存模型研究外汇储备的最优水平,并认为相对外汇储备的波动性而言,机会成本对于外汇储

---

① CVaR 是指损失超出 VaR 的条件均值,与 VaR 相比,CVaR 具有良好的次可加性,能够较好地满足凸性要求,在数学上也呈现出单调性。

备需求的影响占主导的作用。

　　Gupta(2008)对印度的外汇储备发展概况做了简单的回顾,通过国际经验标准对印度的外汇储备充足率做了有效的判断,并在此基础上对拥有外汇储备的成本收益做了进一步的研究。Kasman 等(2008)利用土耳其 1982 年 1月—2005 年 11 月的月度相关数据,通过单位根和协整检验,得出短期内减少名义汇率或实际汇率对外汇储备有显著的影响这一结论。Zhou 等(2015)运用 GARCH 模型和 VaR 方法,对每种储备货币的收益率和波动率进行估计,此外还计算了不同期望收益率的最优货币组合,建议适当降低美元比例或调整美元资产结构,增加欧元和日元比例。

　　(三)国内外文献总结

　　综上所述,关于外汇储备汇率的风险测度研究,国内外学者进行了大量研究,而且研究已经非常深入,为本章进一步研究提供了极好的思路。有鉴于此,本章尝试研究如下方面:一是综合我国外汇储备的发展状况,分析我国外汇储备风险的类型以及可能给我国带来的损失;二是对 VaR 和 CVaR 的相关理论进行基本叙述,选取相关储备货币的汇率中间价为样本,在 CVaR 模型的基础上,对我国外汇储备的汇率风险进行实证研究;三是借助投资组合理论规避汇率风险,并提出有效的政策建议。

第二节　我国外汇储备的发展概况和汇率风险分类

一、中国外汇储备发展的历程

　　20 世纪 50—70 年代,我国外汇储备相当紧张。1952 年末,我国外汇储备只有 1.08 亿美元。1978 年末也仅有 1.67 亿美元,居世界第 38 位。

　　改革开放以来,我国外汇储备稳步增加。2001 年,我国的外汇储备量突破了 2000 亿美元的大关,年度外汇储备量同比增加 466 亿美元。2006 年末,我国外汇储备量突破 10000 亿美元,超过日本,居世界第一位。2013 年和 2014 年,我国外汇储备余额均达到了 3.8 亿美元。由此可见,国家在持续地扩大外汇储备规模。2018 年末,我国外汇储备余额为 30727 亿美元,连续 13 年稳居世界第一。

2023年1月,受全球宏观经济数据、主要经济体货币政策预期等因素影响,美元指数下跌,全球金融资产价格总体上涨。受汇率折算和资产价格变化等因素综合作用,当月外汇储备规模上升。我国经济持续恢复,呈回升态势,内生动力不断增强,有利于外汇储备规模保持基本稳定。国家外汇管理局的统计数据显示,截至2023年1月末,我国外汇储备规模为31845亿美元,较2022年末上升568亿美元,升幅为1.82%。

二、汇率风险的定义及分类

汇率风险是指在不同货币的折算或相互兑换中,由非预期的汇率变化导致的有关经济实体在未来将获得的现金流的减值风险。汇率风险的分类方法有多种,最常见的分类方法是将汇率风险分为交易风险、折算风险以及经济风险。

(一)交易风险

交易风险是指在汇率波动的影响下,个人或企业在经营活动过程中有可能遭受的损失。交易风险主要是用来反映在汇率变动后,一些以外币标价的合同的本币价值,因为债权债务的结算或清偿而可能遭受贬值的风险。使用较为普遍的汇率避险方式包括贸易融资、运用金融衍生产品、改变贸易结算方式、提高出口产品价格、改用非美元货币结算、增加内销比重和使用外汇理财产品等。

(二)折算风险

折算风险是指企业在对资产负债表进行会计处理的时候,将外币的余额转换成本国货币的时候,汇率发生了变动,导致会计账簿上的有关项目发生变动,从而遭受损失的一种可能性。折算风险代表的是会计处理时的账面收益或损失,而不是真正的收益或损失,它影响的是会计的报告结果。如果企业财务报表为资产负债表,它影响的便是资产负债表的报告结果;如果企业财务报表是损益表,则影响的是损益表的报告结果。

(三)经济风险

经济风险是指不可预测的汇率变动,对宏观上的经济环境以及微观上的企业的经营活动产生影响,从而使经济主体遭受损失的可能性。经济风险又称经营风险,换句话讲,是指意料之外的汇率变动,通过影响企业的生产销售数量、价格、成本,引起企业未来一定期间收益或现金流量减少而形成的一种潜在损失。经济风险不仅可以在成本结构、销售价格、融资能力等方面对一个企业造成影响,甚至还会在更大层面影响一个国家的国际收支状况和市场的竞争格局。

第三节 VaR 和 CVaR 模型的基本原理

一、VaR 概念以及特点

VaR 即风险价值,主要指在一定的持有期和给定的置信水平下,利率、汇率等市场风险要素发生变化时,可能对某项资金头寸、资产组合或机构造成的潜在最大损失。用数学公式可以表示为:

$$\text{Prob}(\Delta p > \text{VaR}) = 1 - \beta \tag{11.1}$$

在上式中,Δp 代表的是在持有期内投资组合的损失,VaR 代表的是指定置信水平为 β 时风险的价值。风险价值与一些用来衡量风险的波动性指标相比,具有以下不同特点:一是风险价值能够更清楚地揭示出投资主体目前所面临的风险;二是风险价值相比于传统的衡量标准,多了置信水平的概念;三是在对一个含有多种资产的投资组合进行风险测量时,VaR 值能够比较简单又直接地计算出来。

二、CVaR 模型介绍与基本原理

(一)CVaR 模型介绍

CVaR 即条件风险价值,它是指在某个给定 VaR 值的条件下,投资组合遭受的损失超过该投资组合的平均损失值。假如给定 $\beta = 99\%$,那 CVaR 代表的就是在 1% 的时候,投资组合所遭受到的最大损失平均值。

设 x 为决定变量,y 为随机变量,其中,$x \in X$,$y \in Y$,$p(y)$ 是一个密度函数。给定任意一个 x,相对应地,y 的损失函数为 $f(x,y)$。此时,函数 $f(x,y)$ 小于或等于一个阈值 α 的概率为:

$$\psi(x,\alpha) = \int_{f(x,y) \leq \alpha} p(y) \, \mathrm{d}y \tag{11.2}$$

其中:$\psi(x,\alpha)$ 是定义 CVaR 和 VaR 的重要函数,是一个取决于随机变量 y 的

并且与 x 有关的累积分布函数。设置信水平为 β 时,其中 $\beta \in (0,1)$,我们便可以用式(11.3)和(11.4)分别来表示 VaR 和 CVaR:

$$\alpha_{\beta}(x) = \min\{\alpha \in \mathrm{IR}: \quad \psi(x,\alpha) \geqslant \beta\} \tag{11.3}$$

$$\varphi(x) = (1-\beta)^{-1} \int_{f(x,y) \geqslant \alpha_{\beta}(x)} f(x,y) p(y) \mathrm{d}y \varphi(x) \geqslant \alpha_{\beta}(x) \tag{11.4}$$

根据以上对 VaR 和 CVaR 的定义,可以推导出 $\varphi(x) \geqslant \alpha_{\beta}(x)$。因此可以知道,CVaR 与 VaR 相比,多考虑了损失尾部的分布,这也进一步表明 CVaR 是一种更加审慎的风险度量方法。

（二）CVaR 的基本原理

给定置信水平 β 的条件下,设资产 x 的标准差为 $\delta(x)$,期望收益率为 $E(x)$,且令 $Z = -\psi^{-1}(1-\beta)$,由式(11.3)和式(11.4)可知:

$$\mathrm{VaR} = \alpha_{\beta}(x) = Z\delta(x) - E(x) \tag{11.5}$$

$$\mathrm{CVaR} = \varphi(x) = K\delta(x) - E(x) = K - \sqrt{x^{\mathrm{T}}Hx - x^{\mathrm{T}}\mu} \tag{11.6}$$

其中:$K = -(1-\beta)^{-1} \int_{-\infty}^{Z} xp(x)\mathrm{d}x, \mu = E[f(x,y)]$,$H$ 为 N 种资产的协方差矩阵。函数 F_{β} 在 $X \times \mathrm{IR}$ 中有下式成立:

$$F_{\beta}(x,\alpha) = \alpha + (1-\beta)^{-1} \int_{y \in Y} [f(x,y) - \alpha]^{+} p(y)\mathrm{d}y \tag{11.7}$$

其中:$z = f(x,y) - \alpha, [Z]^{+} = [f(x,y) - \alpha]^{+}, [Z]^{+} = \max\{Z, 0\}$,且 $F_{\beta}(x,\alpha)$ 是凸的连续可微函数。

1.CVaR 的基本原理一

对于任意的 $x \in X, F_{\beta}(x,\alpha)$ 是连续可微的凸函数,则有下列式子成立:

$$\varphi(x) = \min_{\alpha \in \mathrm{IR}} F_{\beta}(x,\alpha) \tag{11.8}$$

因而 α 的集合可由 $F_{\beta}(x,\alpha)$ 的最小值来表示,即:

$$A_{\beta}(x) = \arg \min_{\alpha \in \mathrm{IR}} F_{\beta}(x,\alpha) \tag{11.9}$$

从而 VaR_{β} 为:

$$\alpha_{\beta}(x) = \inf A_{\beta}(x) \tag{11.10}$$

所以,有下面两式成立:

$$\alpha_{\beta}(x) = \arg \min_{\alpha \in \mathrm{IR}} F_{\beta}(x,\alpha) \tag{11.11}$$

$$\varphi_{\beta}(x) = F_{\beta}[x,\alpha_{\beta}(x)] \tag{11.12}$$

2.CVaR 的基本原理二

对于任意 $x \in X$,$CVaR_{\beta}$ 的最小化问题可以转化为,对于 $(x,\alpha) \in X \times IR$,使得 $F_{\beta}(x,\alpha)$ 最小化的问题,即:

$$\min_{x \in X} \varphi_{\beta}(x) = \min_{(x,\alpha) \in X \times IR} F_{\beta}(x,\alpha) \tag{11.13}$$

由上式可知,当 $f(x,\alpha)$ 是关于 x 的凸函数时,则 $F_{\beta}(x,\alpha)$ 也是一个关于 (x,α) 的凸函数,并且连续可微。考虑到 $\varphi_{\beta}(x)$ 也是一个关于 x 的凸函数,可以把 $F_{\beta}(x,\alpha)$ 的最小化问题当做凸规划的问题来做相关处理。

（三）计算方法

1.线性规划法

设 y 是一个随机变量,且 $y \in Y$,在一个投资组合中式(11.8)又可表示为:

$$CVaR_{\beta}(x) = \min_{\alpha \in IR} \left\{ \alpha + (1-\beta^{-1}) \int_{y \in Y} [f(x,y) - \alpha]^+ p(y) dy \right\} \tag{11.14}$$

如果这个投资组合是一个可选择的投资组合集,且它的目标是 $CVaR_{\beta}(x)$,那么式(11.14)又可以表示为:

$$\min_{x \in X} CVaR_{\beta}(x) = \min_{(x,\alpha) \in X \times IR} \left\{ \alpha + (1-\beta^{-1}) \int_{y \in Y} [f(x,y) - \alpha]^+ p(y) dy \right\} \tag{11.15}$$

当一个样本为 $\{y^k\}_{k=1}^N$ 时,同时在实验中引进一个辅助变量 $U_k (k=1, 2,\cdots,N)$,就可以把式(11.15)看作是一个线性规划的问题。只有这样,最小化的 $CVaR_{\beta}(x)$ 才能够等价于最小化的 $\alpha + N(1-\beta)^{-1} \sum_{k=1}^N U_k$。其中,$U_k \geqslant 0$ 且 $U_k - [f(x,y^k) - \alpha] \geqslant 0$。

2.快速梯度下降法

Igengar 等认为 CVaR 的定义也可以用公式表示为:

$$CVaR\beta(x) = \max_{\omega \in X} E^{\omega}[f(x,\cdot)] \tag{11.16}$$

对于给定的集合 W,有:

$$W = \left\{ \omega \left| \frac{\partial \omega}{\partial p} \in \frac{0,1}{1-\beta} \right. \right\} \tag{11.17}$$

于是，目标函数变为：

$$\min_{x \in X} \max_{\omega \in W} E^\omega [f(x, \cdot)] \tag{11.18}$$

测度 W_N 集合可表示为：

$$W_N = \left\{ \omega \in \mathfrak{R}^N \; \middle| \; \sum_{i=1}^{N} \omega_i = 1, 0 \leqslant \omega_i \leqslant \frac{1}{1-\beta} p_i \right\} \tag{11.19}$$

其中，$p = (p_1, p_2, \cdots, p_N)^T$，并且 $Y = [y^1, y^2, \cdots, y^N] \in \mathfrak{R}^{n \times N}$ 代表的是一个矩阵。在此条件下，均值 CVaR 问题就可以转换为求鞍点解的问题，可表示为：

$$\min_{x \in X} \max_{\omega \in W_N} \{ -W^T Y x \} \tag{11.20}$$

3.计算方法对比

2000 年，Rrockafellar & Uryasev 提出了线性规划法。当时，困扰着他们的是如何将凸规划问题用线性规划的思维来解决，最终他们通过引入了 N 个辅助变量来解决这一问题。一个投资组合中的资产的种类越多，就需要越多的辅助变量，但辅助变量的增加会降低线性规划法的计算速度。快速梯度下降法很好地解决了这个问题，尽管投资组合中有比较多的资产数量，它依然能够保持非常快的运行速度。

第四节　基于 CVaR 模型的外汇储备汇率风险测度研究

一、样本选取及数据来源

本章采用日频数据，主要选取 2016 年 1 月 4 日—2017 年 12 月 29 日人民币对五种主要储备货币的汇率中间价为样本。根据国际货币基金组织披露的数据，中国的外汇储备币种结构大致为美元占 68％、欧元占 10％、英镑占 8％、日元占 12％、港元占 2％[①]，用数学公式可表示为 $x^T = (0.68, 0.10, 0.08, 0.12, 0.02)$。

―――――――――

① 数据来源于国家外汇管理局官方网站。

二、我国外汇储备汇率风险的测度

第一,是对汇率进行差分处理,得出相关的收益率时间序列,将日收益率序列用自然对数差的形式表示为:$r_t = \ln p_t - \ln p_{t-1}$。下面简单地用 RUS、REU、REG、RJP 和 RHK 分别表示美元、欧元、英镑、日元以及港元等汇率,经过 $r_t = \ln p_t - \ln p_{t-1}$ 的差分处理后的收益率构成时间序列。各收益率时间序列的统计特征见表 11-1。

表 11-1　各收益率时间序列的统计特征

收益率时间序列	均值	中位数	标准差	偏度	峰度	JB统计量	伴随概率
RUS	9.74E−06	5.12E−05	0.002167	−0.06682	4.765056	63.71007	0
REU	0.000209	−0.000130	0.003961	0.450979	5.586855	152.2959	0
REG	−0.00018	0.000114	0.006747	−2.90705	32.00926	17762.13	0
RJP	0.000143	0.000114	0.006027	0.591663	7.160175	379.6026	0
RHK	−7.72E−06	8.05E−05	0.002148	−0.06232	4.589344	51.57230	0

从表 11-1 可以看出,RUS、REG 和 RHK 都存在负偏度,而 REU 和 RJP 存在正偏度,并且五个序列的 JB 统计量数值较大,所以拒绝原假设。这表明,五个收益率时间序列均不是正态分布。而且,从表 11-1 中可以较容易地看出,各收益率时间序列的峰度都大于 3。因此,五个收益率时间序列均存在着"尖峰厚尾"的现象。下面用图 11-1~11-5 分别表示 RUS、REU、REG、RJP 和 RHK 的时间序列图。

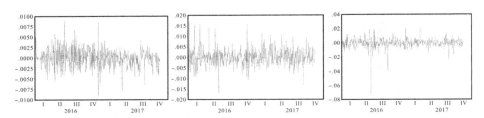

图 11-1　RUS 的时间序列图　　图 11-2　REU 的时间序列图　　图 11-3　REG 的时间序列图

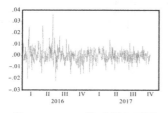
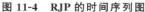
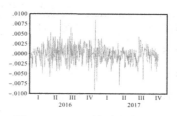

图 11-4　RJP 的时间序列图　　　　图 11-5　RHK 的时间序列图

第二,采用 ADF 检验检验收益率时间序列的平稳性。为了避免产生错误,必须在分析时间序列数据之前对其进行平稳性检验,检验结果如表 11-2 所示。

表 11-2　各收益率时间序列数据的 ADF 检验结果

收益率时间序列	ADF	1%临界值	5%临界值	10%临界值	结论
RUS	−23.47797	−3.443551	−2.867255	−2.569876	平稳
REU	−22.67089	−3.443551	−2.867255	−2.569876	平稳
REG	−20.41887	−3.443551	−2.867255	−2.569876	平稳
RJP	−21.02061	−3.443551	−2.867255	−2.569876	平稳
RHK	−23.37163	−3.443551	−2.867255	−2.569876	平稳

通过表 11-2 的检验结果可以知道,五个收益率时间序列的检验结论都是平稳,即它们均通过了 ADF 平稳性检验。

第三,是用 Ljung-Box Q 检验检验收益率时间序列的自相关性。为了保证实验结果的准确性,在建模之前还需要在 Eviews10 软件中用 Ljung-Box Q 检验来检验五个时间序列的相关性。其中,阶数指的是滞后期 k 的值,而 AC 列和 PAC 列则分别表示估计的自相关系数值以及估计的偏自相关系数值。Q-Stat 和 Prob 分别代表的是 Q 统计量值,以及 Q 统计量的取值大于该样本计算的 Q 值时的概率。当设定的检验水平为 5%时,如果 P 值大于 0.05,该序列就是非自相关序列。经检验,可以得到结果为五个收益率时间序列都不存在自相关。

第四,是对残差序列进行 ARCH-LM 检验。通过 Eviews 软件,分别对五个收益率时间序列的残差序列进行 ARCH-LM 检验,结果如表 11-3 所示。

表 11-3　ARCH-LM 检验结果

收益率时间序列	F 统计量	概率（P）	二次方和
RUS	9.690674	0.0020	9.538791
REU	0.004494	0.9466	0.004513
REG	1.165531	0.2809	1.167552
RJP	0.995230	0.3190	0.997309
RHK	11.14828	0.0009	10.94063

当 $P<0.05$ 时，拒绝原假设，表明残差序列具有 ARCH 效应。根据表 11-3 可以获知，RUS 和 RHK 的残差序列都具有 ARCH 效应，REU、REG 和 RJP 的残差序列都不存在 ARCH 效应。

第五，在 AIC 和 SC 准则的基础上，确定模型的最终形式实验。结果表明，残差序列具有高阶的 ARCH（8）效应。因此，在 AIC 和 SC 准则的基础上，确定使用 GARCH（1，1）模型，用公式表示为：

$$r_t = c + Ar_{t-1} + \mu_t \tag{11.21}$$
$$h_t = \omega + \alpha\mu_{t-1}^2 + \beta h_{t-1} \tag{11.22}$$

由前文所述的检验结果可知，每个收益率序列都不存在自相关，所以当 A 为 0 时，r_t 为均值方程，而 h_t 为条件方差方程。此时，表明异方差现象和自相关现象也全都消除了。ARCH 检验结果如表 11-4 所示。

表 11-4　建立 GARCH（1，1）模型后的 ARCH 检验结果

收益率时间序列	F 统计量	概率	二次方和
RUS	2.249555	0.1343	2.248393
REU	0.004494	0.9466	0.004513
REG	1.165531	0.2809	1.167552
RJP	0.995230	0.3190	0.997309
RHK	0.050156	0.8229	0.050359

经检验后，还需要估计五个收益率时间序列的残差 μ_t，设其均值为零，然后再根据 GARCH（1，1）模型进行计算。最后，通过 MATLAB 软件得出协方差矩阵 H_t。

第六，利用 CVaR 模型进行风险分析。

当收益率时间序列 r_t 为正态分布，且置信水平 $\beta=95\%$ 时，五个收益率

时间序列的期望日收益率可以表示为：

$$\mu = (0.00000977, 0.000209, -0.000180, 0.000143, -0.00000772)^T$$

由前文可知,中国外汇储备资产中五种货币的比率为 $x^T = (0.68, 0.10, 0.08, 0.12, 0.02)$,再根据上一步算出的动态协方差矩阵 H_t,利用 Excel 软件可求得资产 x 的标准差为 $\delta(x) = (0.002169, 0.003961, 0.006747, 0.006027, 0.002148)$。资产 x 的期望收益率为 $E(x) = \mu$,因此可以在上述分析的基础上计算出动态 CVaR 值,CVaR 的动态变化详细见图 11-6。

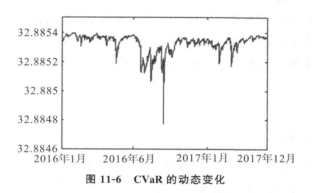

图 11-6　CVaR 的动态变化

计算的结果显示,最大的 CVaR 值为 32.8854 亿美元,最小的 CVaR 值为 32.8848 亿美元。这说明置信水平为 95% 时,由汇率变化而导致的日平均损失,最大为 32.8854 亿美元,最小约为 32.8848 亿美元。由图 11-6 可知,CVaR 值的变化幅度在选取的时间段内还相对较小,这说明近期中国外汇储备的汇率风险并没有明显增加的趋势。

第五节　结论与建议

一、结论

本章通过建立 CVaR 模型对汇率风险进行测度研究,研究结果表明,中国外汇储备的汇率风险在样本的时间区间内,保持着相对平稳的状态,没有大幅度增加的趋势。本章采用 ADF 检验检验收益率时间序列的平稳性,且运用 Ljung-Box Q 检验检验收益率时间序列的自相关性,对残差序列进行

ARCH-LM 检验；在 AIC 和 SC 准则的基础上，确定模型的最终形式实验结果。在输出的 CVaR 值结果中，依旧能够看到，在 95％的置信水平下，由于汇率变化而导致的中国外汇平均超额损失仍然比较大。

二、建议

一是中国可以通过减少美元资产的持有量，从而有效降低外汇储备汇率风险。二是可以通过减少外汇储备总额，从而有效降低外汇储备汇率风险。三是国家应该鼓励"藏汇于民"，这可以有效地抑制外汇储备规模增长的速度，从而有效降低外汇储备汇率风险。四是增加黄金储备，用部分外汇进行能源储备以及用部分外汇进行黄金储备，降低外汇储备规模，从而有效降低外汇储备汇率风险。

本章小结

本章围绕外汇储备汇率风险的测度展开。首先，描述了相关的研究背景、研究意义，以及国内外相关研究的一些情况。其次，阐述了我国外汇储备的发展概况和汇率风险分类。再次，介绍 VaR 和 CVaR 模型的基本原理，系统阐释了线性规划法和快速梯度下降法。最后，通过 CVaR 模型对我国外汇储备汇率风险进行测度研究，并根据结论提出相应的建议。

第十二章　刍议我国外汇储备整体风险度量

第一节　引言

随着我国经济和金融市场对外开放的深入,官方外汇储备量也在迅猛增加,我国依然是全球外汇储备持有量最多的国家,外汇储备规模继续领跑全球。当前外部环境复杂严峻,国际金融市场依然有较大波动性,这意味着外汇储备风险管理颇为重要。

2022 年,我国进出口总值首次突破了 40 万亿元人民币,规模再创历史新高,连续 6 年保持世界第一货物贸易大国地位。其中,我国外汇储备中超过总量 60％的是以美元结算的,这将使得我国外汇储备受美元影响较大,其导致的外汇储备整体风险是不容忽视的。

为了规避风险带来的损失,各国通过采取措施来降低外汇储备的总体风险,因此对外汇储备进行度量已经是风险管理过程中的一个重要环节。关于我国外汇储备整体风险度量的探讨,也已经成为学术界和实务界的热议话题。

第二节　形成我国外汇储备整体风险的内在因素

一、外汇储备增长速度过快,总量过大

纵观我国的经济发展历程,在经济飞速发展的同时,外汇储备也呈现出持续增长的趋势。特别是在 1994 年我国开始实行人民币汇率并轨后,确立了浮

动汇率以及结售汇率制度,我国外汇储备步入快速增长的阶段。在 2001 年这一年中,中国贸易顺差已经达到稳定增长的状态,这也推动着我国的外汇储备进入飞速增长的关键时期。根据国家外汇管理局 2023 年 1 月 7 日发布的统计数据,截至 2023 年 1 月末,我国外汇储备规模为 31845 亿美元,位居世界第一。然而,外汇储备越多,带来的机会成本也越多,同时引发通货膨胀的可能性也越大。

二、美元占比依然较大的外汇储备币种结构

中华人民共和国国家外汇管理局于 2019 年 7 月 28 日公布了《国家外汇管理局年报(2018)》,首次披露了外汇储备货币结构等数据,并介绍了外汇储备投资理念、风险管理等情况。从数据来看,在我国外汇储备货币结构中,美元占比从 1995 年的 79% 下降至 2014 年的 58%,非美元货币的占比从 21% 上升至 42%[①]。2022 年 12 月 16 日,国家外汇管理局公布了《国家外汇管理局年报(2021)》。数据显示,2017 年我国的外汇储备货币结构中,美元占比为 58%,非美元货币占比为 42%[②]。可见,美元在我国外汇储备币种结构中占据主要地位。

(三)官方储备结构分布不够合理

当前我国官方储备资产由黄金储备、外汇储备、特别提款权、国际货币基金组织的储备头寸和其他储备资产构成。其中占绝大部分的是外汇储备,特别提款权和储备头寸比例非常小,黄金在国际储备体系的影响下所占比例也偏低。因此,随着我国外汇储备不断增长,以及其余三者呈现出的不断下降的趋势,使得外汇储备进一步成为我国国际储备的主体。国家外汇管理局的公布的截至 2023 年 1 月末的我国官方储备资产数据见表 12-1。

表 12-1 截至 2023 年 1 月末我国官方储备资产

项目	金额/亿美元	金额/亿 SDR
外汇储备	31844.62	23615.4
国际货币基金组织储备头寸	109.82	81.44
特别提款权	519.71	385.41

---

① 数据来源:http://www.gov.cn/shuju/2019-07/28/content_5416085.htm。
② 数据来源于国家外汇管理局官方网站。

续表

项目	金额/亿美元	金额/亿 SDR
黄金	1252.83 （5956 万盎司）	929.08 （5956 万盎司）
其他储备资产	−2.04	−1.51
合计	33724.94	25009.82

数据来源：国家外汇管理局网站。

第三节　浅谈我国外汇储备整体风险的构成

一、汇率风险

汇率风险又称外汇风险，是指在一国的国际经济交易中，以外币计价衡量的资产与负债或收入与支出，因货币汇率波动而导致损失的可能性。外汇储备的汇率风险主要指本国所持有的外币资产的汇率变动，对储备资产造成损益的不确定性影响。目前，世界大多数国家都采用浮动汇率制，因此频繁的汇率波动必然会带来极大的风险，甚至会导致汇兑亏损的出现。当前美元在我国外汇储备中依然是第一大币种，因此我国外汇储备对人民币与美元的汇率极其敏感，一旦美元贬值，必然会使中国的外汇储备资产大幅度减少。

二、利率风险

利率风险在外汇储备上体现为，所持有外币的利率波动时对储备资产造成损失或收益的不确定性影响。我国长期以来一直将外汇中的大部分美元资产用于投资美国国债，认为这样比较能够保证外汇储备资产的安全性和保值性。在美国联邦储备系统每一次调高美元基准利率，或是金融危机（次贷危机）冲击的情况下，均使得美国国债收益率大幅度下降和波动的趋势会逐渐增强，随之导致了我国外汇储备中美元债券的市值持续下降，并且波动幅度明显增大，进而使我国外汇储备的利率风险更加突出。此外，我国其他主要储备货币资产的利率波动也会带来相应的利率风险。

三、流动性风险

外汇储备的流动性风险是指,中央银行无法以迅速而且较低的成本,将其所持有的外汇储备资产转变为现金以满足流动性需要的可能性。外汇市场受很多因素的影响,导致外汇走势呈现出随机的发展方向。目前,我国长期一直将外汇资产主要投资于美国国债中,这种单一的投资方向容易导致流动性风险的发生。如果美元债券需要在市场中抛售,如此大规模的数量很难在现实中完全实现交割。假设被大量抛售,美元也会遭遇贬值的危机,进而引发汇率风险。

四、币种结构风险

一国的外汇储备主要由多种货币构成,每种货币比例的配置应该结合多方面的因素来考虑,如经济发展相关性、进出口、偿债能力以及市场需求和供应状况。如果选择比较单一的币种作为主导的投资品种,一旦这种货币出现贬值,会容易造成整个外汇储备价值的减少。根据国家外汇管理局披露的数据,截至 2017 年底我国外汇储备中美元占比约 58%;我国对外贸易总额为 4.11 万亿美元。其中,与美国的交易额为6359.7亿美元,占总额的 15.5%。由上述数据可知,我国外汇储备中美元的占比超过了一半,但是与美国的交易额却只仅仅占我国对外贸易总额的 1/5,这两者的情况是不匹配的。

五、信用风险

信用风险,是指由于不可抗力因素,合同一方未能履行合同条款而违反了约定,致使另一方遭受损失的可能性。外汇储备的信用风险体现在所持有的外币资产所在国的违约行为,引起该国货币贬值,从而造成外汇储备的损失。根据美国财政部数据,截至 2022 年 9 月 30 日,美国的政府债务总额达到 30.9289 万亿美元,约相当于 2021 年美国 GDP(23 万亿美元)的 134.5%。目前来看,美债违约暂时不太可能。现阶段我国外汇储备中长期持有的是美国国债,一旦美国真的出现"债务违约",作为资本市场计价基础的美国国债,将发生灾难性的抛售潮,这很可能导致资本市场剧烈动荡,进而引发美国主权信用危机,也会使得我国外汇储备面临信用风险的可能性更大。

第四节 我国外汇储备整体风险测度模型探讨

一、VaR 模型理论概述

（一）VaR 的含义

VaR 即 Value at Risk，译作"在险价值"。VaR 模型是风险价值模型，是在假定的市场条件下，在一定的时间段和置信度内，某一金融资产或资产组合所面临的最大损失额。

（二）VaR 基本模型

假设 ω_1 为期初资产组合价值，R 为持有期内资产组合的收益率，则资产组合的期末价值为：

$$\omega = \omega_1(1+R) \tag{12.1}$$

R^* 为在 ω_1 置信水平下的最低收益率，可得：

$$\mathrm{VaR} = \omega_1[E(R)-R] \tag{12.2}$$

当 R^* 为置信水平下资产组合的最低价值，可得：

$$\mathrm{VaR} = \omega_1[E(R)-R^*] \tag{12.3}$$

通常，使用 VaR 模型时有两个假设条件：市场有效性假设；市场随机波动，即不存在相关性。

VaR 的计算需要先确定以下三个步骤。

1.置信区间

置信区间是由样本统计量所构造的总体参数的估计区间，反映的是某个总体参数的真实值有一定概率落在测量结果周围的程度。对置信区间的选择在一定程度上体现了对风险的偏好，所以投资者可以根据其对风险的厌恶程度以及对风险的承担能力来确定置信水平。如果低估了置信水平，则发生损失超过 VaR 值的事件的概率过高，使得 VaR 估计值失去了作用。但是高估也不可取，虽然发生损失事件的概率会降低，其中样本中的数据也会越来越少，但这样降低了 VaR 估计值的准确性。实证中一般将置信水平设定为 $95\%\sim99\%$。

2.持有期

持有期指一段持有资产的风险值最大的期限。一般来说,时间越长,资产组合面临的风险越大,从而计算出的 VaR 值也越大。在决定持有期时需要考虑两个因素:市场的流动性和组合收益率的分布。

3.VaR 的计算方法

根据时间序列的统计分布或概率密度函数,来对未来资产组合价值波动进行推断。VaR 值主要采用以下三种方法计算:历史模拟法、方差-协方差方法、蒙特卡罗模拟法。

一是历史模拟法,是利用已发生的某一段历史时期内的市场变化,模拟出未来市场的变化。这种方法是以资产组合将来的结构变化与过去是同步发展的为条件,将数据样本直方图中的历史收益作为真实收益的估计值,计算出在过去某时期内资产组合变动的绝对变化或相对变动率。在此基础上,将结果相乘或相加,使其内部的相应部分与当前真实资产组合衔接起来,所得出的结果就是在未来相同时期内组合的变动情况。这种方法使用起来较为容易,但是由于信息量与市场规模不具有较大的相关性,使得该方法的结果存在很多误差。

二是方差-协方差方法,也是运用过去的数据,先计算出方差和协方差,再运用结果来计算出给定置信水平下的最低回报率,进一步推导出 VaR 值。基本步骤如下。

(1)利用历史数据计算出资产组合收益的方差、协方差和标准差;

(2)假设资产组合服从正态分布,在一定的置信水平下,可以求出反映分布偏差程度的临界值;

(3)建立收益与风险损失之间的联系,从而推导出 VaR 的值。因为服从正态分布,因此 R 满足正态分布 $N(\mu,\sigma^2)$,设 α 为临界值,则:

$$R^* = \mu - \alpha\sigma \tag{12.4}$$

因此:

$$VaR = \omega_1 \alpha\sigma \tag{12.5}$$

三是蒙特卡罗模拟法,又称随机模拟法,指通过历史数据计算出均值、方差和相关系数等统计数值,参考既定分布假定的参数特征,将这些数值使用随机生成的方法处理后,模拟出的大量数据符合这些资产组合收益特性,再将各情形下资产组合价值的变动风险进行详细分析。此方法比较复杂,需要重复多次步骤才能完成,而且交易组合往往由数百种的资产组成,于是要进行很多次的资产定价。

二、VaR 方法在我国外汇储备整体风险测度模型中的运用

VaR 方法的特点决定其使用能够较好量化我国外汇储备整体风险,即可以将一个或多个资产组合的风险进行量化,用数值来简单明了地表明我国外汇储备整体风险的大小。这使得投资者和管理者能够事前对外汇储备风险进行有效测度,再根据结果进行投资决策。VaR 方法是目前国际上金融风险领域里被最广泛运用的方法之一。

我国外汇储备币种主要有美元、欧元、日元以及英镑等,其中美元占比超过了一半,欧元、日元以及英镑占了小部分。此外,美元资产的主要构成是美国国债。假设可用如下公式计算出收益率:

$$r_{i,t} = \omega_{i,l,t} \times r_{i,l,t} + \omega_{i,s,t} \times r_{i,s,t} \tag{12.6}$$

其中:下标 l 表示的是以某币种为计价单位的长期证券资产,s 表示以该币种为计价单位的短期证券资产,i 表示外汇储备中需要计算的某币种的资产,r 表示资产收益率,ω 表示某币种资产在外汇储备总值当中所占的比重,t 则表示对应的时期。等号左边整体表示的是 t 时期美元的短期或长期证券资产的收益率。如果计算长期的收益率,就要选择期限为 10 年的国债进行计算,计算短期的收益率则用期限为 1 年的国债进行计算。

换算成以人民币为计价单位的式子可作如下表示:

$$R_{i,t} = (1 + r_{i,t}) \times \left(\frac{e_{i,t}}{e_{i,t-1}} \right) - 1 \tag{12.7}$$

其中,e 为直接计价法下美元兑人民币的中间汇率。

用对数法计算的公式为:

$$R_t = \ln(P_t) - \ln(P_{t-1}) \tag{12.8}$$

可通过下列公式进行基于 VaR 模型的分析:

$$VaR = P \times Z_a \times \sigma \sqrt{T} \tag{12.9}$$

其中:P 是资产的市场价格,α 表示币种结构分布的区间值,σ 表示币种的标准差,T 是币种的储备时间。因此,在度量我国外汇储备整体风险时,可以通过外汇度量储备币种结构的风险,对我国外汇储备资产可能产生的损失进行

详细计算并有效分析。模型分析的结果,如果表现在储备币种资产收益率上的波动相对较小,则表明了在估计的时间范围内存在一定的潜在损失,而且我国外汇储备整体风险预计的损失百分比可以通过计算得出。

第五节　我国外汇储备整体风险带来的影响

一、流动性过剩现象

持续增加的外汇储备在很大程度上会引发的一个现象是流动性过剩,这也是加剧中国经济失衡的原因之一。伴随着外汇储备规模继续扩大,中国人民银行外汇占款规模也不断增长,大量资金被动地向公众投放。此外,庞大的外汇储备提高了人民币升值的预期,增加了外国投机资本流入的可能性,导致国内市场流动性过热,经济过热,投资过度,等等,最后造成通货膨胀,这种现象将进一步削弱人民币的购买力。

二、机会成本过高

由于美国国债的流动性较高,收益相对比较稳定,所以各国外汇储备中的美国国债占了很大部分。换句话讲,持有外汇储备实际上相当于向储备货币发行国提供低息贷款,并成为债权人。值得考虑的是,我国外汇储备中的大量资金投资于美国国债,但是从中得到的收益率远远低于投资于本国的收益率,这也说明我国外汇储备的机会成本过高。

三、我国外汇储备整体价值面临减少的可能

通常情况下,当外币贬值时,我国的外汇储备外币资产价值会下跌,导致外汇储备资产遭受损失。长期以来,我国以美元资产为主的外汇储备结构面临着巨大的利率风险,特别是在美元"疲软"的情况下,美元汇率的下跌将直接导致中国减少其外汇持有的账面资产。在历次金融危机的冲击下,美国经济都遭遇重大打击,使得美元大幅度贬值,相关的汇率也随之骤降,因此我国外汇所受的影响也是较大的。

为了应对金融危机,美国政府出台了一系列宽松的货币政策以刺激经济,导致政府债券利率进一步下降,这使得我国外汇储备整体价值变小。此外,高额外汇储备影响了制定货币政策的自主权。假设在开放的经济条件下,中央银行决定了发行的货币量之后,再将货币通过多种渠道在市场上流通,外汇占款就是中央银行持有外汇储备对应的货币投放量。与此同时,外汇占款具有高能货币的性质,因此货币供应量可以通过乘数效应成倍地放大。如果我国的国际收支继续处于盈余状态,那么外汇市场上将会供过于求。

四、我国外汇储备整体风险的管理措施有待完善

随着全球经济继续走向一体化,金融危机一旦产生便将在全球蔓延,对世界各国的经济都产生一定的影响,也会对我国外汇储备风险管理造成较大的不良影响。我国目前的外汇管理政策和措施存在的主要问题是金融危机的预警和预防控制措施仍然不完整,并且没有严格、十分有效的控制措施。中国的市场经济仍处于持续发展的阶段,其与国际市场融合的能力不够强,需要进一步提高,这使得我国在采取措施应对金融危机时存在一定的滞后性。

由于我国还尚未形成一整套应对金融危机的措施,一旦出现金融危机,我国外汇储备管理很容易被动,难以全面优化外汇管理政策和措施。因此,有效的外汇储备管理政策措施的制定和实施是我国强化外汇管理工作的关键。一方面,应充分利用原有的基础,对现有的各项外汇储备管理措施取其精华去其糟粕,废除保守的管理模式,利用现有的条件建立比较完善的外汇管理体制。另一方面,要加大力度,严谨执行各项外汇储备管理措施,严格执行外汇储备风险管理的监督,确保中国外汇储备整体风险始终处于安全边界之内。

第六节　建议

一、发展多元化储备体系

在按照市场化原则,在国际金融市场开展投资,尊重国际市场规则和行业惯例,实现了长期和稳健的经营收益的同时,我国外汇储备收益率在全球外汇储备管理机构中处于较好水平。我国在外汇储备上应该坚持多元化、分散化

的投资理念,根据市场情况灵活调整、持续优化货币和资产结构,控制总体投资风险,保障外汇储备保值增值。目前,我国外汇储备货币结构日趋多元化。这既符合我国对外经济贸易发展及国际支付的要求,也与国际上外汇储备货币结构的多元化趋势相一致,有助于降低我国外汇储备整体风险。

二、增加黄金储备的比重

黄金兼具金融和商品的多重属性,有助于调节和优化国际储备组合的整体风险收益特性,增持黄金充分体现了央行从市场化角度优化储备资产结构的配置思路。当前黄金具有较高配置价值,原因有两方面:一是未来全球央行转向宽松驱动实际利率回落,将对黄金价格形成提振;二是利率长期下行与美元长期的趋弱走势也将利好金价。因此,面对当前欧美经济衰退风险加大所带来的金融资产价格剧烈波动的风险,考虑到黄金的确能起到资产保值与避险作用,增持黄金能更好地保障我国外汇储备规模平稳波动。

三、加速人民币国际化进程

我国已是世界上国际贸易的第一大国,但我国人民币还没有成为世界主要支付货币的前三位,二者存在着一定的不匹配和不对等,这说明人民币国际化还有较长的路要走。一是要借鉴新加坡元和欧元成为国际货币的成功经验,建议我国政府采取措施提高人民币在国际贸易支付结算、国际投融资活动中所占的比重。二是要充分发挥好"一带一路"倡议的支持作用,建议"一带一路"相关国家接受人民币作为该国的投融资和支付结算货币,逐年提高人民币在这些国家储备货币中的比例。

四、深化外汇体制改革

一是深化外汇便利化改革。2022年以来,国家外汇管理局持续加大跨境贸易投资便利化改革,让更多市场主体享受政策红利。这也进一步实现了优质企业贸易外汇收支便利化政策全国覆盖,促进市场形成"企业越诚信、手续越便利""银行越合规、审核越自主"的自我约束和信用激励机制。二是积极回应市场主体诉求,以构建便捷、多样、低成本的跨境资金结算服务体系为主要目标,强化支持性政策供给,通过优化管理方式、拓宽结算渠道、简化办理流程、提升技术赋能等,分类施策支持贸易新业态发展。

五、扩大外汇储备的使用途径

原则上,超适度的外汇储备都可以加以积极运用,国际上并无成形的经验和规矩。一方面,建议管理机构等加强科技赋能,通过大数据分析与智能风控模型,有效、妥善化解委托投资机构的资产期限错配、单一资产投资集中度过高、资产配置失衡等风险。另一方面,建议加强市场化的机构治理能力,与全球更多不同投资策略资管机构达成业务合作,进一步扩大外汇储备资金分散化投资配置,最大限度规避美国联邦储备系统提前加息所带来的各类资产价格波动风险,实现外汇储备的安全性、流动性与收益性的目标。

 本章小结

本章围绕外汇储备整体风险的测度工作展开。本章简要介绍了我国外汇储备整体风险的内在因素,浅谈了我国外汇储备整体风险的构成,进一步对我国外汇储备整体风险测度模型探讨,阐释我国外汇储备整体风险带来的影响。此外,本章从保障外汇储备资产安全、流动和保值增值的视角提出建议,有助于我国相关部门进一步推进专业化的投资能力、科技化的运营管理能力、市场化的机构治理能力建设。

第十三章 我国外汇储备有效管理的宏观策略探析

第一节 引言

一、研究背景

根据国家外汇管理局的统计数据,截至 2023 年 1 月末,我国外汇储备规模为 31845 亿美元,较 2022 年末增加 568 亿美元,升幅为 1.82%。这也进一步表明,我国经济韧性强、潜力大、活力足,长期向好的基本面没有改变,有利于外汇储备规模管理保持总体稳定。

关于一国持多少外汇储备算合理,没有一个统一的标准,我们要综合考虑本国的宏观经济条件、经济开放程度、利用外资和国际的融资能力和经济金融体系的承受程度等。因此,对外汇储备进行有效的分析和恰当的管理是一个迫在眉睫的问题。

二、研究意义

2023 年 1 月,受全球宏观经济数据、主要经济体货币政策预期等因素影响,美元指数下跌,全球金融资产价格总体上涨。受汇率折算和资产价格变化等因素综合作用,我国当月外汇储备规模上升。

我国经济持续恢复,呈回升态势,内生动力不断增强,有助于外汇储备规模保持稳定。基于此,本章在宏观上分析应如何有效管理外汇储备,才能使外界增强对我国经济的信心,使我国外汇储备充分发挥国家经济金融"稳定器"和"压舱石"的作用,并提出相应建议。

三、国内学者的一些研究情况

当今国内外经济环境日趋复杂,关于我国外汇储备有效管理的宏观策略研究,我国学者主要集中在以下几个方面进行了深入探讨:我国外汇储备增长过快的影响因素,如何调整及优化外汇储备规模,以及如何对外汇储备进行有效的管理,等等。

周淑慧(2005)提出,外汇储备的超常增长正成为影响中国经济的一个不可忽视的重要因素,需要认真分析我国外汇储备超常增长的原因、新特点、正负效应,以及目前外汇储备的合理性,并提出加强我国外汇储备管理的政策建议。

李小林等(2006)从加大进口和出口规模、优化现有的管理体制、调整预期汇率、降低通胀等四个方面出发进行分析,认为应该减少外汇储备规模,控制外汇储备增速。

杨碧云等(2011)从发展阶段与发展方式的角度探讨我国外汇储备飞速增长的深层次根源,认为我国目前外汇储备规模飞速增长主要是由我国目前所处的经济发展阶段所决定的,国际收支"双顺差"的格局仍将持续5～10年。

陈浪南等(2012)的实证研究结果表明:长期上,规模变量、进口倾向、名义有效汇率、实际有效汇率对外汇储备变动都具有显著正效应,而储备增长自身波动、实际有效汇率波动及汇率制度对外汇储备变动均呈明显负影响。吉莉等(2013)选择中国宏观经济运行、外汇储备状况、美国债务现状三大类的20个影响中国外汇储备安全的预警指标,构建理论体系框架,对中国外汇储备发生危机的概率提出了测算方法,首次建立了可用于中国外汇储备安全评估的预警指标体系。

吴秀波(2015)指出,人民币加入SDR有利于国际货币基金组织提高自身形象,有利于各国反对美元霸权,有利于倒逼人民币国际化进程,还有利于提升人民币国际储备货币地位。罗素梅等(2015)认为,超额外汇储备资产投资要多元化、分散化,以降低投资风险,实现国家经济利益和战略利益的最大化。王伟等(2016)结合回归结果、优势分析以及中国的现状推断,中国所处的发展阶段以及汇兑安排是导致外汇储备规模过高的重要因素。

孔立平等(2017)认为外汇储备币种结构配置不合理使我国外汇储备面临汇率风险、流动性风险以及资产贬值等一系列问题。黄嬿等(2017)的实证研究表明,亚洲地区外汇储备水平存在空间溢出效应,证实了亚洲国家持有外汇储备同预防性动机有关,同平稳汇率动机无关,否定了其持有外汇储备同竞争性动机相关。何巍(2018)由 VaR 模型分析得出,对外贸易、对外直接投资和外汇储备规模之间存在极强的正比例关系,且对外直接投资对外汇储备影响最为突出。

由以上分析得出,外汇储备受到许多因素的制约和影响,其中影响较大的有管理制度、人民币汇率和进出口贸易情况等。基于此,本章从宏观角度出发,主要从建立健全的管理制度、完整的风险识别与分散系统等方面展开分析。

第二节　我国外汇储备规模特征以及管理机制

我国外汇储备从刚开始的严重不足到如今的相对过剩,规模发生了翻天覆地的变化,特别是 2002 年以后呈现出指数式的上升。

一、外汇储备规模特征

新中国成立后,我国初期的发展相对于西方国家来讲是较为落后的,外汇储备也极度短缺。1998 年,我国的外汇储备规模还未达到 1300 亿美元,相对世界上其他国家来讲是处于相对较低的状态的。2003 年之前,我国外汇储备规模都一直维持在 5000 亿美元以内,并呈现出缓慢的增长趋势。2004 年以后,我国的外汇储备进入快速增长阶段。随着我国经济的快速发展,2011 年,我国外汇储备占到全球外汇储备的 1/3。

图 13-1 为 1998—2017 年我国外汇储备规模的变化。从图中可以看出,1998—2011 年,我国外汇储备平均每年的增长率为 161%。在 2012 年和 2013 年,受国际经济不景气的影响,欧洲各国的经济呈现低复苏状态,世界经济发展不容乐观,但我国外汇储备仍处于增长趋势。2014 年,我国的外汇储备到达顶峰,之后便出现了缓慢下降的趋势,直到 2017 年才开始有所上升。

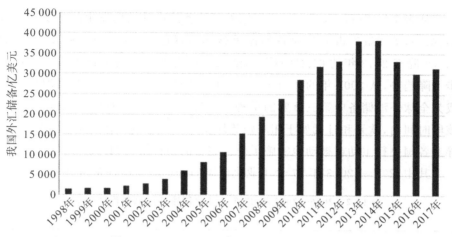

图 13-1　1998—2017 我国外汇储备变化情况

数据来源:国家统计局。

二、外汇储备币种结构规模特征

考虑到国家外汇管理局并未披露外汇储备的币种结构,我们使用其他机构披露的相关数据来推测中国外汇储备的币种构成。国际货币基金组织的 COFER(官方外汇储备币种构成)数据库提供了 2006—2013 年 138 个国家(其中包括 27 个工业化国家与 106 个发展中国家)的外汇储备币种结构数据,见表 13-1。

表 13-1　2006—2013 年 138 个国家的外汇储备币种结构

单位:%

年份	美元	日元	欧元	英镑	其他货币
2006 年	65.5	3.1	25.1	4.4	1.8
2007 年	64.1	2.9	26.3	4.7	1.7
2008 年	64.1	3.1	26.4	4	2.1
2009 年	62	2.9	27.7	4.2	3.1
2010 年	61.8	3.7	26	3.9	4.4
2011 年	62.3	3.6	24.7	3.8	5.4
2012 年	61.9	3.9	23.9	4	6
2013 年	61.1	3.8	24.4	4	6.4

从表 13-1 可得,全球 138 个国家外汇储备的币种结构发生的主要变化包括:第一,美元资产占外汇储备的比重整体呈现逐步下降趋势,从 2006 年的 65.5％降至 2013 年的 61.1％;第二,欧元资产占外汇储备的比重整体呈现逐步下降趋势,从 2006 年的 25.1％降至 2013 年的 24.4％;第三,英镑取代日元成为全球外汇储备中第三重要的币种。上述结构性变化的根本原因在于,在该段时间内,欧元和日元处于相对强势地位,而美元、英镑处于相对弱势地位,导致各国央行主动或被动地实施了外汇储备的币种结构调整。

其中,2006—2013 年 27 个工业化国家的外汇储备币种结构见表 13-2。

表 13-2　2006—2013 年 27 个工业化国家外汇储备币种结构

单位:％

年份	美元	日元	欧元	英镑	其他货币
2006 年	68	4.2	22.1	3.4	2
2007 年	66	4.1	24.2	3.5	2.2
2008 年	67	3.9	25.4	2.7	2.6
2009 年	65	4.5	24	2.9	2.5
2010 年	65.1	4.3	22.3	2.6	4
2011 年	66.5	4.7	23.8	2.5	4.2
2012 年	63.6	4.7	24.5	3.1	5.1
2013 年	61.6	4.6	22.2	3.1	5.8

与工业化国家相比,发展中国家的外汇储备币种结构调整更加积极。2006—2013 年,发展中国家外汇储备中美元资产的比重由 61.6％降至 60.4％,欧元资产的比重由 29.4％降至 23.9％。俄罗斯、伊朗等国更是将石油交易计价货币由美元转换为欧元,从而进一步提升了欧元在全球储备与交易货币中的地位。2006—2013 年 106 个发展中国家外汇储备币种结构的具体情况见表 13-3。

表 13-3　2006—2013 年 106 个发展中国家外汇储备币种结构

单位:％

年份	美元	日元	欧元	英镑	其他货币
2006 年	61.6	1.3	29.4	6.1	1.6
2007 年	62	1.8	28.6	5.9	1.5

续表

年份	美元	日元	欧元	英镑	其他货币
2008 年	60.8	2	30	5.5	2
2009 年	58.6	1.8	30.2	5.9	3.5
2010 年	58.3	2.8	28.4	5.6	5
2011 年	57.7	2.7	27.4	5.4	7
2012 年	60	3.1	24.2	5.2	7.4
2013 年	60.4	3.1	23.9	5.3	7.3

　　虽然 COFER 数据库中未包括中国这一全球外汇储备最大持有国的数据是一种遗憾,但 COFER 数据库中包含的国家的外汇储备规模毕竟占到全球外汇储备规模的 64%(从 2007 年的数据来看)。同时,中国央行的外汇储备投资并未表现出与其他发展中国家央行相异的特征。因此,我们不妨以 2007 年为例,用 COFER 数据库披露的币种结构数据来推测中国外汇储备的潜在币种结构。

　　本研究认为,近年来随着美元有效汇率的下跌,我国主要是在外汇储备增量上降低了美元资产比重,在外汇储备存量上的减持是有限的。这意味着中国央行的币种多元化行为与其他发展中国家央行是类似的,因此我们可以用COFER 数据库中关于发展中国家的数据来推测中国外汇储备的币种结构。我们估计,在中国外汇储备中,美元资产约占 65%,欧元资产约占 25%,其余的 10%包括英镑、日元及其他币种资产。

三、外汇储备管理机制

　　2001 年 9 月,国际货币基金组织和世界银行出版了《外汇储备管理指南》,主要是为世界各国提供外汇储备有效管理的参考。2004 年 8 月,第二版《外汇储备管理指南》出版,其中指出外汇储备管理需要建立完善的系统框架,内容还包括储备管理目标、管理范围、管理信息透明度和风险的分散。《外汇储备管理指南》的出版能够使得各国外汇储备管理更加全面和规范,也为各国在减少外汇储备管理失误和降低管理成本方面作出了很大的贡献。

　　2005 年 4 月,第三版《外汇储备管理指南》出版,增加了外汇储备管理成本、保障外汇储备的高效利用等内容。此外,还提倡高效率的外汇储备管理理念,主要是指与传统的外汇储备管理相比较,减少冗长多余的管理环节,使得外汇储备管理更加精准和高效。

《外汇储备管理指南》的主要宗旨是帮助世界各国在外汇储备管理的过程中,在降低管理成本的同时实现利润最大化的目标,其为世界各国从宏观上有效地管理外汇储备提供了系统框架。

一直以来,我国都是由国家外汇管理局对外汇储备进行管理。国家外汇管理局内设综合司(政策法规司)、国际收支司、经常项目管理司、资本项目管理司、管理检查司、储备管理司、人事司(内审司)、科技司等 8 个职能司(室)和机关党委,设置中央外汇业务中心、外汇业务数据监测中心、机关服务中心、外汇研究中心等 4 个事业单位,具体如下。

一是综合司(政策法规司)。负责文电、会务、机要、档案等机关日常运转工作以及安全保密、应急管理、新闻发布等工作,负责机关财务、资产管理、外事管理工作,研究有关外汇管理的重大问题并提出政策建议,参与起草有关法律法规、部门规章草案,承担机关规范性文件合法性审核和重要综合性文稿的起草工作,承办相关行政应诉、行政复议和听证工作。

二是国际收支司。承担国际收支、外汇收支、结售汇统计制度的设计、实施和报表编制工作;承担跨境资金流动的监测、分析和预警工作;承担银行外汇收支及银行自身结售汇业务监督管理工作;承担全国外汇市场的监督管理工作;监测人民币汇价,向中国人民银行提供制定人民币汇率政策的建议和依据。

三是经常项目管理司。承担经常项目外汇收支、汇兑真实性审核及境内外外汇账户的监督管理工作;承担保险类金融机构相关外汇业务市场准入及外汇收支和汇兑管理;拟订携带、申报外币现钞等出入境限额的管理规定。

四是资本项目管理司。承担资本项目交易、外汇收支和汇兑、资金使用和境内外外汇账户的监督管理工作;依法负责直接投资登记、汇兑管理及相关统计监测;承担短期外债、或有负债、对外债权等的相关管理工作;承担全口径外债的登记管理与统计监测;承担除保险类机构以外的非银行金融机构相关外汇业务市场准入及外汇收支和汇兑管理;依法对跨境有价证券投资或衍生产品交易所涉外汇收支进行登记和汇兑管理。

五是管理检查司。依法组织实施外汇检查工作,对违反外汇管理的行为进行调查和处罚;参与打击地下钱庄,协助公安司法机关调查非法买卖外汇、逃汇及骗购外汇等涉嫌外汇违法案件;承担对机构和个人外汇收支及外汇经营活动的检查工作。

六是储备管理司。研究提出国家外汇储备和黄金储备经营管理战略、原则及政策建议,组织总体经营方案的拟订和实施;监督检查委托储备资产的经营状况;承担与国际机构之间相关的协调与合作,参与有关国际金融活动,承担与港澳台交流合作的有关工作;研究拟订其他外汇资产受托经营原则。

七是人事司(内审司)。按照管理权限负责国家外汇管理局机关及直属事业单位的人事工作;承担国家外汇管理局退休人员管理工作;根据授权,承担国家外汇管理局的内审工作。

八是科技司。拟订外汇管理科技发展规划,承担全国外汇管理系统科技发展工作;研究制定外汇管理信息化的标准、规范并组织实施,依法与相关管理部门实施监管信息共享;负责国家外汇管理局信息安全工作。

九是机关党委。在国家外汇管理局党组的领导下,按照中国人民银行机关党委工作要求,负责国家外汇管理局机关、直属事业单位的党建、纪律检查、巡视、工会、共青团、妇女、统战、定点帮扶等工作。

十是中央外汇业务中心。根据《中华人民共和国中国人民银行法》和《中华人民共和国外汇管理条例》,按照国家外汇储备经营战略、原则,负责国家外汇储备和黄金储备的经营管理;服务国家实体经济发展,拓展外汇储备多元化运用;经批准受托经营管理其他资产等。

十一是外汇业务数据监测中心。负责网络和应用系统建设,组织外汇管理信息系统及技术工程的建设、应用推广、运维与应急保障;负责立项和电子化建设资金使用;负责外汇管理电子政务建设;负责外汇业务数据的采集、管理及监测;负责指导分支机构网络和信息系统建设;负责备份中心(同城、异地)的技术管理与运维;承担外汇管理网络安全保障工作;负责具体实施全国外汇管理系统科技发展规划及信息化标准、规范;负责执行与相关部门的监管信息共享。

十二是机关服务中心。制定局机关事务管理工作规划和制度,负责局机关事务行政管理工作,为局机关提供后勤保障服务。

十三是外汇研究中心。负责对外汇管理实践及体制改革涉及的经济金融问题,开展系统深入的理论和政策研究,为制定外汇管理政策、推动外汇管理改革、防控外汇市场风险提供政策建议;开展外汇管理政策解读、政策宣传及对外学术交流合作的相关工作;编辑出版《国家外汇管理局年报》《中国外汇》杂志等。

此外,国家外汇管理局基本职能如下。

第一,研究提出外汇管理体制改革和防范国际收支风险、促进国际收支平衡的政策建议;研究逐步推进人民币资本项目可兑换、培育和发展外汇市场的政策措施,向中国人民银行提供制定人民币汇率政策的建议和依据。

第二,参与起草外汇管理有关法律法规和部门规章草案,发布与履行职责有关的规范性文件。

第三,负责国际收支、对外债权债务的统计和监测,按规定发布相关信息,承担跨境资金流动监测的有关工作。

第四,负责全国外汇市场的监督管理工作,承担结售汇业务监督管理的责任,培育和发展外汇市场。

第五,负责依法监督检查经常项目外汇收支的真实性、合法性;负责依法实施资本项目外汇管理,并根据人民币资本项目可兑换进程不断完善管理工作;规范境内外外汇账户管理。

第六,负责依法实施外汇监督检查,对违反外汇管理的行为进行处罚。

第七,承担国家外汇储备、黄金储备和其他外汇资产经营管理的责任。

第八,拟订外汇管理信息化发展规划和标准、规范并组织实施,依法与相关管理部门实施监管信息共享。

第九,参与有关国际金融活动。

第十,承办国务院及中国人民银行交办的其他事宜。

第三节　独立外汇储备风险管理体系

一、独立外汇储备风险管理体系概述

所谓独立外汇储备风险管理体系是指利用现有的外汇储备管理机制,综合分析国际形势和国内经济问题,对外汇储备进行全面的风险监控。主要有两个内涵:一是建立独立的外汇储备风险监管机构,将各类风险进行分类管理,然后根据风险处理情况进行总结,设定统一标准,这将有助于进一步加强对所有业务的相关性监测和金融风险管理。二是指外汇储备规模,目前我国外汇储备最主要的问题主要是规模过大。一方面,过大的外汇储备规模可以促进我国的经济增长,但由于规模过大,可能会阻碍了我国的经济增长潜力。另一方面,有可能会削弱宏观调控的效果,是因为外汇储备规模的快速增加,使得央行对外汇占款的投放增加,制约了宏观调控的效力。

独立外汇储备风险管理系统的主要任务是建立风险管理组织结构和设计

风险管理程序。在此系统中,风险监管机构必须独立于业务部门,并与外汇储备整体管理体系中的其他部门、外部机构和管理人员沟通与协作,以及保持与上级监管者、审计机构、评级机构和社会公众的必要联系,这将有助于风险监管机构及时掌握管理外汇储备过程中出现的风险问题,提前做好风险防范措施。

二、建立独立外汇储备风险管理组织结构

根据目前我国的外汇储备管理机制与存在的问题,可以在此基础上,建立一个更为完善的外汇储备风险管理体系,如图 13-2 所示。

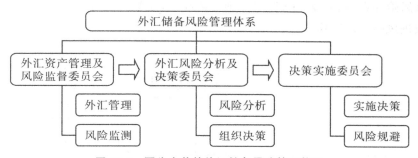

图 13-2　更为完善的外汇储备风险管理体系

(1)外汇资产管理及风险监督委员会。第一个功能是监督和调控外汇储备规模,使之符合我国目前的基本国情,维持在一个相对安全的数量上,即不会过量或者过少。第二个功能是风险识别与预警。其中,及时地发现金融风险是解决问题的前提,制定相关的风险识别与预警机制必不可少。

(2)外汇风险分析及决策委员会。该委员会作为外汇储备高级监管机构与各机构风险管理人员之间有效的沟通渠道,确保自下而上的逐级风险反馈,以及依据金融风险报告快速制订风险处置计划。该委员会主要以国家外汇管理局的专业人员为骨干,还包括中华人民共和国商务部专家以及外汇储备专业研究人员。

(3)决策实施委员会。决策实施委员组建目的主要是对外汇储备风险决策的实施。为了能够有效达到规避风险的目的,设立该机构尤为重要。该机构的成立将会为外汇储备科学决策、风险规避的优先战略等方面提供重要的支持。

三、外汇储备综合风险管理的系统模型设计

综合风险管理的系统模型设计需要从外汇储备风险管理流程入手,不断优化各个管理环节。风险管理流程主要分为三个步骤:风险识别、风险分析和风险决策(见图 13-3)。外汇储备风险管理的全过程主要集中在:(1)构建风险识别系统。想要更快速地解除现有风险,就必须先确认风险类型,才好"对症下药"。(2)对风险原因进行分析。了解风险产生的种种原因,并对风险内在机理进行分析和分解,逐步提出风险管理的行动计划和具体实施过程。(3)风险管理结果反馈。实施具体步骤之后对风险管理的成果进行分析总结;若仍有风险存在,则需要重新识别并确定风险,直至风险解除。最后做出总结,以改进风险管理工作。

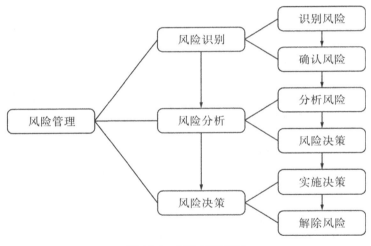

图 13-3 风险管理流程

第四节　建议

一、建立"二元"的外汇储备管理机制

目前我国实行的外汇储备管理模式属于"一元"模式,且这种管理模式由

中国人民银行和国家外汇管理局共同牵头。但是,这种模式的管理决策效率相对较低。当前,大多数发达国家和发展中国家的外汇储备管理模式主要是双重管理模式。基于我国现行管理模式的缺陷,借鉴国际经验,建议构建"二元"模式,加强对外汇储备的有效管理,并进一步提高货币政策的独立性。

二、创新外汇储备风险管理组织体系

2008年金融危机之后,国际货币基金组织强调外汇储备在抵御外部冲击方面的作用,并强调外汇储备的压力测试,目的是让各国提高对外汇储备风险管理的重视程度。创新外汇储备风险管理组织体系的设立,能在一定程度上减少金融风险发生的可能性,而且能在金融风险发生后减少其带来的经济损失,从而减弱金融风险带来的不利影响。

三、完善外汇储备风险管理制度

在外汇储备风险管理组织体系设立的前提下,首先要确认和评估外汇储备管理可能面临的各种风险,如市场风险、信用风险、操作风险等,并且在储备管理中设置可接受的风险水平和指标。随着外汇储备规模的不断增加,我国货币当局要重点关注不同外汇储备资产的风险程度,努力提高风险控制水平。例如:建立定期分析研究市场的例会制度,定期对整个外汇资产进行市价重估;对交易对手资信状况密切跟踪、及时报告;努力控制信用风险;建立外汇储备有效管理的投资组合基准;等等。

本章小结

本章围绕我国外汇储备有效管理的宏观策略探析展开。首先,阐述了研究背景、研究意义以及国内外相关研究的一些情况。其次,阐述了中国外汇储备规模特征、币种结构与管理机制。再次,介绍外汇储备管理制度变迁及其特点,系统阐释了如何设计独立外汇储备风险管理体系,建立独立外汇储备风险管理组织结构,设计外汇储备综合风险管理的系统模型,并根据结论提出相应的对策。

第十四章 主要国家和地区外汇储备风险管理的经验及借鉴①

为了有效地应对及管控外汇储备风险,世界上不少国家(地区)立足于经济发展程度、宏观经济政策等实际情况,实践并形成了各具特色的外汇储备管理模式与丰富经验,对我国加强外汇储备风险管理颇有启示与借鉴意义。

第一节 多层级管理体系下的外汇储备风险管理经验

一、挪威的外汇储备风险管理经验

挪威的外汇储备管理由国家财政部和央行协同主导。财政部主要负责制定长期投资策略,确定投资基准、风险控制、管理评估及报告等,由央行通过货币政策委员会和投资管理公司进行具体的管理操作,在追求尽可能的高回报的同时,控制并降低投资风险。

从资产构成上看,挪威的外汇储备包括货币市场组合、投资组合以及缓冲组合。由货币政策委员会负责管理的货币市场组合,主要由流动性高的国内货币市场工具构成,以保障短期流动性和实现轻度干预。投资管理公司则不介入一般的银行业务,仅受央行的委托,对投资组合和缓冲组合进行投资管理。其中:投资组合由固定收益工具和股票投资构成,实行积极的管理策略,以获取外汇储备的长期投资收益;缓冲组合即前身是政府石油基金的政府养

---

① 本章主要引自本书著者已公开发表的论文:郭君默.主要国家和地区外汇储备风险管理的经验及借鉴[J].金融理论与教学,2016(6):6-9.

老基金,以期实现石油资源的代际分配。

投资管理公司于 1998 年成立后,充分发挥作为机构投资者的优势,对挪威的外汇储备进行积极管理。从 2000 年开始,投资管理公司进行小规模的指数和加强指数投资,一些资产组合从 2001 年起已投资于股票,2003 年后还投资于没有政府担保的债券,投资的持有期限也较之前有所延长。资产组合逐步多元化的同时,投资管理公司也注意通过分散持仓避免风险过于集中,并积极构建规范的公司内部治理结构,定期公开发布财务报告,接受外部监督,以有效保证投资的绩效和安全。

二、新加坡的外汇储备风险管理经验

新加坡的外汇储备管理以国家财政部为主导,由新加坡金融管理局、新加坡政府投资公司和淡马锡控股有限公司来共同进行。上述三家机构均须向新加坡财政部报告工作,从而在明确履行职能分工的同时,确保相互间的密切协作。其中,新加坡金融管理局行使央行职能,持有外汇储备中的货币资产,主要用以干预外汇市场,并作为发行货币的保证,从而实现对外汇储备的流动性管理。新加坡政府投资公司和淡马锡控股有限公司均系财政部的全资公司。新加坡政府投资公司主要通过对固定收入证券、房地产和私人股票等资产的多元化投资,实现外汇储备的保值增值和较高回报。淡马锡控股有限公司原本负责控股管理本国的战略性产业,自 20 世纪 90 年代后期起,将外汇储备大规模投资于国际金融和高科技产业,对培养国内战略性产业、提升长期竞争力均发挥了积极作用。

在风险控制方面,新加坡政府投资公司建立了较为规范的风险控制体系:一方面,新加坡政府投资公司的投资决策必须接受"风险否决"的考量,只有在相关风险得到充分衡量、评估,确认能够加以管控并承受的情况下,才能做出相应的投资决策;另一方面,新加坡政府投资公司在投资全程对风险的控制均有章可循,包括对各种风险的合规性限制、经常性评估、资本配置设定以及执行情况监督。近年来,新加坡政府投资公司还进一步强调公司高层对风险控制的直接介入,注重降低不同投资战略间的风险相关性,并在资产配置和风险评估中增加了对计量模型的运用。而淡马锡控股有限公司则将外汇储备风险细分为战略风险、财务风险和运营风险,分别加强风险控制。针对战略风险,公司强调投资组合的平衡;针对财务风险,公司注重发挥风险控制部门的定期评估作用;针对运营风险,公司主要通过内部审计部门定期开展全面审计,并由法律部门对集团各部的守规情况进行监督。此外,淡马锡控股有限公司还须保证投资交易的公平性和储备金报表的正确性,同时定期向财政部提供财务报告和简报。

三、韩国的外汇储备风险管理经验

韩国的外汇储备管理采取的是国家财政部与央行共同参与的管理模式。韩国财政部负责制定外汇储备管理的总体政策,并对资产币种结构、投资品种等投资基准提出指导意见;央行负责外汇储备管理的操作实施,并对财政部制定的政策和投资基准做进一步的明确细化。外汇储备管理的具体履职机构包括:隶属于财政部的外汇平准基金,主要负责维持汇率的稳定;韩国银行的最高决策机构——货币政策管理委员会,主要负责制订更为详细的管理计划,并对外汇市场干预进行抉择;货币政策管理委员会下设的储备管理部,主要负责确定投资基准、进行风险管理、资产组合管理、账目和具体的业务操作;货币政策管理委员会下设的国际部,主要负责监测外汇的供需、进入外汇市场干预、对外汇储备进行监测和向公众报告;由韩国财政部与韩国银行共同出资建立的韩国投资公司,主要目的在于降低外汇储备的管理成本,同时助推韩国跃升亚洲金融枢纽的地位。

韩国银行自 1997 年起,将储备资产划分为流动部分、投资部分和信托部分,分别设定了不同的投资基准进行分类管理:流动部分须确保高度的流动性;投资部分以追求高收益率为目标;信托部分则旨在信托管理的过程中,向国际知名的资产管理公司进行学习。为控制信用风险,韩国银行规定只能投资于 AA 级以上的证券,以及在 A 级以上的金融机构存放存款。为控制流动性风险,储备资产只能是流动性高的主权债、政府机构债券、国际机构债券和金融机构债券,而信托部分尚可投资于 AA 级以上的公司债券、资产支持证券和住房抵押贷款证券。同时,通过风险价值评估系统对市场风险加以控制。

第二节　"二元"化管理体系下的外汇储备风险管理经验

一、美国的外汇储备风险管理经验

美国的外汇储备管理由国家财政部和美国联邦储备系统共同进行,财政部负责制定美国的国际金融政策,美国联邦储备系统则负责国内货币政策的决策与执行。两者在对外汇市场的干预中相互协调,协作参与外汇储备风险的管理,确保美国的国际货币和国际金融政策连续、可控。自 20 世纪 70 年代后期起,财政部和美国联邦储备系统各掌握一半的外汇储备。

财政部主要通过外汇平准基金对外汇储备进行管理。目前外汇平准基金的外汇储备主要由美元资产、外汇资产和特别提款权构成,特殊情况下还可以与美国联邦储备系统进行货币互换,以实现对外汇储备数量的调节。因美国的国际货币和金融政策,包括对外汇市场的干预政策均由财政部负责制定及完善,故外汇平准基金的所有操作都须经过财政部许可。同时,财政部每年均就外汇平准基金的操作向总统和国会提交报告,包括对外汇平准基金的审计报告。

美国联邦储备系统则主要通过联邦公开市场委员会对外汇储备进行管理,并与财政部展开协作。美国联邦储备系统以纽约联储银行的联储公开市场账户经理作为财政部和联邦公开市场委员会的代理人,可在纽约外汇市场上进行交易,主要采取购买美元或外汇的方式对外汇市场进行干预操作。

二、日本的外汇储备风险管理经验

日本的外汇储备管理也是由国家财政部(即财务省)和央行(即日本银行)协作进行。财务省负责储备管理的战略决策,日本银行则负责储备管理政策的具体执行。根据日本《外汇及对外贸易法》的规定,为维持日元汇率的稳定,财务大臣可采取必要措施对外汇市场进行干预,并对日本银行下达外汇交易操作的指示。

日本银行的外汇资产特别账户包括外汇资产和日元资产,当需要抑制日元升值时,则通过发行短期政府债券来筹集日元资金,以在外汇市场上卖出日元买入外汇,实施干预;当需要抑制日元暴跌时,则通过出售外汇资产特别账户中的外汇资产,买入日元以赎回短期政府债券,从而达到平稳日元汇率的目的。日本银行主要通过金融市场局的外汇平衡担当对外汇市场进行分析,并提出决策建议,经财务省批准后,由国际局的后援担当进行实际的外汇交易。日本银行通常在东京外汇市场上进行介入操作,必要时也可请求外国央行委托介入,但介入的资金额度、外汇对象和介入手段等仍均由财务大臣决定。

三、中国台湾地区的外汇储备风险管理经验

中国台湾地区外汇储备管理的重大政策由台湾地区行政管理机构决定,并由台湾地区货币政策主管机关具体负责管理。20 世纪 80 年代初期,中国台湾地区实行"管出不管进"的储备管理政策,快速增长的外汇储备给台币带来了巨大的升值压力,"逐日调升"的调控策略又引发了严重的投机套汇,导致中国台湾地区货币政策主管机关不得不在大量购入外汇的同时,发行各种债券,回笼过量投放的新台币。虽然新台币的汇率得以维持稳定,但美元的贬值使中国台湾地区的外汇储备遭受惨重损失。为减少外汇储备的损失,中国台湾地区货币政策主管机关集中增加黄金储备,对储备资产的保值增值发挥了明显作用;并于 1989 年开始实行浮动汇率制度,使各种投机性活动得到较大遏制;同时,将对外汇储备的运用逐渐转向岛内,打开民间外汇资金的投资渠道,既缓解了外汇储备的增长压力,也有效提升了外汇资金的利用效率。

第三节 单一制管理体系下的外汇 储备风险管理经验

一、单一制外汇储备管理体系介绍

单一制外汇储备管理体系,即由中央银行独立进行外汇储备的战略决策和管理操作,不受财政部门的主导或监督,其典型代表为欧盟国家。由于欧盟国家的财政独立、互不干涉,故各成员国的财政部并不参与欧盟的外汇储备管理,而由欧洲中央银行系统全权负责。欧洲中央银行系统的组成包括欧洲中

央银行以及欧元区各国的中央银行,上述各央行均持有外汇储备,并按照以下方式进行管理:欧洲中央银行负责制定战略性投资决策,决策内容包括外汇储备的货币结构、利率风险与回报间的平衡、信用风险和流动性要求等;各成员国央行在根据欧洲中央银行的储备战略进行策略性投资的同时,对自身持有的外汇储备实施管理。

二、欧洲中央银行的外汇储备风险管理经验

欧洲中央银行对每种储备货币,均从长期和短期需求的角度出发,分别确定不同的投资基准。管理委员会立足于长期政策的需求,确定战略性的投资基准,反映对远期风险的评估和长期收益的追求;执行董事会则主要考虑当前的市场情况,基于对中短期风险和回报的预计,确定策略性的投资基准。根据上述投资基准,欧洲中央银行再行确定相应的风险收益可偏离度和相关的纠偏措施。此外,还对储备交易的操作机构、可投资的证券种类进行了规定,并限制了信用风险的暴露。各成员国央行均在欧洲中央银行的原则性指导下进行汇率和货币流动性操作,从而保证了欧盟汇率政策和货币政策的延续性。同时,各国在国际金融市场上自主作出投资决策并实施具体操作,在保障外汇储备的流动性和安全性的基础上,积极追求储备资产收益的最大化。

第四节　主要启示

通过前文对不同国家(地区)外汇储备管理经验的分析,可以得到如下主要启示。

一、储备管理组织的系统化

无论在多层级、二元化还是单一制的外汇储备管理体系下,尽管其组织结构不尽相同,但都积极追求储备管理的统筹性与系统化,即外汇储备管理的组织、机构框架清晰,储备管理的责任和功能相协调,各储备管理机构间权力责任明确,风险监管到位,绩效考核科学,从而确保在保持经营管理独立性的同时,又能在整体管理中进行较好的沟通和协作,实现决策规范性、执行高效性

与操作灵活性的高度统一。

二、储备管理机构的专业化

越来越多国家采用公司运作模式,对外汇储备资产进行经营管理。具有代表性的公司如新加坡政府投资公司,根据投资领域的不同,该公司分设下属企业,集中开展公共市场、房地产、直接投资和公司服务方面的业务。相较于政府部门,投资公司的专业性优势明显,其治理结构无疑更有利于加强投资约束,对风险的组合管理也更为科学合理,从而在保证安全的前提下,使储备资产能够获取更高收益。

三、储备管理目标的复合化

鉴于外汇储备在彰显整体国力、平衡国际收支及稳定汇率等方面的积极作用,其安全性与流动性的管理长期以来颇受重视。同时,近年来,一些国家也开始注重对外汇储备收益性的管理,通过市场化运营,提高储备资产的利用效率。此外,实践表明,合理配置和运用外汇储备资产,还可对推动国家的经济发展发挥战略性作用。如淡马锡公司加大对国际金融和高科技产业的投入,提升了新加坡的持续发展潜力;韩国投资公司对国内金融机构的扶持,也在有力助推韩国成长为亚洲金融枢纽之一。

四、储备资产构成的多元化

根据不同的外汇储备需求动机,各国的储备币种和资产结构各有侧重,且随着储备规模的增加,一些国家的储备投资不再局限于风险、收益均较低的高信用评级政府类固定收益产品,而是开始涉足股票、地产、货币期权及黄金等投资领域。资产组合既有现金及现金等价物,又有国债和高等级债券,既包括基础资产,也包括必要的金融衍生工具,还有一部分股权性投资工具和混合性证券,投资结构日益多元化。

五、储备管理方式的类型化

一些国家倾向于按照外汇储备资产的不同功能,制定相应的管理策略,实施分档、分类管理,以实现储备管理的具体目标。例如,挪威将外汇储备分为货币市场组合、投资组合以及缓冲组合来满足不同的管理需求;新加坡则将外汇储备分三档,分别交由新加坡金融管理局、新加坡政府投资公司和淡马锡控股有限公司管理。上述做法有利于资产管理效率最大化,同时管理机构分离,有助于分清职责,提高管理水平,提升管理的透明度,便于监督,也能够有效降低外汇储备管理风险。

六、储备风险控制的立体化

为了更加严密有效地防范外汇储备风险,各国纷纷采取积极措施,拓展、延伸风险管理的广度与深度,包括在投资组合设计时对市场风险的定量分析,投资组合执行中对风险程度的检验、信贷评级的限制、操作风险概率和规模的评估,以及对投资基准回报的确定等。同时,通过增强外汇储备管理透明度,扩大信息披露的范围,主动接受社会公众监督,从而全方位保障外汇储备的安全。

本章小结

本章主要分析了世界上部分国家(地区)立足于经济发展程度、宏观经济政策等实际情况,实践并形成的各具特色的外汇储备管理模式与丰富经验,对我国加强外汇储备风险管理颇有启示与借鉴意义。

本章第一节阐述了多层级管理体系(如挪威、新加坡、韩国)下的外汇储备风险管理经验;第二节探讨"二元"化管理体系(如美国、日本、中国台湾地区)下有关国家(地区)的外汇储备风险管理经验;第三节介绍单一制管理体系下的外汇储备风险管理经验;第四节为主要启示,包括储备管理组织的系统化、储备管理机构的专业化、储备管理目标的复合化、储备资产构成的多元化、储备管理方式的类型化、储备风险控制的立体化等。

第十五章　研究结论与政策建议

第一节　研究结论

　　外汇储备风险管理问题一直以来都是国内外专家、学者的研究热点。我国巨额外汇储备面临的风险问题,更是受到学术界及政府部门的广泛关注与高度重视。本书在国际金融学、西方经济学、投资学、计量经济学、风险管理、运筹学等相关理论的基础上,采用实证研究与规范研究相结合、宏观分析与微观分析相结合、定性和定量分析相结合、比较和归纳分析相结合等方法,研究了我国外汇储备风险管理中的一些重大问题。具体而言,在分析外汇储备风险管理必要性的前提下,挖掘了我国外汇储备规模风险管理、外汇储备结构风险管理的深层次问题,以此为基础,对我国外汇储备投资风险管理的现状进行剖析,并结合国际外汇储备风险管理的经验,提出了相应的对策建议。本书的主要内容如下。

　　第一,我国外汇储备的影响因素研究,其中包括我国外汇储备的发展历程和影响机制。在实证研究过程中,考虑到外汇储备的季节性比较强,选取2013—2022 年的年度数据可以很好地避免季节性波动带来的影响。同时,将外汇储备量(FER)、外债余额(OED)、外商直接投资(FDI)、出口(EX)进行自然对数变换,通过构建 VaR 模型,运用单位根检验、Johansen 协整检验、Granger 因果关系检验、脉冲响应函数分析等,最后通过方差分解分析,得出外商直接投资与汇率对外汇储备增长的影响相较于外债余额与出口的影响更显著等结论,并且提出相应的建议。

　　第二,通过主成分分析法,探讨了影响我国外汇储备增长的因素。选取GDP、广义货币供应量、外商直接投资、国家外债余额、美元兑人民币汇率、进出口差额六个指标对外汇储备金额进行解释。具体过程如下:(1)将原始数据导入 SPSS 软件,进行标准化处理;(2)对标准化后的进行降维处理以得到主成分,并保留主成分得分情况,以便进行接下来的分析;(3)在提取主成分的过程中,保留了主成分得分数据之后再进行回归分析,得出相应的结论。

第三,重点介绍外汇储备的适度规模理论。主要分析了外汇储备适度规模的含义,探讨了国内对外汇储备适度规模理论的研究成果,并对我国外汇储备的适度规模进行了实证分析,结果表明:在 1996 年以前,我国处于外汇储备规模不足的阶段;1996—2002 年,我国外汇储备位于适度水平;2003—2004 年,我国处于外汇储备偏多的阶段;2005 年至今,我国的外汇储备进入过多阶段,并且实际规模与适度规模上限的差距比较大,说明我国外汇储备严重过量的趋势相对比较明显。此外,剖析了我国外汇储备规模风险的成因,建立包含多个变量的外汇储备影响因素模型,得出 GDP、外债余额、外商直接投资累计余额、进口额等指标是影响我国外汇储备规模增长的重要因素结论。

第四,立足我国实际,分析探讨我国外汇储备结构风险存在的问题。通过对我国外汇储备的币种结构进行分析,揭示出美元所占份额正不断下降,但在今后相当长时间内,美元仍将在我国外汇储备货币体系中占有最大份额。鉴于此,现阶段我国外汇储备结构面临的主要风险包括期限错配带来的流动性风险、中美利差出现倒挂的利率风险、美元贬值比例带来的汇率风险、美国隐形主权信用风险、投资收益损失风险等。在实证分析的基础上,综合马科维茨的资产组合理论(二次规划法)、海勒-奈特模型和杜利模型等外汇储备结构风险管理理论,研究如何更全面有效地分配管理外汇储备币种。从贸易结构、外商直接投资、外债结构、各国经济实力等视角出发,得出我国最优外汇储备币种结构,并为完善外汇储备结构风险管理提出了相应的建议。

第五,从我国外汇储备投资风险管理分析出发,对我国外汇储备投资风险管理现状进行剖析。基于外汇储备净流入的不确定性和汇率的随机性,为更好地平衡期望收益与风险间的关系,从而实现由被动管理向积极管理的平稳过渡,着眼于动态风险管理,在外汇储备风险管理领域首次引入随机场景序列,并采用国家外汇管理局和中国人民银行公布的数据,结合风险惩罚模型和风险约束模型的优点,运用易于搜索到多个帕累托最优解的差分进化算法,提出了对超额外汇储备进行动态风险的管理策略,希望为政府决策提供有益参考。同时,针对我国外汇储备风险管理的现状,提出了相应的建议。

第六,为了降低投资管理风险,对我国外汇储备流动性风险进行有效测度,是目前政府部门面临的重大难题,也是需要着力解决的关键性问题。首先描述了外汇储备流动性风险的测度研究的背景、意义等。其次,阐述外汇储备的内涵与功能、外汇储备的发展历程及规模现状、外汇储备的币种结构以及外汇储备的资产结构等方面,参考国际货币基金组织发布的《外汇储备管理指南》,将外汇储备的风险类型进行了详细划分。再次,运用随机过程知识(包括标准正态分布、伊藤积分、违约概率、波动率等),根据或有权益分析法构造了流动性风险测度模型。最后,从短期外债偿还、稳定汇率需求、进口支付需求等视角分析,并根据结论提出相应的建议。

第七,对我国外汇储备信用风险进行有效测度,基于 Credit Metrics 模型展开。首先,描述了研究背景、研究意义以及国内外研究的一些情况。其次,阐述了我国外汇储备的现状及其风险类别。再次,介绍信用风险的定义及特征,系统阐释了美国信用评级的变化对我国外汇储备平稳性的影响。复次,简析 Credit Metrics 模型,阐明了 Credit Metrics 模型中运用信用等级解析法来度量风险,最显著的特性在于可以更加精确映射出风险程度。最后,介绍了 Credit Metrics 模型的运用,通过迁徙率矩阵与信用等级下的损失率,来对我国外汇储备货币资产的信用预期损失进行计算,并根据结论提出相应的对策。

第八,对我国外汇储备汇率风险进行有效测度。首先,描述了相关的背景、意义以及国内外相关研究的一些情况。其次,阐述了我国外汇储备的发展概况和汇率风险分类。再次,介绍 VaR 和 CVaR 模型的基本原理,系统阐释了线性规划法和快速梯度下降法。最后,通过 CVaR 模型研究了外汇储备汇率风险测度,根据结论提出相应的对策。

第九,对我国外汇储备整体风险进行有效测度。简要介绍了我国外汇储备整体风险形成的内在因素,浅谈了我国外汇储备整体风险的构成,进一步对我国外汇储备整体风险测度模型探讨,阐释我国外汇储备整体风险带来的影响。此外,从保障外汇储备资产安全、流动和保值增值的视角提出建议。

第十,探究我国外汇储备风险有效管理的宏观策略。首先,阐述了研究背景、研究意义以及国内外相关研究的一些情况。其次,阐述了中国外汇储备规模特征、币种结构与管理机制。最后,介绍我国外汇储备管理制度变迁及其特点,系统阐释了设计独立外汇储备风险管理体系、建立独立外汇储备风险管理组织结构、外汇储备综合风险管理的系统模型设计,并根据结论提出相应的对策。

第十一,总结归纳全球部分国家(地区)的外汇储备风险管理经验。主要分析了挪威、新加坡、韩国等国多层级管理体系下的外汇储备风险管理经验,探讨了美国、日本、中国台湾等国家(地区)"二元"化管理体系下的外汇储备风险管理经验,介绍了欧盟国家单一制管理体系下的外汇储备风险管理经验。在此基础上,总结提出当前较为成功的外汇储备管理模式呈现出的发展趋势与特点,即储备管理组织的系统化、储备管理机构的专业化、储备管理目标的复合化、储备资产构成的多元化、储备管理方式的类型化、储备风险控制的立体化等,这对我国加强外汇储备风险管理具有启示与借鉴意义。

第二节　政策建议

本书认为,当前我国巨额外汇储备管理面临诸多风险,包括经济风险、通货膨胀风险、汇率风险、财政风险与政治风险、期限错配带来的流动性风险、中美利差出现倒挂的利率风险、美元贬值带来的汇率风险、美国隐形主权信用风险等。本书针对化解上述风险提出如下具体建议。

一、控制我国外汇储备规模的增长速度

控制我国外汇储备规模增长速度最有效的办法之一,就是扩大进口,减少出口。通过减少"双顺差",以此来努力实现国际收支平衡。扩大进口,如引进我国主要行业和企业所需要的核心技术、关键设备等,促进行业和企业更新换代,同时注重引进国外优秀人才,加快产业升级。减少出口,主要指减少高污染、高耗能等类型的行业的出口,国家可以采取提高出口关税税率、取消出口退税、提高行业准入门槛等一系列措施,减少低附加值产品的出口。

控制我国外汇储备规模增长速度最有效的办法之二,就是降低国民储蓄、扩大消费。我国的外汇储备中很大一部分来自"双顺差"(指经常项目和资本与金融账户),这反映了我国内需不足的问题,内部不均衡进而导致外部的失衡。因此,从根本上解决外汇储备规模增长过快的方法包括降低国民的储蓄率、提高国民的消费水平、完善社会保障体系、提高国内居民的收入等。

控制我国外汇储备规模增长速度最有效的办法之三,就是严格管控外汇投机行为。目前我国外汇储备增长的一部分来自热钱流入,相关的管理机构应采取各种有效措施,严控外币热钱流入和外汇投机等活动,进而控制住外汇储备虚增,稳定国内金融市场。同时,进一步加强跨境资金流动的监测,完善应对预案,力求既要预防资本大量流入带来的冲击,也要防范资本集中流出可

能带来的风险,更要双向监测预警,牢牢守住金融安全底线。

二、逐步减低美元在外汇资产中的比重

短期内,仍以美元作为首选货币。从目前美元所代表的经济实力、可自由兑换性、稳定性以及它在世界经济活动中的参与程度等角度来看,美元仍然是最重要的国际储备货币和最主要的国际贸易结算手段,是国际金融格局中的头号主角。因此,在短期内,美元仍是我国外汇储备的首选货币。

从中期来看,适当地减少美元比重。布雷顿森林体系崩溃以来,由于美国的经济实力相对下降,而欧洲各国经济实力相对上升,美元的国际货币地位逐步削减。目前的国际货币体系中,美元虽仍占主导地位,但已经不具有绝对优势。此外,美国的外债及国际收支赤字,也越来越引起人们对美元未来价值及稳定性的怀疑。

从更长的周期来看,减持美元应是一个渐进、缓慢的过程。虽然币种多元化在中长期是一个必然趋势,但也应该看到,减持美元的巨大成本及诸多难题。第一,大规模减持美元将导致储备价值的进一步"缩水"。大规模减持外汇储备中的美元资产,必将导致美元进一步贬值。第二,减持美元资产的成本巨大。当前美国长期国债的收益率高于欧元区国债和日本国债,减持美元将导致外汇储备收益上的损失。基于上述两点考虑,减持美元在一定程度上,可能削弱亚洲国家出口商品的竞争力,影响其经济增长和本币币值稳定。

三、优化美元内部结构,降低长期债券投资额占总投资额的比重

截至 2013 年 6 月 30 日,我国花费 17350 亿美元投资于美国有价证券,其中股权投资额占外汇储备总额的比重上升到 15%,长期债券投资额占外汇储备总额的比重下降到 85%。根据美国财政部 TIC 数据库的数据可知,当时我国在美国的证券投资中,长期债券投资占总投资的比重为 84.67%,而同期发达国家中的加拿大、挪威、法国、德国的长期债券投资比重分别为 21.38%、38.98%、41.59% 和 55.85%,新兴市场国家(地区)如新加坡和中国香港的长期债券投资比重分别为 50.73% 和 69.67%,发展中国家如墨西哥的长期债券投资比重也仅为 66.41%,均远远低于我国。

四、适当增加欧元在外汇储备中的比重

目前,全球货币体系发生了根本性的变化:美元独霸天下的格局已经被打破;欧元迅速崛起,成为世界第二大国际货币,并取代美国成为国际债券市场上的主导货币。2008 年,欧盟已成为我国第一大贸易伙伴、第一大出口市场和第二大进口市场,随着进出口总额的不断上升,我国对欧元的需求也随之上升。此外,发展中国家,特别是新兴经济体的经济快速增长,已成为全球经济、贸易中不可忽视的力量。它们对全球货币体系改革提出了迫切的要求,其要求和声音已成为建立一个公平、公正、包容、有序的全球货币金融体系的重要推动力量。因此,提高欧元在我国外汇储备中的比重将成为必然选择。

五、有序稳步推进人民币国际化

庞大的外汇储备是推进人民币国际化的重要保障,而推进人民币国际化是化解我国外汇储备风险的有效途径。人民币储备资产份额逆势上扬,进一步展现了在通胀持续高企、经济复苏放缓、金融动荡加剧的国际背景下,中国相对强劲的经济金融韧性。这将有利于提高我国的国际地位,逐步实现人民币国际化;这也意味着人民币更高层次的国际化,即作为国际货币的储备货币功能进一步巩固和加强。因此,人民币国际化的市场接受度和认可度进一步提高,我国就可以对外直接投资、消费和对外清偿等,吸收、消化贸易顺差带来的外汇,减少对外汇储备的需要,从而降低外汇储备风险。

六、逐步放宽强制性结售汇制度

在我国"双顺差"的贸易格局下,我国的国际收支不平衡问题日益严重。从目前的发展态势来看,这种不平衡状况在短期内将不会发生突变,因此,应逐步放宽强制结售汇的比例,采取一种平衡和有序的管理,直至最终实行意愿结售汇制度。从长远来看,我国需要逐步放宽结售汇制度,推动外汇市场建设。具体措施包括:扩大交易主体,允许微观主体自主结售汇,使商业银行、企业和个人三者持有合理的外汇;完善市场制度,加强对外汇市场的风险防范,丰富外汇投资领域和投资工具;为微观主体提供有效投资渠道,通过市场化方式来消化过多的外汇储备,从而降低外汇储备风险。

七、适当提高黄金储备的比例

在全球金融市场剧烈波动的时期,黄金相对独立的走势往往能形成较好的资产避险效应,有助于资产组合的净值跌幅减少。同时,黄金作为天然的货币,具有良好的保值作用,并且可以作为最终的国际结算货币。截至 2023 年 1 月,我国外汇资产中黄金有 1252.83 亿美元,比例比较低,仅仅占 3.6%。而早在 10 年前,发达国家一般就将外汇储备转换为黄金储存。截至 2013 年 12 月中旬,黄金在部分国家外汇储备的比例分别是:美国 72.8%,意大利 67%,法国 65.6%,德国 68.1%,奥地利 50.5%。鉴于我国的黄金储备比重远远低于发达国家水平,因此,我国应适当地增加易于变现的黄金储备,这将有助于降低外汇储备规模波动幅度,也能起到较好地发挥抗通胀与资产保值功能。

八、加强东亚区域的外汇储备规模

继续加强宏观经济政策协调,深化东亚区域财金合作,增强本地区抵御金融风险的整体能力,加强本区域危机救助能力,培育深度、高效、富有活力的区域金融市场,这对维护东亚区域经济金融稳定、深化区域经济一体化具有重要现实意义。这不仅为我国巨额的外汇储备提供了"出路",而且有助于增强东亚区域各个国家抵抗风险的能力,提高东亚区域各国的金融安全性。在此前提下,我国应努力推动东亚区域外汇储备规模建设,争取主导权,为东亚区域外汇储备规模建设合作、稳定亚洲金融环境、改善各国金融系统、避免可能出现的金融危机等作出积极贡献。

九、拓宽我国的外汇储备用途

回顾 2022 年全年,我国外汇储备规模始终保持在 3 万亿美元左右,有利于外界增强对我国经济的信心,充分发挥了国家经济金融"稳定器"和"压舱石"的作用。但现阶段,我国外汇资本市场还没有完全开放,大量美元外汇储备只能购买美国国债、政府债券等资产,一定程度上限制了对我国外汇储备的积极利用,并导致我国长期处于易受美国政府牵制的被动地位。因此,我国应广泛拓展外汇储备的用途,如可动用大量的外汇储备购买石油等国家战略资源、外国有价证券、金融衍生产品,以及增加海外股权投资等。同时,我国也可以减少单一外汇储备规模,增加其他储备,如国际货币基金组织特别提款权的比例,从而更加全面地保障外汇储备资产的安全性,以减轻人民币的升值压力。

十、夯实外汇储备风险管理工作

一是防范跨境资金流动风险。强化外汇形势监测分析,加强宏观审慎管理和预期引导,丰富宏观审慎政策工具箱。完善外汇市场微观监管,加快建立"实质真实、方式多元、尽职免责、安全高效"的真实性外汇储备管理机制。加强非现场能力建设,严厉打击外汇违法违规活动。

二是完善外汇储备经营管理。推进专业化投资能力、科技化运营能力、市场化机构治理能力建设,保障外汇储备资产安全、流动和保值增值,有效维护外汇市场平稳运行和国家经济金融安全。

三是夯实外汇储备管理基础工作。加强外汇储备管理法治建设,建设高水平国际收支统计体系,深化"数字外管"和"安全外管"建设,提升外汇储备研究水平,为稳住宏观经济大盘提供有力决策支持。

总之,本书认为,对我国外汇储备风险管理应追求遵循安全性、流动性和盈利性的统一,即在保证安全性、流动性的前提下,均衡提高外汇储备的收益性,从而达到整体外汇储备保值增值的目标。

参考文献

一、中文文献

巴曙松,朱元倩,2007.基于可加模型的外汇储备影响因素的实证分析[J].金融研究(11):1-12.

巴曙松,2007.外汇储备管理多层次需求分析框架[J].西南金融(1):4-6.

白唯,梁朝晖,2017.浅析 Credit metrics 模型[J].时代金融(9):229,232.

白晓燕,陈琴,2013.基于 VaR-GARCH 模型的我国外汇储备汇率风险度量[J].武汉理工学学报(社会科学版)(6):863-869,897.

柴利祥,2018.外汇储备汇率风险度量的研究[J].吉林工商学院学报(6),79-84.

陈浪南,黄寿峰,2012.人民币汇率波动影响我国外汇储备变动的理论模型和实证研究[J].系统工程理论与实践(7):1452-1463.

陈荣,2007.关于我国外汇储备问题的若干观点[J].金融研究(8):58-63.

陈卫东,王有鑫,2017.跨境资本流动监测预警体系的构建和应用[J].国际金融研究(12):65-74.

陈燕,2006.中国适度外汇储备规模的实证分析[J].中南财经政法大学学报(4):87-91.

程连于,2009.从美国主权信用风险看我国外汇储备营运管理[J].南方金融(4):30-32.

程义涵,2018.我国外汇储备结构的现状分析及面临的风险[J].山西农经(10):106.

崔耕礼,2017.汇率波动、对外贸易对外汇储备影响的实证研究[J].对外经贸(05):115-120.

邓晓馨,2012.论我国外汇储备风险管理的战略性调整[J].商业时代(1):

51-53.

董玉华,1990.浅论影响外汇储备的因素[J].金融与经济(5):46-48.

窦文章,刘西,2008.基于 Credit Metrics 模型评估银行信贷的信用风险[J].改革与战略(10):81-84.

段洪俊,2018.中国外汇储备市场风险测度与管理研究[D].厦门:厦门大学.

段勇兵,2011.我国外汇储备币种结构优化实证研究[D].大连:东北财经大学.

樊雪志,2007.美元霸权体系的中国流动性过剩[J].中央财经大学学报(9):28-33.

方文,1995.论我国外汇储备的适度规模[J].国际金融研究(4):31-34.

冯科,2007.我国外汇储备问题研究[J].南方金融(11):31-33.

符芳,2012.我国外汇储备流动性风险测度研究[D].武汉:华中科技大学.

高丰,于永达,2003.中国外汇储备对经济的影响及适度规模分析[J].金融与经济(6):11-13.

龚峻,2008.资产多元化与积极管理:中国外汇储备管理模拟[J].管理世界(2):72-74.

管涛,2018.反思对中国外汇储备问题的讨论[J].国际经济评论(1):9-23,4.

管涛,2018.货币供应与汇率:中国"货币超发"必然导致人民币贬值吗?[J].金融研究(12):19-36.

管于华,2001.论我国外汇储备的适度规模[J].统计研究(1):25-30.

郭梅军,蔡跃洲,2006.中国外汇储备影响因素的实证分析[J].经济评论(2):80-90.

郭鹏,2011.差分进化算法改进研究[D].天津:天津大学.

韩立岩,2012.外部冲击下外汇储备与主权财富基金的最优配置[J].系统工程理论与实践(3):664-672.

韩士渊,2015.外汇储备规模影响因素的实证分析[D].昆明:云南大学.

何巍,2011.我国外汇储备的适度性研究[D].武汉:华中科技大学.

何巍,2017.资本流动,出口贸易对我国外汇储备影响研究:基于 VaR 模型的实证研究[J].价格理论与实践(1):117-11.

胡星城,2020.新人民币汇率制度下我国外汇储备结构合理性研究[J].今日财富(中国知识产权)(11):45-46.

黄达,2004.金融学:第四版[M].北京:中国人民大学出版社.

黄嬿,丁剑平,2017.亚洲外汇储备普遍增长原因分析:基于空间计量杜宾模型的实证研究[J].国际金融研究(11):23-32.

黄泽民,2003.关于中国外汇储备适度性问题的看法[J].经济界(5):21-23.

吉莉,陶士贵,李鹏鹏,2013.美债负担变化对我国外汇储备影响的研究与启示:一个文献综述[J].经济问题探索(6):179-184.

江玉静,2015.中国外汇储备及其投资美国国债分析[D].青岛:中国石油大学.

姜波克,任飞,2014.最优外汇储备规模理论的一个新探索[J].复旦学报(社会科学版)(4):10-25.

姜涵,2017.我国商业银行信用风险的评估与管理[J].商业经济(1):164-166.

姜丽,2002.我国外汇储备及其影响因素的研究[D].厦门:厦门大学.

姜旭朝,刘德军,孟艳,2002.我国外汇储备规模分析[J].宏观经济研究(6):37-39.

姜昱,邢曙光,2009.基于 DCC-GARCH-CVaR 的外汇储备汇率风险动态分析[J].经济前沿(9):40-45.

解安东,2014.我国外汇储备风险分析[J].中国物价(10):27-29,37.

金艳平,唐国兴,1997.我国外汇储备币种结构探讨[J].上海金融(5):12-14.

孔立平,富月,2017.外汇储备币种结构优化配置实证研究:基于因素分析法[J].新金融(3):29-33.

孔立平,2009.次贷危机后中国外汇储备资产的风险及优化配置[J].国际金融研究(8):77-84.

孔立平,2010.全球金融危机下中国外汇储备币种构成的选择[J].国际金融研究(3):64-72.

郎参参,2010.中国外汇储备结构管理研究[D].兰州:兰州商学院.

李娥,2009.我国外汇储备结构管理研究[D].成都:西南财经大学.

李静怡,2017.简析我国 1994—2015 年外汇储备适度规模[J].发展研究(5):52-57.

李朋根,2006.基于条件收益率的投资组合理论研究[D].北京:北方工业大学.

李石凯,2006.外汇储备 VS 外债:其实我们"脱贫"没多久[J].经济导刊(10):78-81.

李巍,张志超,2009,一个基于金融稳定的外汇储备分析框架:兼论中国外汇储备的适度规模[J].经济研究(8):271-279.

李卫兵,2013.中国外汇储备风险的测试与管理[M].武汉:华中科技大学出版社.

李相栋,2009.论我国外汇储备管理的目标选择:基于人民币国际购买力视角[J].上海财经大学学报(10):60-66.

李小林,王宏冀,2006.我国外汇储备超常增长思考[J].广西财经学院学报(4):57-59.

李扬,余维彬,曾刚,2007.经济全球化背景下的中国外汇储备管理体制改革[J].国际金融研究(4):4-12.

李振勤,孙瑜,2003.中国外汇储备的组成与出路[J].凤凰周刊(125).

梁莉,陈金贤,2007.我国外汇储备规模增长主要因素的实证分析[J].西安交通大学学报(社会科学版)(6):30-32.

林津峰,2018.多元线性回归的外汇储备影响因素的建模分析[J].福建电脑(8):118-110,83.

刘斌,2000.人民币自由兑换的外汇储备需求[J].财经研究(11):59-64.

刘传哲,周莹莹,何凌云,2007.我国外汇储备影响因素实证分析及规模趋势预测[J].金融与经济(11):41-43.

刘词,2014.中国外汇储备影响因素分析:基于协整检验与 VECM 模型[J].经济研究导刊(13):133-137.

刘红岭,张焰,蒋传文,等,2012.采用动态风险管理方法的水电站短期优化调度[J].中国电机工程学报(7):74-80.

刘澜飚,2012.中国外汇储备投资组合选择:基于外汇储备循环路径的内生性分析[J].经济研究(4):137-148.

刘莉亚,任若思,2004.我国外汇储备适度规模的测算与分析[J].外贸经济(5):61-68.

刘艺欣,2006.论我国外汇储备规模的适度性[J].当代经济研究(4):56-59.

刘远亮,2005.以 Credit Metrics 模型为核心的信用风险管理研究[D].大连:东北财经大学.

卢方元,师俊国,2012.我国外汇储备影响因素动态效应研究[J].商业研究(12):6-11.

芦莹,2011.现行国际货币体系下我国外汇储备汇率风险研究[D].北京:首都经济贸易大学.

陆晓倩,2001.加入 WTO 对我国外汇储备适度规模的影响分析[D].厦门:厦门大学.

罗航,2009.当前外汇储备管理必须注意的几个问题:建议实施外汇储备积极管理新模式[J].经济研究参考(9):64-66.

罗坚毅,王宇华,2010.金融危机下我国外汇储备管理的研究[J].价格月刊(1):34-38.

罗素梅,张逸佳,2015.中国高额外汇储备的决定机制及可持续性研究[J].数量经济技术经济研究(4):38-53.

罗素梅,周光友,2011.外汇储备适度规模测度理论述评及新进展[J].财经科学(5):34-39.

马杰,张灿,2012.DCC-GARCH-CVaR模型与中国外汇储备结构动态优化[J].世界经济(7):67-82.

马娴,2004.从实证角度看中国外汇储备规模与汇率的关系[J].世界经济研究(7):36-40.

马之騆,1994.发展中国家国际储备需求研究[M].上海:华东师范大学出版社.

梅松,2008.超额外汇储备的宏观风险对冲机制[J].世界经济(6):27-38.

孟祥昇,2008.运用外汇储备建立国家物资储备:方案评析[J].管理世界(6):72-73.

聂娴青,者贵昌,2018.我国外汇储备的影响因素分析及对策研究[J].全国流通经济(9):14-17.

庞淑娟,2015.大数据在银行信用风险管理中的应用[J].征信(3):12-15.

邱冬阳,姚雅,王全意,2013.基于VECM的中国外汇储备生成机理研究[J].金融研究(7):15-25.

曲良波,宋清华,2012.中国外汇储备资产的币种结构、收益和风险分析[J].统计与决策(1):153-157.

饶华春,2007.我国外汇储备规模、需求及其动态调整[J].华东经济管理(3):141-143.

石凯,2013.论结构优化与中国外汇储备管理策略[D].长春:东北师范大学.

宋国友,2008.中国购买美国国债:来源、收益与影响[J].复旦大学学报(4):31-38.

孙海莹,2016.FDI对外汇储备规模影响研究[D].哈尔滨:哈尔滨商业大学.

孙建林,1986.论我国外汇储备问题[J].国际金融研究(6):44-47.

孙瑞,2019.关于中国外汇储备规模的分析[J].现代营销(下旬刊)(3):3.

滕昕,2007.中国外汇储备的适度性研究[D].西安:西北大学:7-110.

田凤娟,张永亮,2017.基于中国外汇储备的币种结构分析[J].六盘水师范学院学报(6):33-37.

童仕宽,2005.不同风险偏好下的最优投资组合的决策与评价研究[D].武汉:武汉理工大学.

王东,2013.我国外汇储备的风险状况及对策研究[J].山西财政税务专科学校学报(3):10-12.

王菲,2017.中国外汇储备风险问题研究[J].中国商论(28):55-56.

王桂华,2013.优化我国外汇储备币种结构研究[D].大连:东北财经大学.

王国林,2005.关键货币汇率变动对我国外汇储备规模的影响[J].世界经济与政治论坛(5):70-73.

王国林,2001.我国外汇储备适度状况分析[J].中国外汇管理(7):54-56.

王红夏,2003.中国外汇储备适度规模与结构研究[D].北京:对外经济贸易大学:1-158.

王静,2016.全球经济共同体下中国外汇储备管理的思考[J].中国商论(34):18-19.

王荣,2011.中国外汇储备结构的波士顿矩阵分析[J].经济导刊(4):25-26.

王书杰,2016.中国外汇储备的风险分析及规避[J].时代金融(3):23-24.

王硕,2016.Credit Metrics 模型在我国商业银行信用风险测量中的适用性研究[D].北京:北京外国语大学.

王硕,2012.中国外汇储备主权信用风险的测度研究[D].武汉:华中科技大学.

王韬,何巍,2011.基于 AHP 模型的我国外汇储备结构管理研究[J].南方金融(10):14-16.

王伟,杨娇辉,王曦,等,2006.发展阶段、汇兑安排与中国高外汇储备规模[J].世界经济(7):36-40.

王晓钧,2011.后危机时代中国外汇储备结构优化问题研究[D].长春:东北师范大学.

王艳,2016.中国人民银行外汇储备币种选择的优化研究[J].中外企业家(6):67-69.

王永中,2011.中国外汇储备的构成、收益与风险[J].国际金融研究(1):44-52.

王增泪,张恒义,2017.中国外汇储备规模的生成机制及其影响因素研究[J].华东经济管理(7):94-103.

王珍,2012.我国外汇储备的成本—收益分析[J].统计研究(11):49-54.

吴丽华,1997.我国适度外汇储备量的模型与外汇储备管理[J].厦门大学学报(4):18-21.

吴丽华,1997.我国外汇储备量的模型与外汇储备管理[J].厦门大学学报(4):78-83.

吴念鲁,2007.重新认识我国外汇储备的管理与经营[J].金融研究(7):1-9.

吴晓灵,2001.中国外汇管理[M].北京:中国金融出版社.

吴秀波,2011.美国债务危机的形成与影响分析:兼析中国应对策略[J].价格理论与实践,7:7-9.

吴玥,2018.我国外汇储备规模影响因素的实证分析[J].现代商业(11):102-103.

武剑,2000.人民币自由兑换的外汇储备要求[J].财经研究(11):59-64.

武剑,1998.我国外汇储备规模的分析与界定[J].经济研究(6):20-29.

郗雯,2012.Credit Metrics 模型的相关性改进及其在信用风险度量中的应用研究[D].成都:西南财经大学.

奚君羊,2000.国际储备研究[M].北京:中国金融出版社.

肖杰,杜子平,2010.Credit Metrics 模型下组合信用风险应用与改进研究[J].财会通讯(14):152-154.

肖晶,2011.美国主权信用风险与我国外汇储备的安全性研究[J].决策咨询(6):40-42.

萧雯月,2020.我国外汇储备真的过多吗?:基于动力与压力视角下的分析[J].湖北经济学院学报(人文社会科学版)(8):46-48.

谢太峰,2006.试论我国外汇储备的快速增长[J].上海金融学院学报(2):43-47.

宿玉海,2014.中国外汇储备结构多目标管理的实证研究[J].国际金融研究(3):32-42.

许承明,2001.我国外汇储备需求的动态调整模型[J].经济科学(5):71-74.

许承明,2001.我国外汇储备增长的来源及其估计[J].上海金融(2):30-32.

闫素仙,张建强,2012.中国外汇储备汇率结构风险研究[J].河北经贸大学学报(1):25-34.

杨碧云,易行健,2011.中国外汇储备飞速增长的根源与趋势预测:基于发展阶段视角[J]国际经贸探索(7):7-9.

杨闳光,2017.我国商业银行信用风险管理存在的问题研究[J].中国市场(12):53-54.

杨军,朱宇,2015.经济波动下的银行信用风险评级与改进[J].投资研究(12):146-154.

杨丽娜,2010.新形势下中国外汇储备币种结构研究[J].时代金融(3):4-5.

杨权,杨秋菊,2018.外汇储备、双边货币互换与流动性冲击[J].财贸经济(11):67-82.

杨胜刚,龙张红,陈珂,2008.基于双基准与多风险制度下的中国外汇储备币种结构配置研究[J].国际金融研究(12):49-55.

叶伟,杨招军,2015.基于 Copula-VaR 方法的外汇储备风险度量[J].统计与决策(3):153-156.

叶秀涓,王鹏,2009.我国外汇储备影响因素中汇率对外汇储备的影响[J].现代商贸工业(10):137-138.

叶永刚,熊志刚,张培,等,2008.基于抵补风险的外汇储备适度规模研究[J](6):49-54.

易江,李楚霖,1997.外汇储备最优组合的方法[J].预测(2):57-60.

易淼,2009.中国外汇储备影响因素的实证分析[J].经济研究导刊(16):37-38.

易云辉,汪闰六,蒋科蔚,等,2011.基于 Credit Metrics 模型的信用风险应用研究[J].商业时代(12):63,145.

尹岩岩,2012.次贷危机后中国外汇储备结构的优化配置研究[D].呼和浩特:内蒙古大学.

于菊兰,2009.我国高额外汇储备对货币政策负面影响的实证分析[J].管理学刊(5):75-77.

余湄,何泓谷,2013.我国外汇储备的风险管理问题研究[J].中国管理科学(9):231-236.

余其昌,欧阳芳,2001.浅议我国外汇储备的结构管理[J].地质技术经济管理(6):1-3.

喻海燕,2008.中国外汇储备有效管理研究[D].厦门:厦门大学.

岳福琴,2013.我国外汇储备的风险及应对策略[J].商(12):151.

曾红艳,2014.内生性外汇储备增长与中国外汇储备有效管理[D].厦门:厦门大学.

张斌,王勋,华秀萍,2010.中国外汇储备的名义收益率和真实收益率[J].经济研究(10):115-128.

张斌,2010.论我国外汇储备管理的目标选择:基于人民币国际购买力视角[J].经济研究(10):115-118.

张斌,2010.中国外汇储备的名义收益率和真实收益率[J].经济研究(10):115-128.

张斌,2012.中国外汇储备名义收益率与真实收益率变动的影响因素分析[J].中国社会科学(1):62-76.

张道玉,2018.我国外汇储备规模的影响因素研究[J].技术与创新管理(3):66-71.

张华强,2019.贸易信贷影响因素分析[J].海南金融(1):74-80,87.

张立富,2015.我国外汇储备结构管理研究[D].杭州:浙江大学.

张明,何帆,2006.美元贬值背景下外汇储备结构的调整[J].中国金融(20):63-64.

张曙光,2007.外汇储备持续积累的经济后果[J].经济研究(4):18-29.

张文政,徐婕颖,2005.试论我国外汇储备币种结构[J].商场现代化(11):360-361.

张习宁,高文博,张鹏辉,2016.中国经济新常态与外汇储备管理的优化[J].区域金融研究(10):33-38.

赵冬青,冯正蔚,2017.我国外汇储备影响因素的实证分析及对策研究:基于1994—2016年我国外汇储备的变动情况[J].中国商论(25):56-58.

赵萍,蒋双,2009.美元贬值背景下我国外汇储备的管理[J].商场现代化(3):368.

仲雨虹,2000.谈中央外汇储备审慎性管理[J].中国外汇储备管理(10):10-12.

周光友,罗素梅,2011.外汇储备最优规模的动态决定:基于多层次替代效应的分析框[J].金融研究(5):29-41.

周光友,罗素梅,2011.外汇储备最优规模的动态决定[J].金融研究(5):29-41.

周光友,赵思洁,2014.外汇储备币种结构风险测度及优化[J].统计研究(3):68-75.

周淑慧,2005.我国外汇储备超常增长现象透视[J].金融理论与实践(8):19-20.

朱红杰,2013.我国外汇储备风险管理研究[J].财经界(15):35-36.

朱孟楠,曹春玉,2018.加息周期、汇率安排与储备需求[J].金融研究(1):1-17.

朱孟楠,陈晞,王雯,2009.全球金融危机下主权财富基金:投资新动向及其对中国的启示[J].国际金融研究(4):4-10.

朱孟楠,陈晞,2009.次贷危机后的中国外汇储备管理策略[J].上海金融(1):73-75.

朱孟楠,陈欣铭,2013.外汇市场压力、短期国际资本流动及通货膨胀:基于马尔科夫区制转换模型的实证研究[J].投资研究(3):33-45.

朱孟楠,陈欣铭,2014.新兴市场国家汇率制度选择的分析:经济结构、经济冲击与政治偏好[J].国际贸易问题(5):154-164.

朱孟楠,段洪俊,2019.中国外汇储备市场风险测度:基于 GARCH-EVT-COP-ULA 模型的利率和汇率风险集成分析[J].厦门大学学报(哲学社会科学版)(3):56-67.

朱孟楠,侯哲,2014.金砖国家应急储备管理与潜在福利改进:基于部分风险分散和完全风险分散下的研究[J].厦门大学学报(哲学与社会科学版)(1):58-66.

朱孟楠,胡潇,2011.我国主权财富基金投资:风险识别与风险评估体系设[J].经济学家(11):13-21.

朱孟楠,刘林,2010.短期国际资本流动、汇率与资产价格:基于汇改后数据的实证研究[J].财贸经济(5):5-13.

朱孟楠,刘林,2010.中国外汇市场干预有效性的实证研究[J].国际金融研究(1):52-59.

朱孟楠,王雯,2008.外汇储备投资:亚洲新兴市场国家的比较与借鉴[J].金融理论(6):32-37.

朱孟楠,闫帅,2017.外汇储备规模、汇率与货币国际化:基于日元的实证研究[J].西南民族大学学报(人文社科版),38(3):140-145.

朱孟楠,叶芳,2012.人民币区域化的影响因素研究:基于引力模型的实证分析[J].厦门大学学报(哲学与社会科学版)(6):102-109.

朱孟楠,余玉平,2009.新兴市场国家货币汇率"害怕浮动"现象分析:以新制度经济学为视角[J].厦门大学学报(哲学与社会科学版)(4):4-10.

朱孟楠,喻海燕,2007.中国外汇储备的风险集中与控制策略:基于中国外汇储备高速增长的思考[J].厦门大学学报(3):84-89.

朱孟楠,喻海燕,2007.中国外汇储备高增长的有效管理及路径选择[J].山西财经大学学报(6):88-93.

朱孟楠,喻海燕,2009.中国外汇储备急剧增长原因、问题及对策[J].中日金融制度比较.

朱孟楠,喻海燕,2007.中国外汇储备适度规模的分析和测算风险集中与控制策略[J].厦门大学学报(哲学社会科学版)(6):82-89.

朱孟楠,张乔,2010.基于随机前沿模型的人民币汇率低估问题研究[J].当代经济(10):50-59.

朱孟楠,张雪鹿,2014.汇改后人民币汇率制度:货币篮子构成、汇率弹性和波动[J].投资研究(6):18-28.

朱孟楠,赵茜,2012.人民币汇率、外汇占款变动对通货膨胀的影响[J].经济学动态(1):76-81.

朱孟楠,1995.关于适度外汇储备的思考[J].国际金融导刊(6):18-26.

朱孟楠,2013.国际金融学[M].厦门:厦门大学出版社.
朱孟楠,2003.金融监管的国际协调与合作[M].北京:中国金融出版社.
朱孟楠,1995.面对人民币汇率持续上升应弄清的几个问题[J].金融研究(9):25-28.
朱孟楠,1997.外汇储备:质量与数量研究[D].厦门:厦门大学.
朱孟楠,2009.香港金融市场的运作与管理[M].厦门:厦门大学出版社.
朱孟楠,1997.香港外汇基金的投资策略及若干启示[J].国际经济合作(6):12-15.
朱孟楠,1997.新加坡对外汇储备的管理与投资及启示[J].中国外汇管理(1):37-39.
朱孟楠,1997.中国外汇储备必须弄清楚的三大理论问题[J].经济研究参考(A1):32-35.
朱淑珍,2002.中国外汇储备的投资组合风险与收益分析[J].上海金融(7):26-28.
朱新玲,2011,黎鹏.基于GARCH-CVaR的人民币汇率风险测度研究[J].区域金融研究(4):15-19.
朱雨露,2020.中国外汇储备适度规模研究[D].上海:上海财经大学.
庄建非,胡菲,2018.影响中国外汇储备的因素:基于中日两国的比较研究[J].经贸实践(8):58,60.

二、英文文献

ABHIJIT S G,2008.Cost of holding excess reserves:the Indian experience[J].Working Paper,206:1-25.
ADNAN K,DUYGU A,2008.Foreign exchange reserves and exchange rates in Turkey:structural breaks,unit roots and cointegration[J].Economic modelling,25:83-92.
AGARWAL J P,1971.Optimal monetary reserves for developing countries[J].Weltwirt schaftliches archive (107).
AIZEMNAN J,PASRICHA G K,2009.Selective swap arrangements and the global financial crisis analysis and interpretation[J].International review of economics & finance,Vol.19:353-365.
AIZENMAN J,2009.Monetary policy and global financial integration[J].

NBER Working Paper(7):13902.

AIZENMAN J,JINJARAK Y,PARK D,2010.International reserves and swap lines:substitutes or complements[J].International review of economics & finance,Vol.20:5-18.

ALEXANDRE H,WANG T,2015.Are bank credit risks linked to sovereign credit risks? Evidence from the Euro Area[J]. Social Science Electronic Publishing.

BAHMANI-OSKOOEE M,ALSE J,1997.Error-correction models and cointegaration:international reserves and world inflation[J].Economic notes-siena(29).

BAMS D, LEHNERT T, WOLFF C,2005. An evaluation framework for alternative VaR-models[J].Journal of international money and finance,24 (6):944-958.

BARRY E,1998.The Euro as a reserve currency[J].Journal of the Japanese and international economics,4(12):483-506.

BARRY E,DONALD J M,2000.The currency composition of foreign exchange reserves:retrospect and prospect[J]. IMF Working Paper.

BASSAMBOO A,JUNEJA S,ZEEVI A,2008. Portfolio credit risk with extremal dependence: asymptotic analysis and efficient simulation[J]. Operations research,56(3):593-606.

BENBASSAT A,2006.The optimal composition of foreign exchange reserves [J].Journal of international economics,10(2):285-295.

BEN-BASSAT A, 1980. The optimal composition of foreign exchange reserves[J].Journal of International Economics,37:56-78.

BEN-BASSAT A, GOTTLIEB D, 1992. Optimal international reserves and sovereign risk[J]. Journal of international economics,33(3-4):345-362.

BERT BOERTJE,2004.Han van der Hoorn, Managing market risks:a balance sheet Approach. European Central Bank.

BOLLERSLEV T,ENGLE R F,WOOLDRIDGE J M,1988. A capital asset pricing model with time-varying covariance [J]. Journal of political economy,96(11):116-131.

BORIO C, GALATI G, HEATH A, 2008. FX reserve management: trends and challenges[J]. Bank for international settlements.

CALBALLERO A,2008. Framework for integrated risk management in international business [J]. Journal of international business studies, 23: 311-331.

CARLOS M R,2011.The use of reserve requirements as a policy instrument in Latin America[J].BIS quarterly review(53).

CARMEN M R,KENNETH S R,2010. From financial crash to debt crisis [J]. NBER Working Paper:15795.

CHAISSE J, MUKHERJEE J,CHAKRABORTY D,2010.Managing India's foreign exchange reserve:a preliminary exploration of issues and options [J]. MPRA Paper (7):89-98.

CHEN L N, HUANG S F,2012.Transmission effects of foreign exchange reserves on price level:evidence from China[J].Economics letters(10): 870-873.

CHEN Q,2009.Why China should invest its foreign exchange reserves in the major us banks? [J].China & world economy,4:1-17.

CIATAN R, 2004. Risk management for central bank foreign reserves [R].European Central Bank,5:265-274.

CLAESSENS S,KREUSER J,2007. Strategic foreign reserves risk management: analytical framework [J]. Annals of operations research, 152: 79-113.

CLAESSENS S,KREUSER J.Strategic foreign exchange risk management: analytical framework[J].Annals of operations research,152(1):79-113.

CLEMENT H, 2004. Risk management for central bank foreign reserves [R].European Central Bank,5:291-304.

COCHE J, KOIVU M, NYHOLM K, et al,2006. Foreign reserves management subject to a policy objective[J]. Working Paper Series.

COHEN B J,SUBACCHI P, 2008. A one-and-a-half currency system[J]. Journal of international affairs.

CRUZ M, WALTERS B,2008.Is the accumulation of international reserves good for development[J].Cambridge journal of economics,32:665-681.

DANI R,2006.The social cost of foreign exchange reserves [J]. International economic journal,20:253-266.

DANI R,2006.The social cost of foreign exchange reserves[D].International economic journal.

DOOLEY M P, MATHIESON L, 2006. The currency composition of foreign exchange reserves[J]. IMF economic review,36(2):385-434.

DOOLEY M P,1978. An analysis of the management of the currency composition of reserve assets and external liabilities of developing countries [J].The reconstruction of international monetary arrangements,66:47-68.

DYNKIN L,HYMAN J,2004.Multi-factor risk analysis of bond portfolios [R]. European Central Bank.

EDWARDS S,1984. The demand for international reserves and monetary equilibrium: some evidence from developing countries[J]. NBER Working Papers.

EDWARDS S,1985. On the interest-rate elasticity of the demand for international reserves: Some evidence from developing countries[J]. Journal of international money and finance.

ELLER H R,1966.Optimalinternational reserves[J]. Economic journal,76: 296-311.

ENGLE R F, KRONER K F,1995.Multivariate simultaneous generalized ARCH[J].Econometirc theory,(11):122-150.

FATUM R,YETMAN J,2018.Does the accumulation of foreign currency reserves affect risk-taking? An event study approach [J]. BIS papers chapters(96).

FRENCH J A,2008.The impact of globalization on less developed countries and the role of intergovernmental/multilateral organizations in promoting development in less developed countries[J].Dissertations &·theses-gradworks,(10):34-52.

FRENKEL J A,JOVANOVIC B,1981.Optimal international reserves:a stochastic framework[J]. Economic Journal,91:507-14.

FRENKEL J,JOVANOVIC B,1980.On the transactions and precautionary demand for money [J].Quarterly journal of economics,90:80-95.

GAIVORONSKI A A, PFLUG G C,2005.Value at risk in portfolio optimization:properties and computational approach[J].Journal of risk:1-25.

GOLDBERG L S, HULL C E, STEIN S,2013. Do industrialized countries hold the right foreign exchange reserves? [J]. SSRN Electronic

Journal,19.

GUPTA R,HAMMOUDEH S,KIM W J,et al,2014.Forecasting China's foreign exchange reserves using dynamic model averaging: the roles of macroeconomic fundamentals,financial stress and economic uncertainty[J].The North American journal of economics and finance，(28):170-189.

HAHNENSTEIN L,2004.Calibrating the credit metrics correlation concept: empirical evidence from Germany[J]. Financial markets & portfolio management,18(4):358-381.

HARLAKA M,2015.Risk management measures of central banks for the foreign exchange reserve[J].International journal of physical and social science,9(5):447-464.

HARRY MARKOWITZ,1952.Portfolio selection[J].The journal of finance, 3:7-91.

HAUNER D,2005. A fiscal price tag for international reserves [J]. International Finance,9.

HELLER H R,1968.The transaction demand of international means of payment[J].Journal of political economy,76:141-145.

HELLER H R,1996.Optimal international reserves[J].The economic journal (54).

HELLER R H, KNIGHT M,1978. Reserve-currency preferences of central banks[J]. Essays in international finance.

HILSCHER J, WILSON MI,2013. Credit ratings and credit risk: is one measure enough? [J]. Social Science Electronic Publishing.

HULL J C,2009. Risk management and financial institutions [M]. New York:John Wiley & Sons,12:3-17.

JEANNE O,RANCIERE R,2011.The optimal level of international reserves for emerging market countries: formulas and applications[J]. Economic journal,121(555):905-930.

JOHN N, PERSAUD A D,2004. The dangers of being risk-averse[J].Financial times.

JONES D,2000.Emerging problems with the basel capital accord:regulatory capital arbitrage and related issues [J].Journal of banking & finance,24 (1):35-58.

Juneja S,2017.Dynamic portfolio credit risk and large deviations[J].Working Paper.

KATHRYN M, DOMINGUEZ E,2012.Foreign reserve management during the global financial crisis [J].Journal of international money and finance, 31:2017-2037.

KIM Y J, 2017. Sudden stops, limited enforcement, and optimal reserves [J].International review of economics & finance,51: 273-282.

KORINEK A,SERVEN L,2016.Undervaluation through foreign reserve accumulation:static losses,dynamic gains[J].Journal of international money and finance,64:104-136.

LANE P R, BURKE D,2001.The empirics of foreign reserves[J].Open economies review,12(4):423-434.

LEETH J,SCOTT J,1989.The incidence of secured debt:evidence form the small business community[J].Financial and quantitative analysis,(24): 379-395.

LEFCADITIS C, TSAMIS A, LEVENTIDES J, 2014. Concentration risk model for Greek bank's credit portfolio[J].Journal of risk finance,15(1).

LI T, SHAHIDEHPOUR M, LI Z,2007.Risk-constrained bidding strategy with stochastic unit commitment [J]. IEEE transactions on power systems,22(1):449-458.

LIABILITIES,2000.Analytical Issues and Policy Implications,IMF Working Paper,Asia and Pacific Department and Monetary Exchange Affairs Department,3.

LIU L G, ZHANG W L,2010.A new keynesian model for analysing monetary policy in Mainland China[J].Journal of Asian economics(7).

LUKAS, MENKHOFF, 2013. Foreign exchange intervention in emerging markets: a survey of empirical studies[J]. The world economy,36(9): 1187-1208.

MALLOY M S,2013.Factors influencing emerging market central banks'decision to intervene in foreign exchange markets[J].IMF Working Papers, 19:152-163.

MANGANELLI S, ENGLE R F,2001. Value at risk models in Finance [J]. Social Science Electronic Publishing.

MATHIESON D J, EICHENGREEN B J, 2000. The currency composition of foreign exchange reserves : retrospect and prospect[J]. IMF Working Papers, 00(131).

MONICA B, LORIANA P, 2000. Value-at-risk: a multivariate switching regime approach[J].Journal of empirical finance (7):531-554.

MORAN C, 1989.Imports under a foreign exchange constraint[J].The World Bank economic review, 3(2):279-295.

NEELY C J, 2005.An analysis of recent studies of the effect of foreign exchange intervention[J].Federal Reserve Bank of St Louis review (87): 685-718.

OGANES L, 2012. Finance: the importance of foreign exchange reserves [J].Americas Quarterly, 23:114-132.

OLIVIER J, ROMAIN R, 2012. The optimal level of international reserves for emerging market countries: a new formula and some application[J]. The economic journal, 121(9):905-930.

PAGNONCELLI B K,CIFUENTES A, 2014.Credit risk assessment of fixed income portfolios using explicit expressions[J]. Finance research letters, vol.11(3):224-230.

PAN Z B, 2008.Decomposing exchange rate risk of Chinese foreign exchange reserves[D]. International Conference on Management Science and Engineering 15th Annual Conference Proceedings.

PAPAIOANNOU E, PORTES R, SIOUROUNIS G, 2006. Optimal currency shares in international reserves: the impact of the euro and the prospects for the dollar[J]. Post-Print.

PAPAIOANNOU E, PORTES R, SIOUROUNIS G, 2006. Optimal currency shares in international reserves: the impact of the euro and the prospects for the dollar[J]. NBER Working Papers.

POBLACIÓN GARCÍA F J, 2017. Financial risk management [M]. Berlin: Springer International Publishing.

PRINGLE R, CARVER N, 2003. How countries manage reserve assets [M]. London :Central Banking Publications.

PRINGLE R, CARVER N, 2005. Trends in reserve management survey results[M]. London :Central Banking Publications.

RAMACHANDRAN M,2006.On the upsurge of foreign exchange reserves in India[J].Journal of policy modeling,16:797-809.

RAMASWAMY S,1999.Reserve currency allocation:an alternative methodology [J].BIS Working Papers,72.

ROCKAFELLAR R T, URYASEV S, 1999. Optimization of conditional value at risk[J]. Journal of risk,2(3).

RODRIK D,2006.The social cost of foreign exchange reserves[J]. NBER Working Paper.

ROGER S,1993. The management of foreign exchange reserves[M]. Bank for International Settlements, Monetary and Economic Dept.

ROMANYUK Y,2010. Liquidity, risk, and return: specifying an objective function for the management of foreign reserves[J]. Bank of Canada(3).

SCHUMACHER L B,2000, MI Bléjer. Central banks use of derivatives and other contingent liabilities: analytical issues and policy implications [J]. IMF Working Papers.

SLATER G,BUCHANAN D H.The development of capitalist enterprise in India[J].The economic history review,19356(1):130.

SOESMANTO T,SELVANATHAN E A,SELVANATHAN S,2015.Analysis of the management of currency composition of foreign exchange reserves in Australia[J].Economic analysis & policy,47:82-89.

STEINER A,2014.Reserve accumulation and financial crises:from individual protection to systemic risk [J]. European economic review,70:126-144.

STIGLITZ J E, GREENWALD B, 2010. Towards a new global reserve system[J].Journal of globalization and development,1:1-24.

STORN R,PRICE K,1997.Differential evolution :a simple and efficient heuristic for global optimization over continuous spaces[J].Journal of global optimization,11:341-359.

TOBIN J, 1956. The interest elasticity of transactions demand for cash [J].Review of economics and statistics,38:241-270.

TRIFFIN R,1946.National central banking and the international economy [J]. The review of economic studies,14(2):53-75.

TRIFFIN R,1960.Gold and Dollar Crisis[M]. New Haven:Yale University Press:80-101.

TRIFFIN R,1960.Gold and dollar crisis[M].New Haven:Yale University Press:17-50.

TRUMAN E M, WONG A,2006.The case for an international reserve diversification standard[R].IMF working paper(5):1-46.

URYASEV S,2000.Condition value-at-risk:optimization algorithms and applications[J].Financial engineering news:35-55.

WANG B, MEI P, ECONOMICS S O, et al,2016. Measuring Commercial bank's credit risks by the revised credit metrics[J]. Journal of Anhui Agricultural University(social sciences edition).

WEYMARK D,1997.Measuring exchange market pressure and intervention in interdependent[J].Economies,5:72-82.

WU Y,2007.A study on foreign reserve management of China:optimal currency shares in reserve assets[J].International management review,3(4): 69-79.

ZHANG D,ZHOU C,2013.Foreign exchange reserves management in the presence of jump risk[J]. Applied economics letters,20(3):250-254.

后 记

　　本专著是在笔者博士论文的基础上,经过修改完善而成的。2015 年春夏之际,博士论文顺利通过严格的答辩,这也意味着我的博士求学生涯画上了圆满的句号。在本专著即将出版之际,我要衷心感谢厦门大学出版社编辑老师的鼓励、支持、点拨以及敦促,让我少走很多弯路。在专著出版过程中,他们为排版、编辑、校对等工作付出了很多心血,给出了很多很好的建议。

　　我出生在素有"文献名邦""海滨邹鲁"美誉的莆田市的涵江区。清代郭龙光著诗《涵江》:"涵江连郡郭,二十里平田。村小皆依树,桥低欲碍船。风光小吴越,财货甲漳泉。日暮停桡处,微闻宿雁还。"

　　回想起求学之路,坎坎坷坷,但山有顶峰,湖有彼岸,万物皆有回转,一切终有回甘。在求学过程中,特别要感谢一位小学和高中的同学陈炜炜(我同其情谊甚笃,该同学后来高考考上清华大学,之后去美国常春藤名校深造),他让我找到人生不懈奋斗、坚定努力的方向。

　　高考马失前蹄,感谢我的母亲常用"急水流沙粗在后,狂风扬谷秕落前"这句话鼓励我一直一路前行。也感谢我的父亲在我读大一的时候,带我去厦门,参观了厦门大学,厦大有着一个如诗如画的校园,芙蓉湖金色的鳞波,细软的白城沙滩,微咸徐徐的海风,有着独特风格的嘉庚建筑,正是鲁迅先生笔下的"背山靠海,风景绝佳"。当然,厦大也是一所大师云集、人才辈出且有着浓厚人文气息的大学。那时,我便暗暗下决心要考入厦门大学攻读硕士。后经一番努力与贵人相助,2005 年 9 月凤凰花开之际,我如愿以偿地进入厦门大学数学科学学院攻读金融数学硕士。

　　在攻读硕士期间,受到导师李时银先生的熏陶与启发,加之自身对金融的兴趣与热爱,我旁听了厦门大学金融系的一些博士课程。有次我路过厦大经济学院三楼,在楼梯拐角处看到墙上挂着一块金色牌子,写着"金融学科获评国家重点金融学科"等字样。后来,又看到厦大金融系的简介,获知在教育部金融学科的评比中,厦大在全国高校中排名第三;了解到厦门大学经济学院于是中国大陆重点综合性大学建立的第一所经济学院。加之硕导李时银先生的开山弟子孙坚强、王保合等都顺利考进了厦门大学金融系攻读博士,为硕士师门的师弟、师妹进一步深造树立了很好的榜样。以上种种原因,加上自身深刻感到宏观金融知识的欠缺等,都推动着我报考厦门大学金融系博士的欲望愈发强烈。

回首往事,历历在目。从厦大海韵校区(攻读硕士)到本部校区(攻读博士),不足三公里的路程,我却用了几年的时间来走完,也许正所谓"宝剑锋从磨砺出,梅花香自苦寒来"。

值此专著完成之际,我谨向我最尊敬的导师朱孟楠先生表示我最诚挚的感激和谢意。特别感谢恩师及其家人在我的学习和生活各个方面都给予热情的教导和帮助。在厦门大学攻读博士期间,恩师活跃的学术思维、渊博的理论知识、严谨的治学态度、认真执着的科学精神以及谦虚宽厚、平易近人、淡泊名利的品德深深地影响了我,他给予我深刻的启迪,使我终生受益,是我一生学习的典范。学生有时迷糊犯错,恩师再忙再累,也会抽出时间,认真点拨学生。恩师教诲与栽培学生的这种精神,是我今后人生道路上的一笔宝贵财富。

恩师朱孟楠先生是引导我进入国际金融学领域的启蒙老师,在我攻读博士的三年时间里,他在学习和生活上给予我谆谆教诲、悉心指导和无微不至的关怀。恩师不仅使我对科学研究产生了浓厚的兴趣,而且对我科研素质的培养倾注了大量的心血,也让我懂得了许多做人的道理。恩师的宽容大度、幽默风趣,令我终生难忘。

中国社会科学院顾问王洛林先生给予我许多有益的指导和启发,在此向他表示最诚挚的感谢!

同时,还要感谢学校领导等给予我许多关心和大力支持,使我备感温暖。也要感谢刘宁、张胜强等老师的关心和帮助,让我在读博士期间感受到家的味道。感谢经济学院喻海燕、吴丽华、李晓峰等教授在我论文写作过程中给予的很多指导,在此表示最诚挚的谢意。还要感谢金融系的张亦春教授、郭晔教授、许文彬教授,以及王亚南经济研究院的李木易教授等老师,他们的课程和讲座使我获益良多。

在攻读博士期间,我还得到数学科学学院的李时银教授,王亚南经济研究院的廖谋华博士,经济学院的林擎国教授、王建生先生、吴卫民先生等的关心和帮助,在此向他们表示由衷的感谢!特别要感谢李时银教授及其家人,在我最困难的时候伸出援手,让我在厦大能够轻松学习、愉快生活。特别感谢管理学院陈少华教授给予我生活、学习、工作等多方面的悉心指导和帮助,陈少华教授说的"读的是书,品的是人生!"让我铭记和回味一生。

感谢师兄尤海波、郭春松等,师姐曾红艳等,师妹张雪鹿、赵茜、纪梦晨等,师弟闫帅、罗敏、小康等,金融系同窗好友晁江锋、王国强、胡逸闻、孙涛、郑国忠、马彧菲、刘晓群等,以及孙林、熊青龙、章志华、王小燕、徐丽、巫光福等同年级同学,给予我诸多学习、生活上的帮助!

回顾整个博士的学习生涯,特别感谢时任福建江夏学院党委常委、副校长屈广清教授。当时的一段对话大概是这样的。屈教授问:"您考上博士是读金融专业?是金融学院第一个?"我回答:"是。"接着,我说了当前所面临的困难。屈教授说:"我帮您解决,安心去读博士。"这句话打消了我的一切烦恼和顾虑。那时,我心里满满的都是感动、感谢等。俗话讲"男儿有泪不轻弹",可是当时眼泪不听话,不由自主地在眼眶里打转,我强忍着不让它流下来。当然,还有太多领导、同事、同学、学生等也给予我支持与帮助,谨向他们表达深深的感谢。

在博士求学期间,家里亲人为我付出太多太多!他们总是在背后默默地包容、支持、鼓励我,却不求任何回报,其中有太多太多的爱!谨将此专著献给我的父母、舅舅、舅妈等家人,他们在精神和物质上给予我大力支持和无微不至的关怀,对我始终如一地鼓励,让我全身心地学习,理解和支持我在求学的路上不断前进。家里的爱是我坚实的精神支柱和力量源泉。

博士毕业之后参加工作,我有幸成为福州大学2022年金融专业学位硕士生导师。在专著最后定稿时,感谢我的第一个研究生汪晓慧在校对、排版等方面给予的帮助。

2023年农历"龙抬头"之际,我完成了这本专著。尽管我已尽自己最大的努力做好专著出版工作,但是我深知,外汇储备风险管理理论、方法与应用背后隐藏着深刻的关于国家安全的科学道理和技术创新"奇点",揭示"外汇储备风险管理之谜"仍将有一条漫长的知识探索道路。本专著的撰写借鉴与参阅了国内外许多优秀学者的成果,在书后列出了参考文献,特向他们表示感谢!因笔者能力、水平有限,难免存在一些疏漏、错误与不足的地方,恳请专家及读者提出宝贵意见,在此表示感谢!

郭君默

2023年2月21日于福州